普通高等教育经管类系列教材

统 计 学 基 础

第 3 版

主　编　徐　江
副主编　张　雷　宋晓杰
参　编　刘　慧　李　艳

机 械 工 业 出 版 社

本书根据经济管理类各专业统计学课程教学的需要而编写，针对本门课程开设时间较早的特点，尽量避开烦琐的数学理论推导，本着"实用、够用"的原则，培养学生运用基本理论和基本方法来分析与解决实际问题的能力。本书在内容上以知识的实用性为主，以理论为辅，注重基础；在形式上则注重图文结合和趣味性。全书共十章，内容包括绪论、统计数据的搜集、统计数据的整理和展示、统计数据的指标描述、时间序列分析、统计指数、抽样与参数估计、假设检验、相关与回归分析、国民经济统计基础知识等。章后配有丰富的思考题和练习题，并提供练习题参考答案（通过扫描二维码获取）。

本书既可作为高等院校本科经济管理类各专业的教材，也可作为高职高专相关专业的教材，还可作为从事经济管理工作的人员及工商管理硕士的参考读物。

图书在版编目（CIP）数据

统计学基础/徐江主编．—3 版．—北京：机械工业出版社，2022.11
（2025.1 重印）
普通高等教育经管类系列教材
ISBN 978-7-111-71484-2

Ⅰ.①统… Ⅱ.①徐… Ⅲ.①统计学-高等学校-教材 Ⅳ.①C8

中国版本图书馆 CIP 数据核字（2022）第 154744 号

机械工业出版社（北京市百万庄大街 22 号 邮政编码 100037）
策划编辑：曹俊玲　　　　　责任编辑：曹俊玲　马新娟
责任校对：张亚楠　张 薇　封面设计：张 静
责任印制：郜 敏
北京富资园科技发展有限公司印刷
2025 年 1 月第 3 版第 3 次印刷
184mm×260mm・16 印张・396 千字
标准书号：ISBN 978-7-111-71484-2
定价：51.80 元

电话服务	网络服务
客服电话：010-88361066	机 工 官 网：www.cmpbook.com
010-88379833	机 工 官 博：weibo.com/cmp1952
010-68326294	金 书 网：www.golden-book.com
封底无防伪标均为盗版	机工教育服务网：www.cmpedu.com

前　言

随着科技的日益发展，统计信息遍布社会生活的每一个角落，从国民经济总量、物价变动、人口数、出生率与死亡率、产品数量、商品销售额、自然灾害到房地产价格等，都有涉及。统计学是一门专门提供数据信息的学科，也是经济管理类专业的核心课程。

本书结合编者在教学工作中的经验体会，根据经济管理类各专业统计学课程教学的需要而编写。在内容上将现代统计调查方法与传统统计方法相结合，以知识的实用性为主，以理论为辅，注重基础；在形式上则注重图文结合和趣味性。全面系统地阐述统计学的基本理论和基本方法，尤其强调了计算机和互联网在统计中的应用。本书既可作为高等院校本科经济管理类各专业的教材，也可作为高职高专相关专业的教材，还可作为从事经济管理工作的人员及工商管理硕士的参考读物。

本书由徐江担任主编，张雷、宋晓杰担任副主编，参与编写的还有刘慧、李艳。具体编写分工如下：徐江编写第一～七章，并负责全书统稿；张雷编写第八章，并负责全书总体架构的设计；宋晓杰编写第九章和第十章；刘慧、李艳编写各章练习题及参考答案（通过扫描二维码获取）。在编写过程中，长春工业大学杨晶教授和吉林财经大学统计学院马敏娜教授、张平教授提出了很多宝贵的意见，在此表示由衷的感谢。

由于编者水平有限，书中难免存在不足之处，敬请广大读者在使用本书的过程中给予批评指正，以便再版时修正。

编　者

目 录

前 言
第一章 绪论 ·· 1
    第一节 统计概述 ·· 1
    第二节 统计学的发展与分类 ·· 5
    第三节 统计学的基本概念 ··· 7
    思考题 ·· 10
    练习题 ·· 10
    练习题参考答案 ··· 11

第二章 统计数据的搜集 ··· 12
    第一节 统计数据的来源 ·· 12
    第二节 统计调查方案与问卷设计 ··· 15
    第三节 统计调查的组织方式 ·· 21
    第四节 课程实验 ·· 24
    思考题 ·· 26
    练习题 ·· 26
    练习题参考答案 ··· 27

第三章 统计数据的整理和展示 ·· 28
    第一节 统计数据的审核 ·· 28
    第二节 统计分组 ·· 29
    第三节 次数分布 ·· 31
    第四节 数据的图表展示 ·· 38
    第五节 课程实验 ·· 45
    思考题 ·· 50
    练习题 ·· 50
    练习题参考答案 ··· 52

第四章 统计数据的指标描述 ··· 53
    第一节 总量指标与相对指标 ·· 53

第二节　数据的集中趋势	60
第三节　数据的离中趋势	72
第四节　偏态与峰度	81
第五节　课程实验	85
思考题	87
练习题	87
练习题参考答案	89

第五章　时间序列分析 … 90

第一节　时间序列的分析指标	90
第二节　长期趋势的测定	102
第三节　季节变动的测定	109
第四节　循环变动和不规则变动的测定	113
第五节　课程实验	116
思考题	118
练习题	119
练习题参考答案	122

第六章　统计指数 … 123

第一节　指数的概念和分类	123
第二节　综合指数	126
第三节　平均指数	131
第四节　指数体系与因素分析	135
第五节　平均指标指数	138
第六节　常用的经济指数	141
思考题	152
练习题	152
练习题参考答案	155

第七章　抽样与参数估计 … 156

第一节　抽样推断的基本问题	156
第二节　抽样误差	162
第三节　参数估计	171
第四节　样本容量的确定	175
思考题	177
练习题	178
练习题参考答案	180

第八章　假设检验 ... 181
第一节　假设检验的基本原理 ... 181
第二节　一个正态总体的均值与方差的假设检验 ... 186
第三节　两个正态总体均值与方差的假设检验 ... 189
第四节　总体成数的假设检验 ... 193
第五节　课程实验 ... 194
思考题 ... 197
练习题 ... 198
练习题参考答案 ... 199

第九章　相关与回归分析 ... 200
第一节　相关关系的概念与分类 ... 200
第二节　相关分析的内容与方法 ... 202
第三节　回归分析 ... 207
第四节　课程实验 ... 213
思考题 ... 220
练习题 ... 220
练习题参考答案 ... 223

第十章　国民经济统计基础知识 ... 224
第一节　国民经济统计概述 ... 224
第二节　国民经济统计的基本分类 ... 226
第三节　国民经济统计的主要指标 ... 230

附录 ... 237
附录 A　标准正态分布表 ... 237
附录 B　正态分布分位数表 ... 238
附录 C　t 分布表 ... 240
附录 D　χ^2 分布表 ... 241
附录 E　F 分布表 ... 242

参考文献 ... 250

第一章 绪 论

《2020年国民经济和社会发展统计公报》显示：初步核算，2020年全年国内生产总值1 015 986亿元，比上年增长2.3%。其中，第一产业增加值77 754亿元，增长3.0%；第二产业增加值384 255亿元，增长2.6%；第三产业增加值553 977亿元，增长2.1%。第一产业增加值占国内生产总值比重为7.7%，第二产业增加值比重为37.8%，第三产业增加值比重为54.5%。2020年全年最终消费支出拉动国内生产总值下降0.5个百分点，资本形成总额拉动国内生产总值增长2.2个百分点，货物和服务净出口拉动国内生产总值增长0.7个百分点。分季度看，一季度国内生产总值同比下降6.8%，二季度增长3.2%，三季度增长4.9%，四季度增长6.5%。预计2020年全年人均国内生产总值72 447元，比上年增长2.0%。国民总收入1 009 151亿元，比上年增长1.9%。全国万元国内生产总值能耗比上年下降0.1%。预计全员劳动生产率为117 746元/人，比上年提高2.5%。

2020年全年城镇新增就业1 186万人，比上年少增166万人。2020年年末全国城镇调查失业率为5.2%，城镇登记失业率为4.2%。全国农民工总量28 560万人，比上年下降1.8%。其中，外出农民工16 959万人，下降2.7%；本地农民工11 601万人，下降0.4%。

2020年全年居民消费价格比上年上涨2.5%。工业生产者出厂价格下降1.8%。工业生产者购进价格下降2.3%。农产品生产者价格上涨15.0%。12月份，70个大中城市新建商品住宅销售价格同比上涨的城市个数为60个，下降的为10个。

2020年年末国家外汇储备32 165亿美元，比上年年末增加1 086亿美元。2020年全年人民币平均汇率为1美元兑6.897 4元人民币，比上年升值0.02%。

当看到或听到这些统计数据时，人们常常会思考许多问题：统计数据对人们的生活有用吗？这些统计数据是如何获得的？我们所获得的数据准确吗？如果数据不准确，误差是怎么产生的呢？

本章将介绍统计学的一些基本问题，包括统计的含义、统计数据及统计学的分类，以及统计学中常用的基本概念等。

第一节 统计概述

一、统计的含义

统计是社会生产力发展的必然产物，是适应经济发展、国家管理的需要而产生和发展起来的。说到"统计"一词,首先人们想到的通常是一系列的数字、各种报表。但实际上并不止于此。"统计"一词一般包含三个层面的含义,即统计工作、统计数据和统计科学。

(一) 统计工作

统计工作也称统计实践,是指人们有目的地对客观现象的数量关系和数量特征进行的统计设计、统计调查、统计整理和统计分析,并据以揭示其内在的数量规律性的工作过程。统计工作的每一个阶段,既有一定的独立性,又相互紧密联系着,形成了一个完整的认识过程。

1. 统计设计

统计设计是根据统计研究目的和研究对象的特点,对整个统计工作过程的各个方面和各个环节进行通盘考虑和安排。统计设计的结果是各种设计方案和统计方法制度。

2. 统计调查

统计调查是根据统计设计的要求,运用科学的方法搜集数据资料的工作过程。统计调查是统计工作的基础阶段,为统计整理和统计分析提供基础数据。

3. 统计整理

统计整理是对统计调查获得的数据资料进行科学的加工,为统计分析准备系统化、条理化的综合资料的工作过程。统计整理是整个统计活动的中间环节,它是统计调查的继续,也是统计分析的前提。

4. 统计分析

统计分析是以经过统计整理的资料为基础,利用专门的统计方法,分析现象的发展过程及规律性,对认识的现象做出科学结论的工作过程。

综上所述,一个完整的统计工作过程是从统计设计(定性认识)到统计调查和统计整理(定量认识),最后通过统计分析(更高层次的定性认识),最终达到对现象本质和规律性的认识过程。

(二) 统计数据

统计数据也称统计资料或统计信息,是通过统计工作所取得的反映客观现象的各项数据及与之相关的资料总称,表现为各种统计图、统计表、统计公报、统计年鉴等。

(三) 统计科学

统计科学是指导人们如何进行统计设计、统计调查、统计整理、统计分析的理论和方法的科学,也是指导人们如何从事统计工作的科学。

统计的三层含义既有区别又有联系。统计数据是统计工作的成果;统计工作与统计科学是实践与理论的关系,统计理论来源于统计实践,是统计实践经验的总结,反过来又指导实践,在实践中不断升华,统计理论方法体系不断完善和发展。

二、统计学的定义

统计学是一门搜集、整理和分析统计数据的学科。统计学属于方法论的学科,其目的在于探索客观现象内在的数量规律性,从而认识客观现象内在的质的规律性。

我国香港著名统计学家胡孝绳在其所著的《统计学》中说:"统计学也可称为统计方法,是就研究对象的数量资料(quantitative data),从事搜集(collecting)、显示(presenting)、分析（analyzing）及解释（interpreting），借以表现其真相的一种学问。"

不列颠百科全书把统计学定义为："统计学是收集、分析、表述和解释数据的科学。"

三、统计学研究对象及其特点

（一）统计学的研究对象

统计学的研究对象是客观现象的数量方面，包括数量多少、数量关系和数量界限。

1. 数量多少

数量多少是指现象的数量规模、总量水平。例如，2020 年全年城镇新增就业 1 186 万人，2020 年全年社会消费品零售总额 391 981 亿元，2020 年全年粮食产量 66 949 万吨，2020 年全年国内生产总值 1 015 986 亿元，分别说明了我国 2020 年城镇新增就业的人口规模、消费总量、粮食生产总量、经济发展总量。

2. 现象之间的数量关系

例如，事物的发展速度、结构、比例、差异程度、平均水平等，如 2020 年全年国内生产总值比上年增长 2.3%，第一、二、三产业增加值占国内生产总值的比重分别为 7.7%、37.8%和 54.5%，2020 年中国人口出生率为 8.52‰，死亡率为 7.07‰，自然增长率为 1.45‰。

3. 质量互变的数量界限

例如，营销中的盈亏平衡点，居民生活贫困线，企业规模中大、中、小型企业的数量界限，学习成绩中的及格、中等、良好、优秀的数量界限等。

需要注意的是，统计学在现象数量方面的研究应当和性质方面联系起来，在质与量的密切联系中研究现象的数量方面，统计学需要数学运算，但统计学不是数学，数学撇开事物的具体内容研究抽象的数量关系和空间形式，而统计学则是研究具体客观现象本身的数量关系，总结客观现象的内在的数量规律。

现象的内在数量规律是什么呢？例如，我们都做过掷硬币的小游戏，知道向上抛一枚硬币，硬币落下后哪一面朝上本来是偶然的，但当我们抛硬币的次数足够多后，达到上万次甚至几百万次以后，我们就会发现，硬币每一面向上的次数约占总次数的 50%。这种情况下，偶然中包含着必然。这就是我们所说的数量规律性。

在进行农作物实验时，如果其他实验条件相对固定，我们会发现某种粮食产量与耕地的密度和深度有关，密度和深度达到多少时，产量会达到最高呢？这一数量关系就是我们要探索的数量内在规律。

（二）统计学研究对象的特点

统计学研究对象的特点主要有数量性、差异性、总体性。

1. 数量性

数量性是统计研究对象的基本特点，当客观现象本身可以用数字度量时，才属于统计学的研究范畴，这也是统计学科与其他学科的重要区别。

2. 差异性

客观现象的复杂性使各种现象的数量表现不尽相同，个体表现千差万别，且个体数量表现具有不确定性或随机性。因此要求统计采用其特有的方法去解释现象的本质及规律性。差异是统计存在的前提条件，没有差异就没有统计，差异为统计提供了用武之地。

例如，居民消费价格指数（CPI）是反映一定时期内城乡居民所购买的生活消费品价格和服务项目价格变动趋势及程度的物价指数。市场上与老百姓生活水平相关的消费品有成千上万种，各种商品价格不同，同一种商品的价格也会因为规格、花色、产地、品牌的不同而不同，有的价格是上升的，如食品类，有的是下降的，如电子产品、通信类等，也有的价格是不变的，所以国家要对其进行统计。

3. 总体性

从总体上研究客观现象的数量方面，是统计学区别于其他学科的一个重要特点。统计学从整体的观点出发，从大量个体现象入手，进而上升到对整体的数量特征的认识，反映现象发展变化的内在规律性。例如，一个家庭生男孩还是生女孩是不确定的，但从总体上看，新生婴儿的男女性别比例为106∶100，古今中外这一比例大致相同，这是由人类自然发展的内在规律所决定的。尽管从新生婴儿来看，男性略多于女性，但男性的平均寿命比女性低。因此，人口在性别上保持大体平衡，保证了人类社会的进化和发展。

上面的例子说明，仅就个体观察，其结果往往是随机的、不确定的，但通过大量观察，利用统计方法是可以探索出现象总体内在的数量规律性的。

四、统计学的作用

统计学为研究客观现象的内在规律提供指导原则和方式方法，它是认识现象内在规律的手段。统计是认识社会最有力的工具之一，这个基本性质决定了统计方法在社会实践中的重要作用。在科学研究领域中，不论是工程技术、农学、医学、军事科学还是社会科学、经济领域，要掌握和分析大量有关信息就必然要用到统计方法。由于客观现象千差万别，它们相互联系、相互制约的关系非常复杂，因此更需要以大量的实际资料为依据。这些资料和信息的取得，需要运用统计手段去搜集有关数据，经过分析研究，得出科学结论。例如，科学家如何评价新理论的有效性？医学人员如何设计实验来测定新药的疗效？人口学家如何预测未来某一时间世界人口数量？经济学家如何对国家的宏观形势进行分析预测？审计师如何确定账目的差错率？投资公司如何确定一项投资的风险大小？营销管理者如何根据市场状况制定营销决策？这些都离不开统计。

在经济生活和日常生活中，人们在不同的行业，从不同的角度，以不同的方式应用统计方法去认识世界、改造世界。在网络购物中，我们点击某个商家的网上店铺，要看商家的信誉、货品的出售量、顾客的购买评价等。很多网络店铺都采用量子统计，可以看出最近7天的客户访问量、商品被访排行、商品的价格区间、回头客访问量，客户可以比较、分析、评价、决策。气象预报员利用大片地区的气象资料进行预报，企业根据产品信息决定产品的生产，银行利用统计数据确定货币投放量，教练员运用统计方法评价运动员的水平，股票投资者根据股价变动趋势决定股票的买卖，农民利用过去和现在的观察估计收成好坏……人们总是有意无意地使用统计去解决周围所发生的事情，使统计变成认识世界的工具。

统计学在发现和试验新产品、新方法、新思想方面也有着广泛的应用。100多年前英国作家和历史学家H.G.韦尔斯（H. G. Wells）指出："统计思想有一天会像读写能力一样成为追求效率的公民的需要。"

第二节 统计学的发展与分类

一、统计学的产生与发展

(一) 统计实践史

统计学的产生与统计实践活动是密不可分的，统计作为一种社会实践活动，已有四五千年的历史。

人类的统计实践是随着计数活动而产生的。统计实践的历史可追溯到人类社会初期的打绳结、画道道计数。统计实践的萌芽期是在古代奴隶社会。统治阶级为了征税、征兵、服劳役的需要进行统计。我国在公元前21世纪的夏朝，就有了人口与土地数字的记载，当时全国分为九州，人口有1 355万人。古代埃及也有类似的记载。统计实践的广泛发展始于资本主义社会。17世纪以来，由于工业、农业、贸易、交通的发展，资本主义国家先后设立专业的统计机关，收集各方面统计资料，定期或不定期地举行人口、工业、农业、贸易、交通等项调查，出版统计刊物。

(二) 统计学说史

统计学的理论和方法，则是在长期统计实践活动的基础上发展起来的，从统计学产生至今已有300多年的历史。统计学产生于17世纪中叶，其发展过程主要沿着以下两条主线展开：

1. 政治算术学派

这是以政治算术学派为开端形成和发展起来的以社会经济问题为主要研究对象的社会经济统计。政治算术学派产生于17世纪中叶的英国，主要代表人物是威廉·配第（William Patty，1623—1687）和约翰·格朗特（John Graunt，1620—1674）。威廉·配第在其代表作《政治算术》（1676年）一书中，运用大量的数字资料对英国、法国、荷兰三国的经济实力进行比较。他在书中运用数字、重量、尺度等进行数量对比分析的方法，为统计学的产生奠定了基础。

约翰·格朗特在其《对死亡表的自然观察和政治观察》（1662年）一书中，通过大量观察的方法，研究并发现了一系列人口统计规律，如出生的男婴多于女婴，两者之比为14∶13。各年龄组死亡率男性高于女性等。因此，他被认为是人口统计学的创始人。

2. 概率论数理统计学派

统计学的第二个源头是以概率论的研究为开端并以概率论为基础形成和发展起来的以随机现象为主要研究对象的数理统计。概率论研究起源于意大利文艺复兴时代。最初的研究是为赌徒们找出掷骰子取胜的一套办法，合理地算出取胜的机会。在18世纪，概率论日益成熟。19世纪中叶，比利时的阿道夫·凯特勒（Adolphe Quetelet，1796—1874），在其《社会物理学》一书中将古典概率论引入统计学，使统计学进入一个新的发展阶段。

20世纪以后，统计理论、方法和应用进入了一个全面发展的阶段。这一时期的主要特征是描述统计学已转向推断统计学。1907年，英国人戈塞特（William Sealey Gosset，1876—1937）提出了小样本 t 统计量理论，丰富了抽样分布理论，为统计推断奠定了基础。英国的费舍尔（R. A. Fisher，1890—1962）提出了极大似然估计量的概念，迅速成为估计参数的重要方法。英国科学家弗朗西斯·高尔顿（Francis Galton，1822—1911）提出了相关与回归方法。英国统计学者皮尔逊（Karl Pearson，1857—1936）发展了适合度检验，还给出了卡方统计量及其极限分布。波兰学者奈曼（J. Neyman，1894—1981）创立了区间估计理论，与他人合作发展了假设理论。美国学者瓦尔德（A. Wald，1902—1950）提出了决策理论和序贯抽样方法。美国化学家威尔科克松（Frank Wilcoxon，1892—1965）发展了一系列非参数统计方法，构建了现代统计学基本框架。由于受计算机、信息论等现代科学技术的影响，一方面，统计学的研究领域进一步扩大，如多元统计分析、时间序列分析、贝叶斯统计、非参数统计、数据挖掘等；另一方面，统计的应用领域也在不断扩大，几乎所有的自然科学、社会科学科学研究都离不开统计方法。

统计学的发展史表明，随着社会的发展与实践需要，统计方法也在不断丰富和完善，统计学已然成为研究社会经济现象、自然技术现象数量方面的极其重要的方法论科学。随着计算机、大数据时代的来临，统计学的思维方式也在发生改变，统计学也在越来越多地向其他学科领域渗透，这势必将统计学的发展推到一个新的阶段。

二、统计学的分类

1. 描述统计学与推断统计学

统计学作为认识、揭示大量现象数量规律性的方法和工具，由于其研究目的不同、处理资料的条件不同、使用的分析方法不同而分成两大类，即描述统计学和推断统计学。

描述统计学是研究如何取得统计数据，利用一些综合性的指标来描述所研究现象的数量关系和数量特征。描述统计是表述、分析、解释全部总体资料的数量特征的科学方法。其目的是通过适用、简单、明确、易于理解的形式去揭示现象的数量规律性。在社会、经济和日常生活中，我们所搜集或遇到的数据资料大部分都是杂乱无章、无规可循的，而人们却可以通过统计描述的过程，用更加有意义或更加适用的形式，遵循描述数据资料的某些规则和程序，使现象的数量规律性呈现出来。如同我们对一个物体进行画像一样，把形状、结构和大小画出来。

尽管描述统计能够完成统计的基本任务，但是由于人们认识能力的局限性和自然、社会经济现象的复杂性，人们不可能掌握总体的全部资料。例如，要了解水库里有多少尾鱼、原始森林有多少木材、某台彩电的使用寿命是多少、某项投资是否能盈利等。在这种情况下，我们不能进行描述而只能对现象的数量特征进行推断。

推断统计学是研究如何根据样本数据去推断总体数量特征的方法，它是在对样本数据进行描述的基础上，对统计总体的未知数量特征或未知的总体分布形式做出具有一定把握程度的推断。例如，从全校15 000名学生中抽取200名学生，用这200名学生的月消费水平去估计全校15 000名学生的月消费水平。

统计研究过程的起点是数据，终点是客观事物总体内在的数量规律性。要达到统计研究的目的，如果我们收集到的是总体数据，则经过描述统计之后就可以达到探索内在数量规律性的目的了；但如果我们所获得的数据只是研究总体的一部分数据，则要探索到总体的数量规律性，就必须应用概率论的理论并根据样本整理出的信息对总体做出科学的推断。显然，描述统计是整个统计学的基础和统计研究工作的起点，它为统计研究工作搜集可靠的数据和有效的样本信息。而推断统计是现代统计学的核心和统计研究工作的关键环节,因为统计最终能否科学、准确地探索到总体内在的数量规律性与选用何种统计量,选用什么推断方法,如何进行推断有着直接的联系。推断统计在实践中具有相当重要的意义。它既可以节省费用支出,又可以节省时间,是非常有效、实用、科学的统计方法。

描述统计与推断统计虽然方法不同,用途各异,但两者的目的却是一致的,即揭示大量现象的数量规律性。在实践工作中,推断统计常常以描述统计为基础,使用描述统计方法的测定结果进行推断。因此,人们使用统计方法去探索现象的数量规律性,不仅要掌握描述统计方法,还要掌握推断统计方法。

2. 理论统计学与应用统计学

随着统计学被广泛地应用到社会科学和自然科学的各个领域当中,统计学也逐渐发展成为若干个分支学科组成的学科体系。根据统计学研究的侧重点不同,可将统计学分为理论统计学和应用统计学。

理论统计学是指统计学的数学原理,是抽象地研究统计学的一般理论和方法。它包括描述统计学与推断统计学。

应用统计学是将理论统计学的基本原理应用于各个实质性科学领域,用于探索各个领域的内在数量关系和数量规律。统计方法与相应的实质性科学相结合,产生了相应的统计学分支。例如,统计方法在社会学中的应用形成了社会统计学;统计方法在经济学领域中的应用形成了经济统计学;统计方法在人口学中的应用形成了人口统计学;统计方法在教育学中的应用形成了教育统计学;统计方法在生物学中的应用形成了生物统计学;统计方法在医学中的应用形成了医学统计学;统计方法在物理学中的应用形成了物理统计学,等等。以上这些应用统计学的不同分支所应用的基本方法都是一样的,即描述统计和推断统计的主要方法。但由于各应用领域都有其特殊性,统计方法在应用中就具有了不同的特点。

事实上,很难划分开理论统计学与应用统计学的界限。因为在统计的发展史中,每一个统计方法的突破都是以应用为前提的,如恩格尔系数、时间序列分析、相关分析与回归分析等。然而,正是由于统计的方法性与工具性,所以作为一个从事应用统计的工作者,不仅应当精通统计理论,而且还要精通其所从事的领域的专业知识,这样才能更好地应用统计。

第三节 统计学的基本概念

统计学的概念很多,其中有几个概念是经常要用到的,有必要单独加以介绍。

一、总体与样本

(一) 总体

总体是我们所研究的全部对象的全体。构成总体的每一个个体单位,称为个体或者总体单位。例如,要研究某班学生的学习情况时,这个班级的所有学生就构成统计总体,每个学生便是总体单位;进行全国人口普查时,全国人口是总体,其中每个人是总体单位;某地进行工业企业调查时,该地所有工业企业是总体,其中每个工业企业是总体单位;对工业品出厂价格变化情况进行调查时，所有出厂工业产品是总体，每一种出厂的工业产品是总体单位。在有些情况下，研究对象可能是具有相同性质的个体的数据资料，而不是个体本身。

总体根据其所包含的单位数目是否可数，分为有限总体和无限总体。总体中含有限的个体称为有限总体，如全国的人口、工业企业等。总体中含有无限多的个体称为无限总体，如原始森林中的树木、海洋中的鱼、宇宙中的星球等。

统计总体具备三个基本特征，即同质性、大量性、差异性。

1. 同质性

同质性是指各个个体在某一方面必须具有共同的表现，否则对众多个体的综合便无法描述或揭示其总体特征。例如，研究我国人口状况时的个体都必须具有中华人民共和国国籍，否则所概括的人口特征便不能描述中国的人口情况。

2. 大量性

大量性具有两层含义：

第一层含义是总体必须由数量众多的个体单位所组成。这是因为统计的目的是对总体的研究，而不是对个体的研究。当然，只有在对许多个体的分析、综合、研究的基础上，才能揭示出总体的数量特征。

第二层含义是要观察总体中足够多的个体单位。在统计研究中，只要达到目的要求，为了节约成本和时间，也可以不必观察全部个体单位，但必须在一定误差的前提下观察到足够多的个体单位，否则也无法对总体特征做出具有一定可靠性的描述和估计。

3. 差异性

差异性是指总体中的个体单位的具体表现不同，如人口有性别方面的差别、年龄方面的差别等。正是这种差异的存在，才需要统计对其进行综合概括、抽象分析，从而揭示总体的数量特征。

总体与个体不是一成不变的，它可以随着研究目的发生变化。当研究各工业企业时，则所有工业企业是总体，个体单位是各个工业企业，如果研究某工业企业各种设备的情况，则每台设备是个体单位，而所有设备是总体。不论怎样变化，总体的三个基本特征不变，也就是说总体中的个体单位应当具有足够多的数量，个体之间至少在某一个方面具有共性，在其他方面具有差异。

（二）样本

样本也称子样，是指从总体中抽取的一部分个体，样本是总体的缩影，是总体的代表。以样本的调查或观察结果来推断总体的数量特征，是抽样调查的目的。例如，日常生活中的抽血化验。

一个样本所包含的单位数称为样本容量。

二、标志与指标

1. 标志

标志是指说明总体单位（个体）特征或属性的名称。例如，若将一家民营企业作为总体单位，其"企业性质""企业类型""生产能力""职工人数""工资总额"等都是标志，而如果将工人作为总体单位，则他们的性别、工种、文化程度、技术等级、工资、婚姻状况等都是标志。

标志按是否可以用数值表示来划分，可分为品质标志和数量标志两种类型。品质标志是说明总体单位属性特征的名称，如"企业性质""企业类型"等，品质标志只能用文字而不能用数值表示。数量标志是说明总体单位数量特征的名称，如"生产能力""年产值""销售收入""职工人数"等。

2. 指标

指标是统计指标的简称，它是用来说明现象总体数量方面特征的。一个完整的统计指标应包括指标名称和指标数值两个部分。指标名称是说明现象总体特征的科学概念，它给统计总体某一方面特征以质的规定。例如，国内生产总值、社会商品零售额、人均国民收入、人口密度、居民可支配收入等都是比较严格的概念。

指标数值说明现象在具体时间、地点、条件下在该特征方面的具体表现。例如，2020年社会消费品零售总额 391 981 亿元，比上年下降 3.9%。按经营地统计，2020 年城镇消费品零售额 339 119 亿元，比上年下降 4.0%；乡村消费品零售额 52 862 亿元，比上年下降 3.2%。按消费类型统计，2020 年商品零售额 352 453 亿元，比上年下降 2.3%；餐饮收入额 39 527 亿元，比上年下降 16.6%。

统计指标按其反映总体现象的内容不同而分为质量指标和数量指标。前者反映现象间的内在联系和比例关系，后者则用来说明现象的总量或规模。例如，平均工资、平均学习成绩、单位产品成本、商品流转次数、利润率、劳动生产率等就是质量指标，其表现形式为相对数或平均数；而社会总产值、工资总额、商品销售额、利润总额就是数量指标，其表现形式为绝对数。

3. 标志与指标的关系

统计指标与统计标志既有明显的区别，又有密切的联系。两者的主要区别在于：

（1）指标是说明总体特征的；而标志则是说明总体单位特征的。

（2）统计指标必须是可量的；统计标志未必都是可量的。因为品质标志的标志表现就不是用数值，而是用文字表示的；数量标志的标志表现是用数值表示的。

（3）统计指标具有综合性；而统计标志一般不具有综合性。例如，一个人的年龄、工龄、工资等，不是指标而是标志；许多人的平均年龄、平均工龄、平均工资、工资总额等，才叫作指标。

指标与标志的联系，主要有以下两点：

（1）许多统计指标的指标数值是从总体单位的数量标志值汇总而来的。例如，一个市的工业总产值是从它所属的各工业企业的总产值汇总而来的，一个省的粮食总产量是从各个县的粮食总产量汇总而来的。

（2）指标与标志之间存在着变换关系。由于研究目的的不同，原来的统计总体若变成总体单位，则相应的统计指标也就变成标志了。反过来亦然。例如，要了解我国粮食生产情况，则我国的粮食总产量是指标，而某省的粮食总产量是标志。现在要了解某省的粮食生产情况，则该省的粮食总产量是指标，而其中某县的粮食总产量就是标志。现在改为研究某县的农业生产情况，则该县的粮食总产量是指标，而其中某乡（镇）的粮食总产量就是标志。

三、变量与变量值

所谓变量，是指统计中说明现象某种数量特征的概念。按照这个定义，总体单位的数量标志或者总体的统计指标都是变量，如工人的月工资额、学生人数、国内生产总值。

变量的数值表现就是变量值。例如，某工厂工人的月工资额有 2 560 元、3 650 元、3 780 元等，这里的"月工资额"为变量，各个工人工资额的具体数量是变量值。

变量按照取值是否具有连续性可分为连续变量和离散变量。连续变量的各个变量值是连续不断的，相邻的两个数值之间可以做无限分割。例如，工人的身高、体重等都是连续变量，其数值可以细算到若干位小数，如某人身高 1.772 5m，也可以只取三位小数，即 1.773m。离散变量的各个变量值则以整数断开，而且只能用整数表示。例如，企业数、职工人数、牲畜头数以及设备数等。

思 考 题

1. 什么是统计，一般有几种理解？
2. 举例说明总体和总体单位的区别和联系。
3. 什么是标志和指标？两者有何区别与联系？
4. 统计研究的基本方法有哪些？

练 习 题

一、判断题

1. 统计学是一门关于如何搜集、整理和分析统计数据的学科。　　　　　　　　　　（　　）
2. 统计学所关注的是个体数量特征而非整体数量特征。　　　　　　　　　　　　　（　　）
3. 当总体单位变为总体时，对应的数量标志就变成了指标。　　　　　　　　　　　（　　）
4. 电话号码是数量标志。　　　　　　　　　　　　　　　　　　　　　　　　　　（　　）
5. "2020 年某省拥有普通高等学校 23 所"是质量指标。　　　　　　　　　　　　　（　　）

二、单项选择题

1. 要了解某企业职工的文化水平情况，则总体单位是（　　）。
   A. 该企业的全部职工　　　　　　　　　B. 该企业每一个职工的文化程度
   C. 该企业的每一个职工　　　　　　　　D. 该企业全部职工的平均文化程度
2. 总体与总体单位不是固定不变的，是指（　　）。
   A. 随着客观情况的变化发展，各个总体所包含的总体单位数也是在变动的
   B. 随着统计研究目的与任务的不同，总体和总体单位可以相互转化
   C. 随着人们对客观认识的不同，对总体与总体单位的认识也是有着差异的
   D. 客观上存在的不同总体和总体单位之间，总是存在着差异
3. 下列变量中，属于连续变量的是（　　）。
   A. 大中型企业个数　　　　　　　　　　B. 大中型企业的职工人数
   C. 大中型企业的利润额　　　　　　　　D. 大中型企业拥有的设备台数
4. 下列标志中，属于数量标志的是（　　）。
   A. 学生性别　　　　B. 学生年龄　　　　C. 学生专业　　　　D. 学生住址
5. 下列标志中，属于品质标志的是（　　）。

A. 工人性别　　　　B. 工人年龄　　　　C. 工人体重　　　　D. 工人工资

6. 下列属于数量指标的是（　　）。

A. 劳动生产率　　　B. 废品量　　　　　C. 单位产品成本　　D. 资金利润率

7. 下列属于质量指标的是（　　）。

A. 平均工资　　　　B. 工资总额　　　　C. 销售总量　　　　D. 上缴利润额

三、多项选择题

1. 下列标志中，属于数量标志的有（　　）。

A. 性别　　　　B. 工种　　　　C. 工资　　　　D. 民族　　　　E. 年龄

2. 下列属于质量指标的有（　　）

A. 产品合格率　　　B. 废品量　　　　　C. 单位产品成本　　D. 资金利润率

E. 上缴利润额

3. 在说明和表现问题方面，其正确的定义是（　　）。

A. 标志是说明总体单位特征的　　　　B. 指标是说明总体特征的

C. 标志是说明总体特征的　　　　　　D. 可变的数量标志是变量

E. 标志值是变量的数值表现

4. 变量按其取值是否连续可分为（　　）。

A. 确定性变量　　　B. 随机性变量　　　C. 连续变量　　　　D. 离散变量　　　　E. 常数

5. 下列有关品质标志和数量标志的说法，正确的有（　　）。

A. 数量标志可以用数值表示　　　　　B. 品质标志也可用数量表示

C. 数量标志不可以用数值表示　　　　D. 品质标志不可以用数值表示

E. 两者都可以用数值表示

四、综合题

调查某商场海尔冰箱的销售情况，其总体、总体单位是什么？试指出若干品质标志、数量标志、数量指标、质量指标。

练习题参考答案

　用微信扫描二维码，可以查看练习题参考答案。

第二章
统计数据的搜集

统计数量规律性的确认与识别依赖于大量的统计数据，它是统计分析与推断的基础。那么，统计数据如何取得呢？这便是统计数据搜集的内容。

我们常常会关心一些社会问题，比如今年全世界发生的自然灾害造成的损失是多少？今年我国居民消费价格指数是上升还是下降？一个城市竞争力的高或低是怎么计算出来的？不同机构对大学排名的结果不同，应当怎么理解？人口老龄化的社会对人们生活的影响有哪些？此外还有人们对延迟退休的态度等。

为了回答这些问题，就要搜集相关数据进行分析。本章将对上述问题加以讨论。

第一节　统计数据的来源

一般来说，统计数据主要来源于两种渠道：一是引用公开出版发表的统计数据，即数据是由别人通过调查或者实验的方式搜集的，使用者只是找到它们并加以利用，称为数据的间接来源；二是通过直接调查和科学实验得到的，称为数据的直接来源。

一、统计数据的间接来源

统计数据的间接来源是指对次级数据的搜集。在统计数据搜集的过程中，由于时间、财力、物力、人力等主客观条件限制，数据的使用者亲自去调查往往是不现实的。调查人员通过搜集多种文献资料，摘取现成数据通过整理、加工形成的间接统计数据。这便是第二手数据或者称间接数据。

二手数据的搜集一般通过统计年鉴、统计公报、公开出版的杂志等，如中国统计年鉴、国际统计年鉴、地方统计年鉴、中国经济数据分析等。随着计算机互联网技术的普及和发展，通过网络获取数据资料已经成为搜集第二手数据的重要渠道，如国家统计局（http://www.stats.gov.cn/）、中国经济信息网（https://www.cei.cn/）、中国经济社会大数据研究平台（https://data.cnki.net/）等。

相对而言，第二手数据的采集比较容易，采集数据的成本低，搜集时间短。第二手数据的作用也非常广泛，除了分析所要研究的问题之外，这些数据还可以提供研究问题的背景，帮助研究者更好地定义问题，检验和回答某些疑问和假设，寻找研究问题的思路和途径。

但是，第二手数据也有很大的局限性，研究者在引用第二手数据时要保持谨慎态度。因为第二手数据并不是为特定的研究问题而产生的，针对性不够。所以，在应用时要注意统计数据的含义、口径和计算方法以及时效性，以避免误用和滥用，同时要注明数据的出处，以尊重他人的劳动成果。

二、统计数据的直接来源

统计数据的直接来源是指通过专门组织的调查和科学实验搜集数据。科学实验是取得自然科学数据的主要手段，如医学、生物学等的数据都是通过实验和观察取得的。调查通常是对社会现象而言的，是取得社会经济数据的重要手段。在计划经济中，它主要是政府统计部门的统计调查；在市场经济中，还有一些专门进行调查的机构做市场调查等。本章主要介绍专门组织的调查。

（一）统计调查的概念与要求

统计调查是指根据统计研究的目的和要求，利用各种统计调查的方式方法，采集统计数据的工作过程。统计调查所采集的统计数据，既包括原始数据，也包括次级数据。原始数据也称初级数据、直接数据或第一手数据，是指向调查单位直接搜集的尚待汇总整理的、需要由个体过渡到总体的统计数据。例如，为了了解某市某一时期内工业生产情况及企业的经济效益，我们必须对该市所有工业企业的产品产量、产值、产品质量、劳动生产率、原材料、能源消耗量、成本、流动资金和利润额等资料进行登记和采集，这些数据就是原始数据。次级数据也称间接数据或第二手数据，是指已经经过加工整理，由个体过渡到总体，能够在一定程度上说明总体特征的统计数据。如上例中，已经有人对其进行一定的加工整理，但还不能完全满足要求，还须做进一步的加工整理，这样的数据就是次级数据。一切次级数据都是从原始数据过渡而来的。所以，统计调查的基本任务是要根据统计指标体系，通过一项一项的具体调查，取得反映社会经济现象及其各部分间互相联系的原始统计数据。

统计调查作为统计工作的第二个阶段，在统计工作的整个过程中，担负着提供基础数据的任务，是统计工作的基础和前提。所有的统计计算和研究，都是在原始数据采集的基础上建立起来的。只有搞好统计调查，才能保证统计工作达到对客观事物规律性的认识，并预测未来。因此，对统计数据的采集，要做到准确、及时和完整。准确性就是要如实地反映客观实际，这是保证统计工作质量的关键，用虚假的数据得出的分析结果，将会对数据的使用者和决策者造成不可估量的损失。及时性又称时效性，即要求按统计调查方案中规定的时间，尽快采集和上报数据，否则，会使统计数据的信息价值降低。完整性是指在采集数据的过程中，所列调查项目的数据采集完整，才有可能对社会经济现象的规律性做出明确的判断。

（二）统计调查的种类

社会经济现象错综复杂，根据不同的调查目的，需要采取不同的统计调查方式方法。统计调查的常见分类有：

1. 全面调查和非全面调查

按调查是否包括全部个体单位，统计调查可分为全面调查和非全面调查。

全面调查是对调查对象中的全部个体单位——加以调查。例如，要了解全国的煤炭产量，对全国所有煤炭企业全部进行调查，就属于全面调查。全面统计报表和普查均属于全面调查。

非全面调查是对调查对象中的部分个体单位进行调查。例如，为了了解居民社会购买力的情况，只需对一部分居民家庭的收支情况进行调查就能达到调查的目的，这样的调查属于非全面调查。重点调查、典型调查和抽样调查均属于非全面调查。

需要指出的是，全面调查与非全面调查的划分，是以调查时是调查全部个体单位还是部分个体单位来衡量的，而并不是根据最后取得的数据是否全面来判断的。

2. 经常性调查和一次性调查

根据调查数据登记时间是否连续，统计调查可分为经常性调查和一次性调查。

经常性调查是连续性调查，它是随着调查对象的变化而进行的经常的、连续不断的登记调查。例如，产品产量、货运量等的发展变化过程，通常采用经常性调查。

一次性调查是非连续性调查，它是间隔一段时间对调查对象进行的登记调查。例如，工业企业固定资产总量、原材料库存量等在一段时期内的变动，通常采用一次性调查。一次性调查一般有定期调查和不定期调查两种。定期调查是指每隔一定时期进行一次，其时间间隔大体相同，如每隔5年或10年进行一次人口普查。不定期调查是指相邻两次调查之间的时间间隔不相等，如科学技术人员普查、固定资产调查等。

3. 统计报表和专门调查

根据调查的组织方式不同，统计调查可分为统计报表和专门调查。

统计报表是按一定的表式和要求，自上而下统一布置，自下而上上报统计数据的一种统计调查方式方法，如工业统计报表、农业统计报表等。

专门调查是为了研究某些专门问题，由进行调查的单位专门组织的调查，如普查、抽样调查、重点调查和典型调查均属于专门调查。

4. 直接观察法、报告法和采访法

实际中，为研究一些特定的社会经济问题，还需要一些特定的调查，根据数据搜集的具体方法不同，统计调查可分为直接观察法、报告法和采访法。

直接观察法是由调查人员亲自到现场对调查对象进行观察和计量以取得数据的一种调查方法。例如，要了解工业企业的产品数量，调查人员可以当场进行观察计数等。这种方法的优点在于可以保证数据的真实性和准确性，缺点是要花费大量的人力、物力和时间，并且有些数据是无法通过直接观察得到的，比如涉及人的隐私的数据或者历史数据等。

报告法是由调查单位按照隶属系统逐级向国家报告经济、社会活动成果以采集数据的一种调查方法，例如，我国的统计报表制度就是应用了这种调查方法。这种方法是以原始数据为依据进行填报，并且有统一的格式、口径和时间要求。这种数据搜集方法多适用于一个系统内部，通过行政手段实现。

采访法也称询问调查法，是由调查人员向被调查者提问，根据被调查者的答复以取得数据的一种调查方法。这种采访调查的形式有很多，具体有以下几种：

（1）面访式调查。面访式调查是调查人员与被调查者采用面对面交谈而获得所需资料的调查方法，通常是按照调查人员事先设计好的、有固定格式的标准化问卷，有顺序地提问，并由受访者做出回答。也有调查人员只给出一个题目或者提纲，由调查人员与受访者自由交谈，以获得所需资料。

（2）邮寄调查。邮寄调查也称信访式调查，是通过邮寄调查问卷的方式，由被调查者填写，然后将问卷回寄的一种调查方法。随着人们通信方式的改变，这种调查数据的方法已经很少被采用。

(3）电话调查。电话调查是指调查人员通过打电话的方式向受访者实施调查。由于电话调查具有速度快、成本低的特点，随着电话的普及，电话调查应用也越来越广泛。但是电话调查一般用于针对某些特定的受访者，比如客户满意度的回访。用于电话调查的问题要明确，而且调查的通话时间不宜过长，以免受访者反感不配合。

（4）座谈会和个别深度访谈。座谈会和个别深度访谈属于定性方法，通常都是为了某个特定的问题取得定性资料。在此类研究中，从挑选的少数受访者中取得有关意见。这与定量方法从总体中抽取样本获得数据资料不同，这两种方法侧重于对问题的性质和未来趋势的把握，而不是对总体数量特征。

（5）网络调查。网络调查是在20世纪90年代开始兴起的，随着计算机、互联网、智能手机的普及，网络调查也开始广泛应用起来，由于其速度快、成本低、操作简单、获取数据容易、调研群体大和可视性强等诸多优点，正在淘汰一些传统的调查方法。现在已经出现了很多调查网站和手机调查软件。但是网络调查由于样本的代表性问题，如何科学地获取数据就需要研究人员仔细思考了。

统计调查的各种分类不是相互排斥的，而是可以互相交叉的。例如，普查是一种专门调查，但它同时又是一次性调查和全面调查。

第二节 统计调查方案与问卷设计

一、统计调查方案设计

无论采取何种形式的调查，在调查之前都需要制定一个周密、完整的调查方案，以指导整个调查工作，使统计调查得以顺利地进行。统计调查方案是指导整个调查过程的纲领性文件，不同的调查方案在内容上有很大的差别，但总体上看，一个完整的统计调查方案通常应包括以下部分：

（一）调查目的

在统计调查中，首先要明确调查目的，即通过调查要解决什么问题。确定调查目的能明确向谁调查、调查哪些项目，以及用什么方式方法进行调查。例如，在我国人口普查中，首先就明确规定这次调查的目的是"为了准确查清我国的人口数字，查清我国人口地区分布和社会经济构成情况，为有计划地进行社会主义现代化建设、统筹安排人民的物质和文化生活、制定人口政策和规划提供可靠的资料"。

（二）调查对象、调查个体单位和报告单位

明确了调查目的，还要进一步确定调查对象、调查个体单位和报告单位，以明确向谁调查、由谁承担调查项目、由谁负责填报调查数据，从而保证调查工作的顺利进行。

调查对象又称调查总体，就是我们所要研究事物的整体。调查个体单位就是调查对象范围内的各个个体单位。报告单位又称填报单位，它是负责填报调查数据的单位。

例如，为了调查了解工业企业的生产情况，则调查对象就是所有的工业企业，而调查个体单位就是每一个工业企业，报告单位也是每一个工业企业。这时，调查个体单位和报告单位是一致的。再如，为了调查了解工业企业的生产设备状况，则调查对象就是工业企业的全

部生产设备，而调查个体单位就是工业企业的每一台设备，报告单位则是每一个工业企业。这时，调查个体单位和报告单位就不是一致的。

在定义调查对象时，必须说明其内涵，避免因界限不分而影响数据的准确性。

（三）调查项目和调查表

1. 调查项目

调查项目就是进行调查时需要向调查个体单位调查的问题。一般来说，有多少个问题，便有多少个调查项目。确定调查项目时应注意以下几点：

（1）调查项目应当是调查目的所必需的，可有可无的项目不应列入。

（2）调查项目应有确切的答案，还要明确答案的形式，如文字形式、数字形式等。

（3）调查项目的表达应避免出现歧义或尽量减少被调查者的抵触情绪或思想顾虑。

（4）调查项目的表达不能带有倾向性。

（5）调查项目之间应尽可能做到互相联系，便于核对答案的准确性。

2. 调查表

把已经确定的调查项目按照合理的顺序排列在一定的表格上，就构成了调查表。调查表是统计工作中采集原始数据的基本工具，也便于调查后对数据进行汇总整理。

调查表有两种形式，即单一表和一览表。

单一表是在一张表格上只登记一个调查个体单位的数据，可以容纳较多调查项目。

一览表是在一张表上登记若干个调查个体单位的数据，调查的项目不能过多。

调查表制定完以后，为了保证调查数据的科学性和统一性，需要编写填表说明和指标解释。填表说明用来提示填表时应注意的事项，指标解释则是为了说明调查表中每一个指标的含义，所包括的范围和计算方法等。

（四）调查时间和调查地点

1. 调查时间

调查时间包括调查数据所属的时间和调查期限。

（1）调查数据所属的时间。统计数据按时间划分，有时期数据和时点数据两大类。时期数据是指事物在某一时期内发展过程的总量，如总产值、总产量、国民收入、消费量等，是随着时间的变化而变化的。对时期数据的调查要规定数据所属时期的长短，所登记的数据是指该时期第一天起至最后一天止的累计数字。时点数据是指事物在某一时点上的水平，如工人数、商品库存量、耕地面积等。对时点数据的调查要规定统一的标准调查时点。对普查来说，标准调查时点称为标准时间。例如，我国第五次全国人口普查规定以调查年 11 月 1 日零时为标准时间，所统计出来的人口数就是在这个时点上的人数。

（2）调查期限。调查期限是指调查工作的起止时间，包括采集数据和报送数据的整个工作所需的时间。为了保证统计数据的时效性，必须设法缩短调查期限。

2. 调查地点

调查地点是指登记调查数据的地点。在一般情况下，调查地点和调查个体单位所在地点是一致的。例如，企业生产经营活动的报表就是在企业所在地编制的。但有时也会发生调查地点和调查个体单位所在地点不一致的情况。这时就要明确规定进行调查的地点。例如，进行人口普查时，如果调查"常住人口"，就应在每个人的常住地点进行登记，不论被调查者是否暂时外出居住。

（五）调查方式

根据调查目的的不同，采取不同的调查方式。具体采用哪种方式，主要考虑人员、时间和经费等条件。一般来说，能够通过非全面调查解决的问题，就不要进行全面调查。

（六）制订调查的组织实施计划

在进行大规模的调查时，必须制订调查的组织实施计划。其主要应包括以下几点：

（1）建立调查队伍。
（2）调查人员的组织和培训。
（3）经费的预算和开支办法。
（4）进行试点调查。

【例2-1】　　　　　　　　　　大学生就业意向调查方案

一、调查目的

2021年全国普通高校毕业生规模将达909万人，毕业生人数再创历史新高，受新冠疫情、经济下行等多重因素影响，就业形势不容乐观，加上往届未实现就业者，就业形势变得更加严峻。为了了解当前大学生在择业时对行业就业的看法，2020年9月，某大学社会调查小组针对大学生就业意向展开了调查。

二、调查内容

本次调查涉及被调查者所受的教育程度、所学的专业、所在的学校、对就业的了解情况、希望就业的行业、对就业的期望、获取就业信息的渠道等多方面的内容，希望能通过本次社会调查，对大学生就业意向的问题进行更加深入的分析。

三、抽样框和样本

1. 抽样框

按照调查目的的要求，调查对象为长春市在校大学生。

2. 样本的形成

（1）选出长春市有代表性的8所高校作为抽样框。
（2）从抽样框中按照随机原则随机选取访问者构成样本。

3. 样本的容量

根据调查目的的要求，将大学生就业意向调查样本容量确定为600份问卷。

四、调查方法

本次调查采用了随机抽样法选取访问范围，在每一个被选择的区域中再按照随机原则选取被访问者，总体采用了分层抽样方法。实地调查采用问卷访问方式进行，这就使得此调查方式和方法具有随机性，能够依据样本数据推断总体指标。

五、调查经费预算

（一）交通和误餐费用预算

1. 交通费

41人×3次×6元/（人·次）=738元

2. 误餐费

41人×3次×5元/（人·次）=615元

小计：1 353 元

（二）物品费

1. 胸卡

41 人×1.5 元/人＝61.5 元

2. 板夹

41 人×5 元/人＝205 元

3. 笔

41 人×1.5 元/人＝61.5 元（铅笔、油笔各一支）

小计：328 元

（三）设计、整理人工费预算

10 人×10h×2 元/（人·h）＝200 元

小计：200 元

（四）调查单位费用预算

1 000 份×1 元/份＝1 000 元

小计：1 000 元

共计：2 881 元

六、调查时间和地点

(1) 调查时间：本次调查时间定为"十一"长假期间。

(2) 调查地点：长春市。

七、调查过程

(1) 自由讨论，确定调查主题。

(2) 拟定访问问卷。

(3) 制作抽样框，确定样本量。

(4) 印制访问问卷，试访问。

(5) 从试访问过程中，总结经验，修改问卷。

(6) 调查员培训。由教师对全体学生进行培训，使学生掌握市场调查的方法、技巧。

(7) 正式访问。对抽取的样本进行访问。

(8) 问卷收回。当天调查，当天收回，当天审核，及时标明问卷来源，确定编号。

(9) 使用相关软件分析调查结果。

八、组织人员及内部分工（略）

二、调查问卷设计

（一）调查问卷的组织结构

调查问卷是一种特殊形式的调查表。其特点是在表中用一系列按照严密逻辑结构组成的问题，向被调查者调查具体事实和个人对某问题的反应、看法，它不要求被调查者填写姓名。

一份比较规范和完整的调查问卷通常包含 6 个部分，即眉头部分、说明词/开场白、筛选/过滤部分、主体部分、背景资料部分和结束语。

1. 眉头部分

眉头部分在问卷的最开端,一般由问卷名称、问卷编号、调查组织名称、城市编号、访问员、问卷复核人等信息组成。

2. 说明词/开场白

说明词也就是开场白,包括问候语、调查主题、调查组织、调查员身份、调查用途、调查请求以及其他信息,如承诺调查的保密性。

说明词要求简洁明了,准确易读。眉头和说明词一般以调查主题为区分点,一般情况下,调查主题及前面部分为眉头部分,之后的介绍部分为说明词部分。例如:

你好!(问候语)

我叫王丽,是×××大学的学生。(调查者身份)

我们正在进行一项关于5G手机认知程度的调查。(调查主题介绍)

您的回答将有助于我们了解消费者对5G手机的认知程度。(调查用途)

您的资料仅供研究参考,绝不公开。(承诺信息)

现在,我能麻烦您抽5分钟时间回答问题吗?非常感谢您。(访问邀请)

3. 筛选/过滤部分

这部分主要是为了选择符合要求的调查个体单位而设。如在上述关于5G手机认知程度的调查中,就需要在调查主题问句前提出过滤题"我们正在寻找一些特定人选,请问您的手机开通上网功能了吗?"如果是,则可继续提问,否则就退出提问。

4. 主体部分

主体部分是调查问卷的核心,它通常由主题问句和备选答案两部分构成。常见的问句形式和要求如下:

(1)开放式问句。这类问句即提出问题,由被调查者自由回答,不受限制。这类问句的答案可能是漫无边际的,不容易汇总进行统计分析,因此,在问卷中不宜多用。

(2)对选式问句。这类问句要求被调查者在两个可能的答案中选择一个,如回答"是"或"否",容易发问,也容易回答。但只限于采集简单的事实或态度,对于既不肯定也不否定的答案就无法表示了。

(3)多项选择式问句。这类问句即列举几个可能的答案,由被调查者选出最符合自己情况和意见的一个或几个答案。其优点是答案有一定的范围,便于被调查者取舍。但是,备选答案不可能穷尽所有可能的情况,因而也容易使被调查者做出随意应付的选择。

(4)顺位式问句。这类问句即列出对某一问题不同层次的答案,由被调查者排出次序,表示自己的态度和倾向。

5. 背景资料部分

这部分一般放在问卷的最后(但出于特殊配比的原因,也有放在问卷前面的)。背景资料主要是一些人文信息,一般包括调查个体单位的性别、年龄、婚姻状况、家庭人数、家庭或个人收入、职业等信息。

6. 结束语

结束语的任务就是告诉被调查者调查问卷结束,调查完毕了。不同问卷的结束语会略有不同,如邮寄问卷的结束语可能是"再次感谢您参与调查,麻烦您检查一下是否还有尚未回答的问题,随后将问卷放入随附的回邮信封并投入信箱",而一份访问调查的问卷结束语可能会是"调查到此结束,谢谢您,再见"。

(二)调查问卷设计的要求

调查问卷设计的基本要求是:主题明确,形式简明,文字通俗,容易理解,便于回答。问句的内容必须十分具体,措辞要客观,不带任何倾向和暗示,而且涉及的问题应该是可以测定的。问句编排应该体现调查提纲的逻辑结构,层次分明,先易后难,先问事实性数据,后问态度和意向方面的数据,最后问理由方面的数据。

【例2-2】 调查问卷

摩天活力城消费者调查问卷

亲爱的顾客朋友:

您好!为了提高本商城的服务质量,提高顾客满意度,本商城特进行此次消费者调查,希望能得到您的支持。本问卷无须署名,您的回答对于我们提高服务质量非常重要,对于您的无私帮助,本商城深表感谢。

1. 您的性别(　　)
   A. 男　　　　　　B. 女
2. 您居住的位置是哪里?(　　)
   A. 朝阳区　　　　B. 二道区城　　　C. 宽城区　　　　D. 南关区
   E. 绿园区　　　　F. 高新区　　　　G. 经开区　　　　H. 净月区
   I. 其他
3. 您的年龄是多少?(　　)
   A. 16岁以下　　　B. 16~20岁　　　C. 21~30岁　　　D. 31~40岁
   E. 41~50岁　　　F. 50岁以上
4. 您光顾摩天活力城的次数是(　　)
   A. 首次来　　　　B. 每月1次　　　C. 每周至少1次　　D. 每周2次以上
5. (可多选)您到摩天活力城一般使用什么交通工具?(　　)
   A. 步行　　　　　B. 自行车/电动车　C. 公交车　　　　D. 出租车
   E. 自驾车
6. (可多选)您到摩天活力城的主要目的是什么?(　　)
   A. 购物　　　　　B. 就餐　　　　　C. 娱乐　　　　　D. 其他
7. 您在摩天活力城每次消费的金额是多少?(　　)
   A. 100元以下　　B. 100~300元　　C. 300~500元　　D. 500~1 000元
   E. 1 000元以上
8. 您对摩天活力城品类分布的满意度怎样?(　　)
   A. 很满意　　　　B. 满意　　　　　C. 一般　　　　　D. 不满意
9. 您对摩天活力城工作人员服务态度的满意度怎样?(　　)
   A. 很满意　　　　B. 满意　　　　　C. 一般　　　　　D. 不满意
10. 您希望摩天活力城增加什么品类?(　　)
    A. 娱乐　　　　　B. 休闲　　　　　C. 餐饮　　　　　D. 零售
    E. 其他

11. 关于我们，您还有哪些其他方面宝贵的意见？

最后，再次感谢您百忙之中对我们问卷的填写。

第三节　统计调查的组织方式

一、统计报表

1. 统计报表的概念

统计报表是我国取得统计数据的一种基本的组织形式。它是基层企业、事业单位以及各级领导机关，按照国家有关部门统一规定的报表格式、报告内容、报送时间和程序等，自下而上报送报表的一种调查方式。通常把一整套提供基本统计数据的组织方式叫作统计报表制度，而把提供统计数据的表格叫作统计报表。

我国目前的统计报表由国民经济基本统计报表和专业统计报表两部分组成。国民经济基本统计报表是由国家统计部门统一制定的。这类报表是从整个国民经济角度出发，并按国民经济部门划分，分为工业、农业、商业、基建、物资、交通运输、劳资、外贸等部门的报表。它是我国统计报表的基础。专业统计报表是由各业务部门制定的。这类报表是从各业务部门的业务管理需要出发，在各部门系统内实施的报表，用以采集有关本部门的业务数据，满足业务管理的需要。它是国民经济基本统计报表的补充。

2. 统计报表的特点

一般情况下，统计报表这种调查方式有数据准确、报送及时、便于汇总等优点。统计报表对于了解我国的国情、国力，指导国民经济社会发展，制订计划和政策以及检查它们的执行和落实情况，起到了很大的作用。但是这种调查方式需要占用大量的人力、物力、财力和时间；报表的内容比较固定，不能及时地反映新情况、新问题。

二、普查

（一）普查的概念

普查是为了某一特定目的而专门组织的一次性全面调查，如人口普查、工业普查、农业普查等。世界各国一般都定期进行各种普查，以便掌握有关国情、国力的基本统计数据。普查是适合于特定目的、特定对象的一种调查方式，主要用于采集处于某一时点状态上的社会经济现象的数量，目的是掌握特定社会经济现象的基本全貌，为国家制定有关政策或措施提供依据。

（二）普查的特点

普查作为一种特殊的数据采集方式，具有以下几个特点：

1. 普查具有一次性和周期性

由于普查涉及面广，调查个体单位多，需要耗费大量人力、物力和财力，通常需要间隔较长的时间，一般每隔 10 年进行一次。例如，我国人口普查从 1953 年到 2020 年共进行了 7 次。今后，我国的普查将规范化、制度化，即每逢年份的末尾数是"0"的年份进行人口普查，每逢"3"的年份进行第三产业普查，每逢"5"的年份进行工业普查，每逢"7"的年份进行农业普查，每逢"1"或"6"的年份进行统计基本单位普查。

2. 普查需要规定统一的标准调查时间

规定统一的标准调查时间，是为了避免调查数据的重复和遗漏，保证普查结果的准确性。例如，我国前四次人口普查的标准时间为普查年份的 7 月 1 日零时，第 7 次人口普查的标准时间为 2020 年 11 月 1 日零时。农业普查的标准时间定为普查年份的 1 月 1 日零时。标准时间一般定为调查对象比较集中、相对变动较小的时间。

3. 普查的数据比较准确

普查的数据一般比较准确，规范化程度也较高，因此它可以为抽样调查或其他调查提供基本依据。

4. 普查的成本高、时间长

普查的成本高、时间长，因此只对重要的国情、国力进行调查。

三、抽样调查

（一）抽样调查的概念

抽样调查是实际中应用最广泛的一种调查方式和方法，它是从调查对象的总体中随机抽取一部分个体单位作为样本进行调查，并根据样本调查结果来推断总体数量特征的一种非全面调查。

（二）抽样调查的特点

抽样调查具有以下几个特点：

1. 经济性

这是抽样调查的一个最显著优点。由于调查的样本单位通常是总体个体单位中的很小一部分，调查的工作量小，因而可以节省大量的人力、物力、财力和时间。

2. 时效性

抽样调查可以迅速、及时地获得所需要的信息。由于工作量小，调查的准备时间、调查时间、数据处理时间等都可以大大缩减，从而提高数据的时效性。与普查等全面调查相比，抽样调查可以频繁地进行，随着事物的发生和发展及时取得有关信息，以弥补普查等全面调查的不足。例如，两次人口普查之间各年份的人口数据都是通过抽样调查取得的。

3. 适用性

抽样调查可以获得更广泛的信息，适用于各个领域、各种问题的调查。从适用的范围来看，抽样调查既可用于调查全面调查能够调查的现象，也能调查全面调查所不能调查的现象，特别适合一些特殊现象的调查，如产品质量检验、农产品实验、医药的临床实验等。从调查的项目和指标来看，抽样调查的内容和指标可以更详细，能获得更全面、更广泛和更深入的数据。

4. 准确性

抽样调查的数据质量有时比全面调查更高，因为全面调查的工作量大、环节多，登记性（或调查）误差往往很大，而抽样调查由于工作量小，可使各环节的工作做得更细致，误差往往很小。当然，用样本数据去推断总体时，不可避免地会有推断误差，但这种误差的大小是可以计算并加以控制的，因此推断的结果通常是可靠的。

四、重点调查

1. 重点调查的概念

重点调查是在调查总体中,选择一部分重点单位进行调查,以了解总体基本情况的一种非全面调查。所谓重点单位,是指调查个体单位的标志总量在总体标志总量中占绝大比重的个体单位。因而,对这些个体单位进行调查就能反映总体的基本情况。例如,要了解某市的工业用煤及节煤情况,已知该市有工业企业 1 200 多个,其中有 70 多个企业用煤量最大,每年消耗的煤占全部用煤的 70% 左右。所以,这 70 多个企业就是重点单位,对它们的调查就可以了解该市的工业用煤及节煤基本情况。

重点单位也不是固定不变的。某些个体单位在某一问题上是重点单位,而在另一问题上可能就不是重点单位;在某一总体中是重点单位,而在另一总体中可能就不是重点单位;在某一时期是重点单位,而在另一时期便可能不是重点单位。

选择重点单位是重点调查的关键。一般来说,选出的个体单位应尽可能少,而其标志总量在总体标志总量中所占的比重又应尽可能大些。同时,选中的个体单位管理制度应比较健全。

2. 应用重点调查的条件

应用重点调查有两个先决条件:一是调查的任务只要求掌握调查总体的基本情况;二是在调查总体中,确实存在着重点单位。

由于重点单位和一般个体单位差异很大,因此不能借助重点调查所取得的重点单位的数据来推断总体。

五、典型调查

(一) 典型调查的概念

典型调查是根据调查目的和要求,在对调查对象进行初步分析的基础上,有意识地选取少数具有代表性的典型单位进行深入细致的调查研究,借以认识同类事物的发展变化规律及本质的一种非全面调查。

(二) 典型调查的特点

与其他调查方法相比,典型调查具有以下几个显著特点:

1. 有意识地选择调查单位

典型单位是根据调查目的和要求,通过对调查对象全面分析后,有意识地选定的。因此,能最有代表性地体现出调查对象的共性,确切反映调查个体单位的一般情况。

2. 对于推广新生事物、总结经验具有重要作用

它只对少数典型单位调查,其调查范围小、个体单位少,能对典型单位做深入细致的调查,进行具体剖析。因此可用来研究一些比较复杂的专门问题,且省时省力。

3. 调查内容灵活

根据需要,典型调查既可以从事物的数量方面,也可以从事物的质量方面进行研究;既可以从某一事物的纵向方面,也可以从横向方面进行分析。

典型调查采集数据的方法有多种,如开调查会、个别访问、蹲点调查、发调查表等。其

中，开调查会是最常用的调查方法，操作简单易行，采集的数据详细可靠。上述各种方法也可结合应用，互为补充。

第四节 课程实验

Excel 是微软公司出品的 Office 系列办公软件之一。它是一个功能强大、技术先进、使用方便的电子数据表格软件。它可以进行各种数据处理、统计分析和辅助决策操作，广泛应用于经济、管理、统计等众多领域，版本更新及时，数据分析能力不断改进和提高。目前，在我国办公用的计算机上，绝大多数都安装了 Excel 软件，使用相当普遍。因此，掌握 Excel 软件的统计分析功能非常必要。

一、Excel 2010 的用户界面

当 Excel 2010 启动后，出现"Microsoft Excel-Book1"窗口，它是 Excel 的基本界面，Excel 的全部操作都将在这里实现。窗口最上方有一个主菜单，主菜单由 8 个下拉式子菜单组成，如图 2-1 所示。

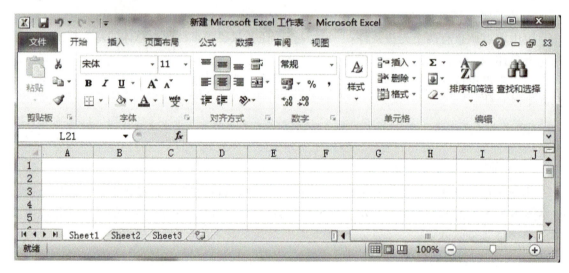

图 2-1 Excel 2010 的用户界面

二、工作簿的创建与数据的输入

（一）工作簿的创建

1. 自动创建

当启动 Excel 2010 时，系统会自动创建一个 Excel 工作簿，并自动命名为"工作簿 1.xlsx"。

2. 手动创建

单击"文件"选项卡，选择其中的"新建"命令后会发现，Excel 2010 不仅提供了可用模板，还提供了更具专业特点的 Office.com 模板。

(二) 工作簿的保存

1. 手动保存

在 Excel 2010 中常用的保存工作簿的方法有三种：①单击"文件"选项卡，在下拉菜单中选择"保存"或"另存为"命令；②在快速访问工具栏中单击"保存"按钮；③使用 <Ctrl+S> 快捷键。

2. 自动保存

Excel 2010 还提供了"自动保存"功能，以免由死机、停电或其他意外事故造成数据丢失。设置自动保存的方法如下：单击"文件"选项卡，在下拉菜单中单击"选项"按钮，打开"Excel 选项"对话框，单击左侧列表中的"保存"选项，打开自定义保存的设置属性页进行保存设置即可。

(三) 数据的输入

1. 输入数值型数据

Excel 中的数值型数据由 0~9、正负号、小数点、百分号（%）等组成，数据精度为 15 位。

2. 输入日期与时间型数据

通常用连字符（-）和斜线（/）作为日期分隔符，冒号（:）用作时间分隔符。

3. 输入文本型数据

文本型数据可由汉字、字母、数字及其他符号组成。如果将数值型数据作为文本型数据保存，则必须在前面加单撇号（'）。

(四) 数据的导入

（1）使用"文件"选项卡的"打开"命令：选择"文件"→"打开"命令，随即弹出"打开"对话框，在存放位置找到需要导入的外部文件，并单击"打开"按钮即可。

（2）使用"数据"选项卡的"获取外部数据"命令：在"获取外部数据"命令中，获取外部数据的渠道包括自 Access、自网站、自文本、自其他来源和现有连接。选择需要的方式随即弹出相应的对话框，在对话框中进行设置即可完成外部数据的导入。

三、公式、函数和图表

1. 公式

Excel 中公式的输入非常简单，其基本要素为等号"＝"、常用的"操作符"和输入的"数"。其中，"＝"为公式或函数的标志；"操作符"表示执行哪种运算，包括加（+）、减（-）、乘（*）、除（/）、百分比（%）和乘方（^）；"数"包括常数和函数以及引用的单元格。

2. 函数

函数的基本要素与公式的基本要素相比并没有本质差别，只是形式不同，等号"＝"后不是普通的算术，而是函数。其主要成分为等号"＝"、引用的"函数名"、括号"（）"和"参数"。其中，"＝"为函数的标志，"函数名"表示对应的特定函数，括号"（）"代表函数的参数部分，"参数"是指函数运算所需的数据，通常是常数、单元格引用，或者另外一个函数。

3. 图表

Excel 中的图表很丰富，如柱形图、折线图、饼图等，而且与 Excel 2007 相比，Excel 2010 增加了迷你图。总体而言，Excel 有两种类型的图表：一种类型是嵌入式图表，即直接放在工作表上，若用户需要同时显示图表及相关数据，则可采用此方式；另一种类型是独立的图表工作表，即单独存放，若图表比较复杂或需要单独查看时则可以采用这种方式。

思 考 题

1. 完整的统计调查方案包括哪些内容？
2. 重点调查、典型调查、抽样调查有什么相同点和不同点？
3. 调查单位与填报单位有何区别与联系？

练 习 题

一、判断题

1. 为了尽可能多地收集数据，调查问卷应尽可能长。（　　）
2. 全面调查和非全面调查是根据所得到的资料是否全面来划分的。（　　）
3. 普查是全面调查，抽样调查是非全面调查，所以普查比抽样调查准确。（　　）
4. 调查单位和报告单位有时候是一致的。（　　）
5. 调查方案的首要任务是确定调查对象。（　　）

二、单项选择题

1. 对百货商店工作人员进行普查，调查对象是（　　）。
   A. 各百货商店　　　　　　　　B. 各百货商店的全体工作人员
   C. 一个百货商店　　　　　　　D. 每位工作人员
2. 对某停车场上的汽车进行一次性登记，调查单位是（　　）。
   A. 全部汽车　　B. 每辆汽车　　C. 一个停车场　　D. 所有停车场
3. 城市拟对占全市储蓄额 4/5 的几个大储蓄所进行调查，以了解全市储蓄的一般情况，则这种调查方式是（　　）。
   A. 重点调查　　B. 典型调查　　C. 抽样调查　　D. 普查
4. 人口普查规定统一的标准时间是为了（　　）。
   A. 避免登记的重复和遗漏　　　　B. 具体确定调查单位
   C. 确定调查对象的范围　　　　　D. 为了统一调查时间、一起行动
5. 区别重点调查和典型调查的标志是（　　）。
   A. 调查单位数目不同　　　　　　B. 搜集资料方法不同
   C. 确定调查单位标准不同　　　　D. 确定调查单位目的不同
6. 对某城市工业企业的设备进行普查，填报单位是（　　）。
   A. 全部设备　　B. 每台设备　　C. 每个工业企业　　D. 全部工业企业

三、多项选择题

1. 某地区进行企业情况调查，则每一个企业都是（　　）。
   A. 调查对象　　B. 统计总体　　C. 调查单位
   D. 调查项目　　E. 填报单位
2. 非全面调查包括（　　）。
   A. 重点调查　　B. 抽样调查　　C. 快速普查
   D. 典型调查　　E. 统计年报

3. 统计调查按搜集资料的方法不同,可以分为(　　)。
A. 采访法　　　　B. 抽样调查法　　　C. 直接观察法
D. 典型调查法　　E. 报告法
4. 下列判断中,不正确的有(　　)。
A. 重点调查是一种非全面调查,既可用于经常性调查,也可用于一次性调查
B. 抽样调查是非全面调查中最有科学根据的方式方法,因此,它适用于完成任何调查任务
C. 在非全面调查中,抽样调查最重要,重点调查次之,典型调查最不重要
D. 如果典型调查的目的是近似地估计总体的数值,则可以选择若干中等的典型单位进行调查
E. 普查是取得全面统计资料的主要调查方法
5. 普查是一种(　　)。
A. 非全面调查　　B. 专门调查　　　C. 全面调查
D. 一次性调查　　E. 经常性调查
6. 下列统计调查中,调查单位与填报单位一致的有(　　)。
A. 工业企业设备普查　B. 零售商店调查　　C. 人口普查
D. 工业企业普查　　　E. 学校学生健康状况调查
7. 普查和统计报表这两种调查方式(　　)
A. 都是全面调查　　　B. 都是经常性调查　　C. 调查对象都要根据调查目的选择
D. 都是专门的一次性调查　　　　　　　　　E. 普查资料可以采用统计报表形式

四、综合题

1. 某工业企业为了解本企业工人的文化程度,进一步加强工人业余文化技术学习,于 2020 年 12 月 28 日向所属各车间发放调查表,要求填报 2020 年年底所有工人的性别、姓名、年龄、工龄、工种、技术等级、现有文化程度等七个项目。
(1) 指出上述调查属于什么调查?
(2) 调查对象、调查单位、填报单位是什么?
(3) 具体指明调查时间。
2. 针对某个市场或者感兴趣的社会热点问题,设计一个调查问卷。

练习题参考答案

用微信扫描二维码,可以查看练习题参考答案。

第三章
统计数据的整理和展示

经过统计调查或科学实验获得的直接数据及用其他方法获得的间接数据,往往是零乱、无序和不系统的,因此在搜集统计数据后,必须对这些数据进行加工整理,使其条理化、系统化;更进一步,还可以为这些数据绘制图表。通过这样的整理和展示就可以大大简化数据,从而比较容易地发现数据中所包含的信息,为统计分析提供思路。统计数据的整理过程包括数据的审核、分组、汇总和图表展示等环节。

第一节 统计数据的审核

数据整理是统计调查的继续,也是统计分析的前提。在对统计数据进行整理时,首先要进行审核,以保证数据质量,为进一步统计分析打下基础。从不同渠道取得的统计数据,其审核内容和方法也有所不同;不同类型的统计数据,其审核内容和方法也有所差异。

对于通过直接调查取得的原始数据,应主要从完整性和准确性两个方面去审核。

完整性审核主要是检查应调查的个体单位是否有遗漏、所有的调查项目或指标是否填写齐全等。

审核数据准确性的方法主要有逻辑检查和计算检查。逻辑检查主要是从定性角度审核数据是否符合逻辑、内容是否合理、各项目或数字之间有无相互矛盾的现象。例如,中学文化程度的人所填的职业是大学教师,对于这种违背逻辑的项目应予以纠正。计算检查是检查调查表中的各项数据在计算结果和计算方法上有无错误。例如,各分项数字之和是否等于相应的合计数、各结构比例之和是否等于1或100%、出现在不同表格上的同一指标数值是否相同等。

对于通过其他渠道取得的第二手数据,除了对其完整性和准确性进行审核外,还应着重审核数据的适用性和时效性。第二手数据可以来自多种渠道,有些数据可能是为特定目的通过专门调查而取得的,或者是已经按特定目的需要做了加工整理。对于使用者来说,首先应弄清楚数据的来源、数据的口径以及有关的背景材料,以便确定这些数据是否符合分析的需要、是否需要重新加工整理等,不能盲目地生搬硬套。此外,还要对数据的时效性进行审核,有些时效性较强的问题,如果所取得的数据过于滞后,就失去了研究的意义。一般来说,应尽可能使用最新的统计数据。数据经过审核后,确认适合实际需要,才有必要做进一步的加工整理。

对审核过程中发现的错误应尽可能予以纠正。调查结束后,当数据中发现的错误不能予以纠正，或者有些数据不符合调查的要求而又无法弥补时，就需要对数据进行筛选。数据筛选包括两方面内容：一是将某些不符合要求的数据或有明显错误的数据予以剔除；二是将符合某种特定条件的数据筛选出来。数据的筛选在统计调查中是十分重要的。

第二节 统 计 分 组

一、统计分组的概念

统计分组就是根据统计研究的需要，将统计总体按照一定的标志区分为若干个组成部分的一种统计方法。总体的这些组成部分称为"组"。

统计分组同时具有两个方面的含义：对总体而言是"分"，即将总体区分为性质相异的若干部分；对个体单位而言是"合"，即将性质相同的个体单位组合起来。就作为分组标准的这一变量而言，同组的个体单位间都具有相同之处，不同组的个体单位间则具有相异之处。统计分组就是在统计总体内部进行的一种定性分类。

统计总体中的各个个体单位，一方面都在某一个或某些标志上具有彼此相同的性质，可以被结合在同一性质的组中；另一方面在其他一些变量上具有彼此相异的性质，又可以被区分为性质不同的若干组成部分。

二、统计分组的作用

统计分组的作用可以归纳为以下三个方面：

1. 区分事物的不同性质

区分事物的不同性质是统计分组的根本作用。社会经济现象是复杂多变的。它们有着不同的性质规律，又在数量上表现为不同的水平、速度、比例等。在研究现象的数量方面时，只有通过分组区分事物不同的性质，才能具体而深入地研究事物的本质特征及其变化规律性。例如，研究人口时，可以从性别、年龄、民族、文化程度等方面来区分人口的不同性质。

2. 反映事物的内部构成及其变化规律

通过分组区分了事物的不同性质，可以研究现象的各部分构成，进而识别事物的主要部分与共性特征，以说明事物发展变化的规律。例如，2020年我国产业结构如表3-1所示。

表3-1　2020年我国产业结构

产　业	增加值（亿元）	占比（%）
第一产业	77 754	7.7
第二产业	384 255	37.8
第三产业	553 977	54.5
合计	1 015 986	100.0

3. 揭示现象之间的数量依存关系

任何现象都不是孤立存在的，它们是相互联系、相互制约的。通过分组将性质上有关联的分组数据联系起来分析，便可研究不同现象总体之间数量上的依存关系。例如，表3-2中的数据便可体现出小麦亩产量与施肥量两者之间的相互依存关系，通过分析，挖掘出提高小麦产量的潜力。

表3-2　小麦亩产量与施肥量之间的关系

施肥量/kg	0	10	20	30	40	50	60	70
小麦亩产量/kg	140	210	280	350	420	490	651	500

上述统计分组的三方面作用往往是相互联系、相互补充的，在分析某个具体问题时，可以同时实现。

三、统计分组的原则与分组标志

（一）统计分组的原则

统计分组有两点原则：一是要符合周延性，即不遗漏，每一个体单位都有所归属；二是要符合互斥性，即不重复，每一个体单位只能归属于某一组而不能同时归属于另一组。例如，就学校学生的分组而言，或按性别分组，或按专业分组，或按年级分组，或按年龄分组等，这样人人有所归属，而且只能归属于其中的某一组，这就是不遗漏、不重复。如果不遵循上面的两点原则，分组就会混乱，既可能遗漏，又可能重复。例如，如果把学生分为两组：第一组为愿意参加旅游者，第二组为能够支付旅游费用者。那么，不愿意参加旅游的学生就无所归属，被遗漏了；而有一部分既愿意参加旅游又能支付旅游费用的学生，则既会被归入第一组，又会被归入第二组，便重复了。

（二）分组标志

统计分组的关键是正确选择分组标志和科学划分各组界限，反映各组的性质差别。分组标志就是将总体分为各个性质不同的标准或根据。例如，将学生分为男学生和女学生是根据性别来划分的，而将学生分为一年级、二年级、三年级等，则是根据年级来划分的。性别、年级就是分组标志。我们知道，总体的同质性是相对的、个别的，而个体单位的差异性则是普遍的、多方面的。总体的同质性是研究问题的前提，个体单位的差异性则是问题所在，有差异就有矛盾，有矛盾便要研究解决矛盾的办法。分组标志的选择就是要从事物的许多差异中找出其本质的差异，从事物的普遍联系中找出其内在的联系。

选定了分组标志，就要在分组标志的变异范围内，划分各个相邻组之间的界限。如果各组界限划分不清，就将失去分组的意义。

根据分组标志的特征不同，总体可按品质标志分组，也可按数量标志分组。

1. 按品质标志分组

按品质标志分组就是以品质标志作为分组标志，并在品质标志的变异范围内划分各组界限，将总体分为若干组。按品质标志分组，有些很容易确定分组的组数，并能将所有个体既不遗漏又不重复地分别归入各组，但有些就不容易确定了。例如，将某市居民按性别分组，分组的组数只有两个，并可以将居民准确无误地分别归入各组。像这样的分组标志，概念具体明确，分组是比较容易的。但按有许多复杂现象的品质标志分组就比较困难了。例如，将市民按职业分组就是如此，因为职业多种多样，如教师、医生、驾驶员、工人等，而且有些居民又身兼多职，如有人既是教师又是医生，这就需要解决究竟要划分多少组、身兼多职的人究竟应划入哪组等比较困难、比较复杂的问题。又如，产品按用途分组，就应该专门研究、制定出统一的分类目录，按照目录的规定进行分组。

2. 按数量标志分组

按数量标志分组就是以数量标志作为分组标志，并在数量标志的变异范围内划分各组界限，将总体分为若干组。按数量标志分组，不仅体现出各组现象的数量差别，而且要通过各组的数量变化区分现象的不同性质。因此，各组的数量界限如何确定也是比较复杂的。例如，将学生按学习成绩分组，应以 60 分为界限，凡是低于 60 分的为不及格者，凡是等于或超过 60 分的为及格者。而不应以 50 分为界限，因为它没有反映各组的性质差别。因此，要通过事物本身的内在联系和发展变化规律来划分各组界限。

四、简单分组和复合分组

在统计分组时，根据统计研究目的的不同，分组标志的选择可以是一个标志，也可以是两个或两个以上标志，这样就有了简单分组和复合分组的区别。

1. 简单分组

对总体只按一个标志分组称为简单分组。例如，人口总体只按性别这一标志分组；产品按用途这一标志分组都是简单分组。简单分组只能说明总体在某一方面的差别情况。如果把多个简单分组进行排列就形成平行分组体系。

2. 复合分组

对总体按两个或两个以上标志层叠起来进行分组称为复合分组，即先按一个标志分组，然后再按另一个标志将已经分好的各个组进一步划分为若干组。例如，某校学生先按学习成绩分组，在此基础上再按性别分组就是复合分组。复合分组比简单分组能说明更多的问题，可以对总体做比较全面深入的分析。但复合分组的标志不宜过多，因为标志增加，组数将成倍地增加，反而不易看出问题，甚至有时因标志和组数增多，而各组个体单位数越分越少，就难以反映事物的本质。例如：

第三节　次　数　分　布

一、次数分布的概念

在统计分组的基础上，将组中的所有个体单位按组归类整理，汇总计算各组的个体单位数，形成总体中个体单位在各组间的分布状况，就称为次数分布。分布在各组的个体单位数称为次数，又称频数。各组次数与总次数之比称为比率，又称频率。将各组组别与次数依次编排而成的数列就称为次数分布数列，简称分布数列。有时也可把比率列入分布数列中。分布数列又称分配数列或次数分布。它可以反映总体中所有个体单位在各组间的分布状态和分布特征，研究这种分布特征是统计分析的一项重要内容。

二、次数分布的种类

次数分布分为品质次数分布和数量次数分布。

品质次数分布就是按品质标志分组所形成的次数分布。它有两个构成要素：一是以品质标志表现为各组的名称；二是各组的次数。例如，表3-3所列就是一个品质次数分布。

表3-3　2020年我国人口按性别分组的情况

性　别	人数（万人）	占总人口比重（%）
男	70 079	51.2
女	66 703	48.8
合计	136 782	100.0

数量次数分布就是按数量标志分组所形成的次数分布。它也有两个构成要素：一是以数量标志值为各组的名称；二是各组的单位数。例如，表3-4所列就是一个数量次数分布。

表3-4　某班组学生年龄情况

年　龄	人数（人）	比率（%）
18岁	10	20
19岁	15	30
20岁	25	50
合计	50	100

对于品质次数分布来讲，如果分组的标志选择得好、分组标准定得恰当，则事物性质的差异表现得比较明确，总体中各组如何划分较易解决。因此，品质次数分布一般比较稳定，通常均能准确地反映总体的分布特征。对于数量次数分布来讲，因为事物性质的差异表现得不甚明确，决定事物性质的数量界限往往因人而异，所以按同一数量标志分组时又出现多种分布数列的可能。

数量次数分布又分为单项次数分布和组距次数分布。数量次数分布中的每个组只用一个标志值来表示就是单项次数分布。如果标志值的变动范围较小、项数不多，就可以采用单项次数分布反映总体的分布状态。例如，表3-4所列就是单项次数分布。数量次数分布中的每个组用一定范围的标志值来表示就是组距次数分布。如果标志值的变动范围较大、项数较多，就要采用组距次数分布反映总体的分布状态。例如，表3-5所列就是一个组距次数分布。

表3-5　某班级学生统计学成绩

成绩（分）	人数（人）
60以下	5
60~70	8
70~80	12

(续)

成绩（分）	人数（人）
80~90	10
90 以上	6
合计	41

三、数量次数分布的编制方法

编制数量次数分布的步骤如下：①编制数列和计数；②确定组数和组距；③确定组限和组中值。

例如，对某工厂某日 50 名工人生产零件件数情况进行调查，得到下列原始数据（单位为件）：

106	81	98	111	91	107	86	105	93	106
82	108	114	122	109	104	125	103	113	102
106	84	128	104	91	112	85	96	115	89
97	105	92	111	107	97	105	124	106	86
96	110	112	103	108	110	109	125	101	119

上述数据杂乱无章，难以看出其中的数量特征及分布规律性，需编制次数分布。

1. 编制数列和计数

按一定顺序排列的数值称为数列（又称序列），即把数值以从小到大或从大到小的顺序排列起来。将上面的数值从小到大排列，先找出最低生产量 81 件和最高生产量 128 件，并按 81~128 件的顺序，排列出每一个数值。编制成单项次数分布表，如表 3-6 所示。

表 3-6 某企业工人日生产量分布表

生产量（件）	人数（人）	生产量（件）	人数（人）	生产量（件）	人数（人）
81	1	97	2	110	2
82	1	98	1	111	2
83	1	101	1	112	2
84	1	102	1	113	1
85	1	103	2	114	1
86	1	104	2	115	1
89	1	105	3	119	1
91	2	106	4	122	1
92	1	107	2	124	1
93	1	108	2	125	2
96	2	109	2	128	1
合计	—	—	—	—	50

显然，在这种情况下，单项次数分布显得十分庞杂，难以反映总体内部不同性质组成部分的分布特征。这样，我们可以利用组距次数分布来反映总体的分布特征。因此，就要涉及组数和组距等有关问题。

2. 确定组数和组距

组数是指对总体划分为几个组。组距是指分组条件下每组标志值的变化范围。对同一总体，组数的多少和组距的大小成反比。组数多，组距就小；组距大，组数就少。如果组距过大，组数过少，将会掩盖事物性质的差别；如果组距过小，组数过多，则不易区分事物的性质界限，不易反映总体的分布特征。因此，确定组数和组距应根据统计研究目的、资料所反映的经济内容、标志值的分布程度和全距（资料中最大标志值与最小标志值之差）等因素来决定。一般很少使用少于 5 组和多于 15 组的次数分布。

如果将表 3-6 重新分组，取组数为 5 组，组距为 10 件，就得到表 3-7 所示的次数分布。通过这个次数分布就能够清晰地看到工人日生产量的分布特征。

表 3-7　工人日生产量分布表

日生产零件数（件）	人数（人）	比率（%）
80~90	7	14
90~100	9	18
100~110	19	38
110~120	10	20
120~130	5	10
合计	50	100

组数确定以后，组距就能确定；反之，确定了组距，组数也能随之确定。具体工作中，究竟是先确定组数还是先确定组距，没有统一的规则可循。

在连续式组距情况下，计算组距的公式为

$$组距 = 上限 - 下限$$

在离散式组距情况下，计算组距的公式为

$$组距 = 本组上限 - 前组上限$$

在组距次数分布中，各组组距相同的次数分布称为等距次数分布。各组组距不同的次数分布称为异距次数分布。实际分组时，用哪种次数分布取决于现象性质和研究目的。

等距次数分布一般在现象性质差异变动比较均衡的条件下使用。等距次数分布的优点主要有两个方面：一是易于掌握次数分布的特性；二是各组次数可以直接比较。因此，编制组距次数分布时应尽量采用等距分组的办法。表 3-7 所列就是一个等距次数分布。

在等距的情况下，确定组数、组距可参考以下公式：

$$组数 = \frac{全距}{组距}$$

$$组距 = \frac{全距}{组数}$$

在表 3-6 所示的资料中，全距为 47 件（128-81），假定组距为 10 件，则组数为 4.7 组（47/10），取整数分为 5 组。

异距次数分布一般在现象性质差异变动非均衡的条件下使用。它也有两个优点：一是能准确地描述偏态分布；二是能将性质相同的总体个体单位归为一组。

例如，某地区按农民平均收入分组，绝大多数农民的平均收入在 10 000 元以下，而少数农民的收入竟达 10 000 元以上。很明显，不能一律用 10 000 元作为组距，否则将使绝大多数的农民都分布在第一组内，从而使现象之间的性质差异不能反映出来。同时也不能用 50 元作为组距，因为这样组数太多，还会出现一些空设的组。所以，这种情况就必须采用异距分组。在总体单位密集的地方采用较小组距，而在总体单位稀少的地方采用较大组距。

采用异距次数分布应当注意的是：由于各组组距不同，各组次数直接比较是没有意义的，通常需计算次数密度（次数/组距）。

3. 确定组限和组中值

前已叙述，统计分组要遵循不遗漏、不重复的原则。因此，各组间要有明确的界限。组限就是各组间的数量界限。一般情况下，每组有两个组限：下限和上限。例如，表 3-7 中，第一组 80~90 件，80 件为下限，90 件为上限。

由于变量有连续变量和离散变量两种，其组限的划分在技术上也有不同的要求。

对于连续变量来说，由于变量的数值是连续不断的，相邻两值之间可取无限数值，因此，相邻组的组限必须重合。例如，表 3-7 中按工人日产量分组，第一组的上限与第二组的下限相同，均为 90 件。按习惯规定，各组包括下限数值，但不包括上限数值，如上例中，日生产零件数为 90 件的工人，应归入第二组，而不归入第一组。这种规定，统计中叫作"上限不在内"原则。这样既保证了各个个体单位不被遗漏，又保证了各个个体单位不被重复。

对于离散变量来说，变量的数值只能取整数，因此，相邻组的组限一般要间断。例如，表 3-8 中 100~199 人一组的上限 199 人和 200~299 人一组的下限 200 人并不需要重合，只需互相衔接就行了，因为在 199 人和 200 人之间不会出现小数。有时，为了方便起见，可以把相邻组的组限重合，但必须遵循"上限不在内"原则。

表 3-8　按工人人数划分的工业企业分布情况

工人数（人）	工业企业数（个）
100 以下	80
100~199	120
200~299	60
300~399	20
400 以上	5
合计	285

组距次数分布掩盖了分布在各组内单位的实际变量值。为了反映分布在各组中个体单位变量值的一般水平，往往用组中值作为各组变量值的代表值。组中值是上限与下限之间的中间数值。其计算公式为

$$组中值 = \frac{上限 + 下限}{2}$$

用组中值来代表组内变量值的一般水平有一个假定前提：各个个体单位的标志值在本组

内呈均匀分布或在组中值两侧呈对称分布。一般情况下完全具备这一前提是不可能的。但在划分各组组限时，应当尽可能满足这一要求，以减少用组中值代表各组变量值一般水平所造成的误差。

根据表 3-7 和表 3-8 计算各组组距和组中值，如表 3-9 和表 3-10 所示。

表 3-9　某企业工人日生产量分布　　　　　　　　　　（单位：件）

日生产量	组　距	组中值
80~90	10	85
90~100	10	95
100~110	10	105
110~120	10	115
120~130	10	125

表 3-10　按工人人数分组　　　　　　　　　　（单位：人）

工人人数	组　距	组中值
100 以下	100	50
100~199	100	150
200~299	100	250
300~399	100	350
400 以上	100	450

在表 3-9 中，各组都有一个下限和上限，形成一个封闭的区间，这样的组叫作"闭口组"。但有时为了避免出现空白组，同时又能使个别变量值离差较大的单位不会无组可归，往往在首末两组使用"××以下"和"××以上"的不确定组限的形式，如表 3-10 中第一组 100 人以下和最末组 400 人以上。这样的组叫作"开口组"。对"开口组"的组距和组中值的确定，一般是以邻近一组的组距作为开口组的组距，然后再按组中值的公式计算，或者按以下公式计算：

$$\text{缺下限的开口组组中值} = \text{本组上限} - \frac{\text{邻组组距}}{2}$$

$$\text{缺上限的开口组组中值} = \text{本组下限} + \frac{\text{邻组组距}}{2}$$

四、累计次数分布表

在研究频数和频率分配的时候，为了某些目的，常常还需要列出各组的累计次数。例如，在表 3-11 中，我们可能很想知道有多少（或比率）工人的装配零件数低于（或高于）100 件。为了回答这一问题，就要编制累计次数分布表。

计算累计次数的方法有两种：一种是向上累计；另一种是向下累计。

向上累计是从变量值最小一组的次数起逐项累计，每组累计次数表示小于该组上限值的次数共有多少。

表 3-11　工人生产量累计次数表

生产量（件）	次数		向上累计次数		向下累计次数	
	人数（人）	比率（%）	人数（人）	比率（%）	人数（人）	比率（%）
80~90	7	14	7	14	50	100
90~100	9	18	16	32	43	86
100~110	19	38	35	70	34	68
110~120	10	20	45	90	15	30
120~130	5	10	50	100	5	10
合计	50	100	—	—	—	—

向下累计是从变量值最大一组累计的次数共有多少。从表 3-11 中很容易看出：生产量在 100 件以下的工人有 16 人，占总数的 32%；生产量在 100 件以上的工人有 34 人，占总数的 68%。

五、次数分布的主要类型

在日常生活和经济管理中，不同的现象有不同的次数分布。常见的次数分布主要有以下三种：钟形分布、U 形分布和 J 形分布。

1. 钟形分布

钟形分布的特征是"两头小、中间大"，即靠近中间的变量值分布的次数多，靠近两端的变量值分布的次数少，绘成的曲线图宛如一口古钟，如图 3-1 所示。

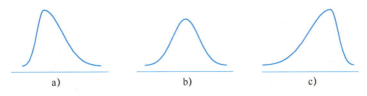

图 3-1　钟形分布
a）长右尾部　b）对称　c）长左尾部

钟形分布的种类很多，其中具有重要意义的是正态分布。正态分布的特征是：中间变量值分布的次数最多，两侧变量值分布的次数则随着与中间变量值距离的增大而逐渐减少，因而形成中间隆起、左右两尾对称地徐徐下降的完全对称分布，如图 3-1b 所示。在实际资料的观测中，许多现象总体只是接近于正态分布，如居民人均收入的分布、零部件尺寸误差的分布、人体身高的分布等。

在非对称的钟形分布中，有着不同方向的偏态。右偏态的次数分布集中在变量值大的一侧，曲线右方尾部长，如图 3-1a 所示。左偏态的次数分布集中在变量值小的一侧，曲线左方尾部长，如图 3-1c 所示。

2. U 形分布

U 形分布的特征与钟形分布正相反，靠近中间的变量值分布的次数少，靠近两端的变量值分布的次数多，形成"中间小、两头大"的分布。绘成的曲线图类似字母 U，如图 3-2

所示。

有些现象总体的分布表现为 U 形分布，如死亡人口总体按年龄分组的分布。

3. J 形分布

J 形分布有两种类型：正 J 形分布和反 J 形分布。正 J 形分布是次数随着变量值的增大而按某种规律增多，反 J 形分布是次数随着变量值的增大而按某种规律减小。例如，经济学中的供给曲线一般呈正 J 形分布，如图 3-3a 所示；而经济学中的需求曲线一般呈反 J 形分布，如图 3-3b 所示。

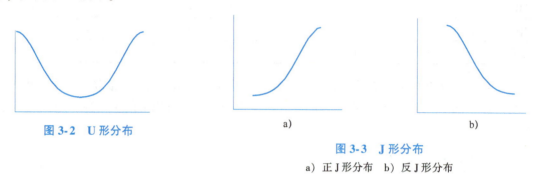

图 3-2　U 形分布

图 3-3　J 形分布
a）正 J 形分布　b）反 J 形分布

次数分布的类型主要取决于现象本身的性质。通过统计分组整理而编制的次数分布虽然因统计总体所处的客观条件不同而有各不相同的数量表现，但次数分布的形态还应符合现象的分布特征。如不相符，或说明现象总体发生了异常的变化，或统计分组整理已违背了现象的内在规律，应加以检查纠正。

第四节　数据的图表展示

数据经过加工整理之后的结果可以用不同的形式表现。统计图和统计表是展示数据的基本方式。合理使用统计图描述统计结果是应用统计的基本技能之一。

一、统计图

统计图是以点、线、面、形状等方法描述、显示统计数据的形式，是统计数据直观的表现形式，它给人以更清晰直观的印象，容易看出总体分布的特征。统计图的种类很多，这里只介绍直方图、折线图、累计次数分布图、洛伦兹曲线图、条形图、饼形图、环形图和雷达图。

1. 直方图

在等距分组的条件下，图上横轴表示变量，纵轴（直方形的高度）表示各组次数，其宽度与各组组距相适应，这样绘制的各直方形的面积可以用来表示各组次数的分布状态，称为直方图。根据表 3-7 的资料，利用 Excel 绘制直方图，如图 3-4 所示。

2. 折线图

折线图和直方图一样，也可以反映总体的次数分布情况。绘制折线图时，是以横轴表示变量，变量值用组中值表示，纵轴表示次数，在每组组中值上方按该组的次数描一个点，然后用直线连接起来。根据表 3-7 的资料，利用 Excel 绘制折线图，如图 3-5 所示。

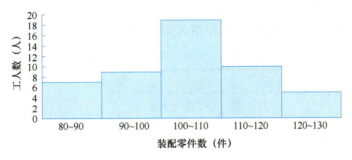

图 3-4　工人日生产量直方图

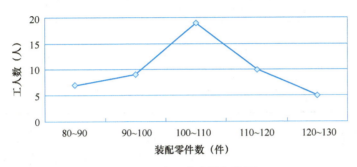

图 3-5　工人日生产量折线图

3. 累计次数分布图

这是根据累计次数分布表绘制而成的。向上累计次数曲线以各组上限为横坐标，向下累计次数曲线以各组下限为横坐标，其纵坐标都是累计次数。根据表 3-11 的资料，用 Excel 绘制累计次数分布图，如图 3-6 所示。

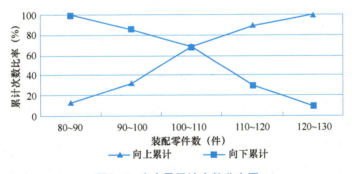

图 3-6　生产量累计次数分布图

4. 洛伦兹曲线图

美国洛伦兹（M. O. Lorenz）博士把累计频数（或频率）分布曲线用于研究社会财富、土地和工资收入的分配是否公平。这种曲线称为洛伦兹曲线图。其绘制方法如下：

将分配对象和接受分配者的数量化成结构相对数并进行向上累计。

纵轴和横轴均为比例尺度，纵轴自下而上，用以测定分配的对象（如一国的财富、土地或收入等的分配状况），横轴从左向右用以测定接受分配者（如一地区人口）。

根据计算所得的分配对象和接受分配者的累计百分数，在图中标出相应的点，连接各点使之平滑，所得曲线图即洛伦兹曲线图。

例如，某国某年家庭收入所得的分配情况如表 3-12 所示，据此绘制洛伦兹曲线图。

表 3-12　某国某年家庭收入所得的分配情况

按收入的水平分组	人口			收入			累计收入（%）	
	人口数（万人）	结构（%）	累计（%）	月收入额（亿美元）	结构（%）	累计（%）	绝对平等	绝对不平等
	（1）	（2）	（3）	（4）	（5）	（6）	（7）	（8）
最低	128.5	12.85	12.85	1.57	5	5	12.85	0
中下等	348.0	34.8	47.65	4.08	13	18	47.65	0
中等	466.9	46.69	94.34	16.33	52	70	94.34	0
较高	45.6	4.56	98.9	7.54	24	94	98.9	0
最高	11.0	1.1	100	1.88	6	100	100	100
合计	1 000.0	100	—	31.4	100	—	—	—

先将人口数及其收入额［第（1）、（4）列］化为结构相对数［第（2）、（5）列］，再求出其累计百分比［第（3）、（6）列］，然后在制好的比率图上依累计百分比标出点，平滑地连接各点即可，如图 3-7 所示。

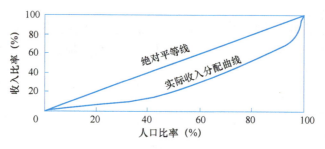

图 3-7　洛伦兹曲线图

图 3-7 中的曲线为实际收入分配曲线，对角线为绝对平等线，横轴与右纵轴构成绝对不平等线。用实际收入分配曲线与绝对平等线所包围的面积对比总面积，计算基尼系数，以它衡量收入分配公平与否。基尼系数值越小，即实际收入分配曲线越靠近绝对平等线，则收入分配越平等；反之，基尼系数值越大，即实际收入分配曲线越靠近绝对不平等曲线，则收入分配越不平等。

5. 条形图

条形图是用宽度相同的条形的高度或长短来表示数据多少的图形。条形图可以横置或者纵置，纵置时也称柱形图。条形图既可以用来展示非数值型数据的分布，也可以显示同类现象不同空间、不同时间的对比情况。图 3-8 所示为手机品牌的使用情况柱形图和条形图。

6. 饼形图

饼形图用以表示把总体分为各个组成部分，各组成部分占全体的百分数用圆内的各个扇形的中心角度占 360°的相应百分数来表示。饼形图不应进行过多的细分，扇形的标志必须清楚。饼形图多用于表明现象的结构。根据表 3-1 绘制的饼形图如图 3-9 所示。

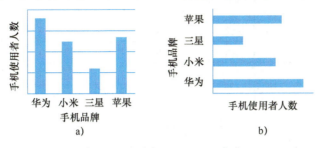

图 3-8　手机品牌的使用情况柱形图和条形图
a）柱形图　b）条形图

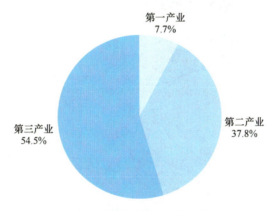

图 3-9　我国 2020 年产业结构

7. 环形图

环形图与饼形图类似，但又有区别。环形图中间有一个"空洞"，总体中的每一个数据用环中的一段表示。饼形图只能显示一个总体各部分所占的比例，而环形图则可以同时绘制多个总体的数据系列，每一个总体的数据系列为一个环。因此，环形图可显示各部分所占的相应比例，从而有利于比例研究。

在一项有关住房问题的研究中，研究人员在甲、乙两个城市各抽样调查 300 户家庭，其中的一个问题是："您对您家庭目前的住房状况是否满意？"选项如下：

（a）非常不满意；（b）不满意；（c）一般；（d）满意；（e）非常满意。

调查结果经整理如表 3-13 和表 3-14 所示。

表 3-13　甲城市家庭对住房状况的评价

回答类别	户数（户）	百分比（%）
非常不满意	24	8
不满意	108	36
一般	93	31
满意	45	15
非常满意	30	10
合计	300	100

表 3-14　乙城市家庭对住房状况的评价

回 答 类 别	户数（户）	百分比（%）
非常不满意	21	7
不满意	99	33
一般	78	26
满意	64	21
非常满意	38	13
合计	300	100

如图 3-10 所示，外边的一个环表示的是乙城市家庭对住房状况评价各等级所占的百分比，里面的一个环则为甲城市家庭对住房状况评价各等级所占的百分比。

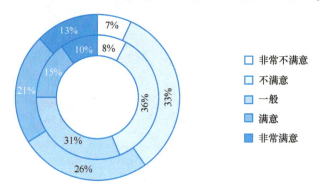

图 3-10　甲、乙两个城市家庭对住房状况的评价

8. 雷达图

雷达图是显示多个变量的常用图示方法。设有 n 组样本 $S_1, S_2, \cdots, S_n$，每个样本测得 P 个变量 $X_1, X_2, \cdots, X_p$。要绘制这 P 个变量的雷达图，其具体做法是：先做一个圆，然后将圆 P 等分，得到 P 个点，令这 P 个点分别对应 P 个变量，再将这 P 个点与圆心连线，得到 P 个辐射状的半径，这 P 个半径分别作为 P 个变量的坐标轴，每个变量值的大小由半径上的点到圆心的距离表示，再将同一样本的值在 P 个坐标上的点连线。这样，n 个样本形成的 n 个多边形就是一个雷达图。

雷达图在显示或对比各变量的数值总和时十分有用。假定各变量的取值具有相同的正负号，则总的绝对值与图形所围成的区域成正比。此外，利用雷达图也可以研究多个样本之间的相似程度。例如，2020 年某地城乡居民家庭人均生活消费支出数据如表 3-15 所示。试绘制雷达图。

表 3-15　2020 年某地城乡居民家庭人均生活消费支出　　　　（单位：元）

类　　别	城镇居民	农村居民
食品	1 958.31	820.52
衣着	500.46	95.95
设备用品及服务	439.29	75.45
医疗保健	318.07	87.57

（续）

类　　别	城镇居民	农村居民
交通和通信	395.01	93.13
娱乐文教服务	627.82	186.72
居住	500.49	258.34
杂项商品和服务	258.54	52.46
合计	4 997.99	1 670.14

根据以上数据绘制的雷达图如图 3-11 所示。从图中可以很清楚地看到，城乡居民家庭的消费具有很大的相似性，即食品支出比重最大，杂项商品及服务最小。而且，城市的消费水平普遍高于农村。

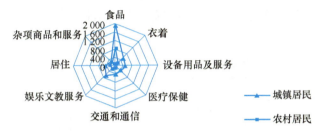

图 3-11　2020 年某地城乡居民家庭人均生活消费支出（单位：元）

二、统计表

统计表是以横纵交叉的线条所绘制的表格来表现统计资料的一种形式。广义的统计表包括统计工作各个阶段中所用的一切表格。本节将对表现统计数据整理结果所用的统计表进行讨论。

统计表是表现统计数据最常用的形式。它的主要优点有：一是能有条理、有系统地排列统计数据，使人在阅读时一目了然；二是能合理地、科学地组织统计数据，使人在阅读时便于对照比较。

（一）统计表的构成

1. 统计表的形式构成

统计表是由总标题、横行标题、纵栏标题、指标数值四部分所构成的，如表 3-16 所示。

表 3-16　2020 年某市各类工业企业的总产值　　　　　　　　　　　总标题

按经济类型分组	工业企业数（个）	总产值（亿元）	纵栏标题
（甲）	（1）	（2）	
国有企业	1 236	137	指标数值
集体企业	1 857	67	
中外合资企业	35	6	
合计	3 128	210	

（横行标题位于左侧）

总标题是表的名称，用以概括统计表中全部统计数据的内容，一般写在表上端中部。

横行标题是横行的名称，在统计表中通常用来表示各组的名称，它代表统计表所要说明的对象，一般写在表的左方。

纵栏标题是纵栏名称，在统计表中通常用来表示统计指标的名称，一般写在表上方。

指标数值列在各横行标题与各纵栏标题的交叉处。统计表中任何一个数字的内容由横行标题和纵栏标题所限定。

此外，有些统计表在表下还增列补充数据、注解、附记、资料来源、某些指标的计算方法、填表单位、填表人员以及填表日期等。

2. 统计表的内容构成

统计表可以分为两个组成部分：一部分是统计表所要说明的总体，它可以是各个个体单位的名称、总体的各个组，或者是个体单位的全部，这一部分习惯上称为主词或主体栏；另一部分则是说明总体的统计指标，包括指标名称和指标数值，这一部分习惯上称为宾词或叙述栏，如表3-17所示。

表 3-17　2020 年某市工业生产构成

社会产品生产	产 值	
	绝对数（亿元）	占比（%）
生产资料生产	3 794	48.4
消费资料生产	4 045	51.6
合计	7 839	100.0

<主词>　　　　　　　　　　　　　　　　　　　　　　<宾词>

这个统计表说明的总体是某市的工业生产，按类型分为两个组并列有合计，这一部分就是主词。产值的绝对数、产值的比重是指标名称，和下边的指标数值一起称为宾词。

通常，表的主词列在横行标题的位置，宾词中指标名称列在纵栏标题的位置，但有时为了编排合理和阅读方便，也可以互换位置。

（二）统计表的设计

设计统计表必须遵循科学、实用、简练、美观的原则。

1. 统计表形式的设计

（1）线条的绘制。统计表都应设计成由纵横线条交叉组成的长方形表格，长宽之间应保持适当的比例。过于细长、过于粗短或长宽基本相等的方形均不符合美观原则，应尽量避免。

统计表上、下两端的端线应以粗线或双线绘制，表中其他线条一般应以细线绘制。但某些必须用明显线条分隔的部分，也应以粗线或双线绘制。统计表左、右两端习惯上均不画线，采用不封闭的"开口"表式。

统计表各横行如需合计时，一般应将合计列在最后一行，并在合计之上画一细线。统计表各纵行如需合计时，一般应将合计列在最前一栏。

（2）栏号的书写。统计表纵栏较多时，为便于阅读，可编栏号。习惯上对非填写统计数据的各栏分别以（甲）（乙）（丙）（丁）……的次序编栏，对填写统计数据的各栏分别以（1）（2）（3）（4）……的次序编栏，如表3-16所示。各栏统计数字间有一定计算关系的，也可用数字符号表示。个别横行较多的统计表也同样可以编行号。

2. 统计表内容的设计

（1）标题的书写。统计表的总标题应当用简洁而又准确的文字来表述统计数据的内容，以及数据所属的空间和时间范围。

将复合分组列在横行标题时，应在第一次分组的各组组别下后退一、二字填写第二次分组的组别。此时，第一次分组的组别就成为第二次分组的各组小计。若需进行第三次、第四次分组，均可按此类推。但总体合计仍应列在最后一行。当将复合分组列在纵栏标题时，应先按第一次分组的组别分别列为各大栏，再按第二次分组的组别分别将各大栏分列为各小栏，并在各小栏前添列一个小计栏。若需进行第三次、第四次分组，均可按此类推。当然，总体合计仍应列在最前一栏。

复合分组的第二次以后的分组如没有必要列出所有组别时，应在所列出的组别前注明"其中"字样，以表示只列了部分组别。

（2）主词与宾词的位置。统计表各主词之间或宾词之间的次序，应当根据诸如时间的先后、数量的大小、空间的位置等自然顺序合理编排。某些项目之间存在着一定的客观联系，如先有计划、后有实际、才有计划完成数，上期节余加本期收入减本期支出就得本期节余数等，则应根据事物运动的客观规律合理编排。

（3）指标数值的书写。数字应填写整齐、数位对准。当数字为0时要写出来，如不应有数字时，要用符号表示出来，当缺某项数字或因数小可忽略不计时，用符号"—"表示；当某项数据应免填时，用符号"×"表示，统计表数字部分不应留下空白。当某数恰与左、右、上、下相同时，仍应填写该数，不得用"同左""同右""同上""同下"等字样表示。

对于某些需要特殊说明的统计数据，应在统计表的下方加注说明。

（4）计量单位的书写。统计表中的指标数值，如果有计量单位，应按如下方法表示：当表列指标数值都以同一单位计量时，应将计量单位标写在统计表的右上角，当同一栏指标数值以同一单位计量，而各栏的计量单位不同时，则应将计量单位标写在各纵栏标题的下方或右方，当同行统计数据以同一单位计量，而各行的计量单位不同时，则可在横行标题后添列一计量单位栏，用以标写各行的计量单位。

第五节　课程实验

一、用 Excel 绘制次数分布表

【例3-1】某班级统计学成绩数据如表3-18所示，试编制次数分布数列（组距为10分，进行等距分组）。

表3-18　某班级统计学成绩数据　　　　　　　　　　　（单位：分）

54	62	68	74	85	92	87	96	76	78	89	68	56
43	65	67	78	77	88	85	64	83	91	75	73	74
67	75	70	71	79	65	64	81	84	80	87	72	73
75	91	88	77	63	63	61	69	76	79	74		

Excel 的操作步骤如下：

1. 输入数据

首先输入数据，如图 3-12 所示。

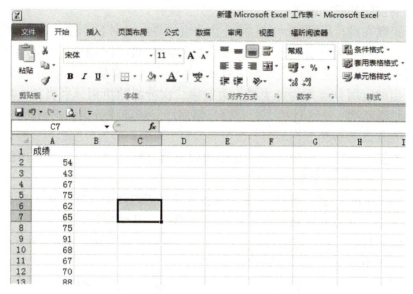

图 3-12　输入数据

2. 数据排序

选定单元格区域 A2：A51，在主菜单中选择"数据"中的"排序"选项，即可得到排序结果，如图 3-13 所示。

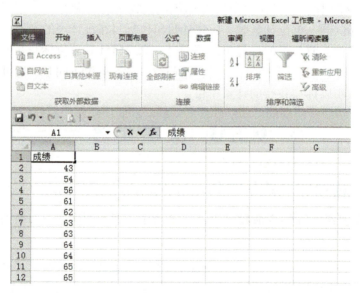

图 3-13　数据排序结果

3. 数据分组

（1）在单元格 B1 中输入"组限"，在单元格 C1 中输入"频数"。在 B2：B6 区域中依次输入 60、70、80、90、100，它们分别表示 60 分以下、60～70 分、70～80 分、80～90 分、90～100 分。

（2）选定 C2:C6 区域，在"公式"菜单中单击"插入函数"选项，打开"插入函数"对话框，在"选择类别"列表中选择"统计"，在"选择函数"列表中选择"FREQUENCY"，如图 3-14 所示，单击"确定"按钮，弹出"函数参数"对话框，如图 3-15 所示。

（3）在数据区域"Data_array"中输入"A2:A51"，在数据接受区间"Bins_array"

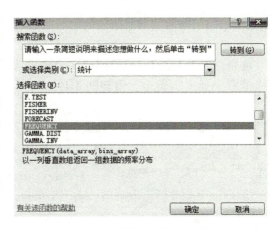

图 3-14 "插入函数"对话框

中输入"B2:B6"，在对话框中可以看到其相应的频数是 3、14、19、10、4、0；由于频数分布是数组操作，所以此处不能直接单击"确定"按钮，而应按<Ctrl+Shift>键，同时按<Enter>键，得到频数分布结果，如图 3-16 所示。

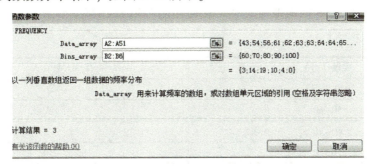

图 3-15 "函数参数"对话框

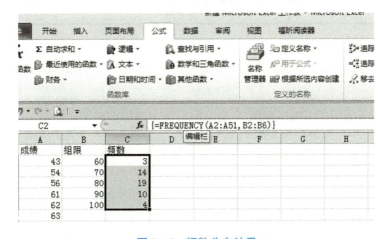

图 3-16 频数分布结果

二、用 Excel 作图表

在统计分析中常用的统计图有柱形图、直方图、茎叶图、折线图、曲线图等。下面主要介绍柱形图和直方图的制作方法。

(一) 柱形图

首先,启动 Excel,简单创建一个数据表格,便于之后建立图表,选中表格区域,在工具栏单击"插入"菜单,得到图 3-17。

图 3-17 "插入"菜单

然后选择需要的图形。返回到 Excel 页面,单击"图表工具"→"布局"→"图例"→"在顶部显示图例",然后在"布局"选项中单击"数据标签",选择"其他数据标签选项"。

【例 3-2】 某个班级 30 名学生英语考试成绩的分组如表 3-19 所示。

表 3-19 英语考试成绩的分组

成绩(分)	人数(人)
30 以下	2
30~60	3
60~70	7
70~80	10
80~90	6
90~100	2

第一步:选择数据区域。

第二步:在工具栏单击"插入"菜单,单击"柱形图",结果如图 3-18 所示。

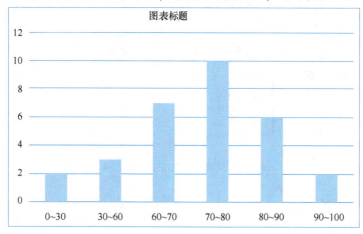

图 3-18 英语考试成绩分组柱形图

第三步：返回到 Excel 页面，单击"图表工具"→"布局"→"图表标题"/"坐标轴标题"/"坐标轴"，按需要自行设置即可。

最后结果如图 3-19 所示。

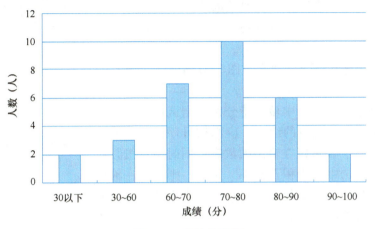

图 3-19　成绩分布图

（二）直方图

1. 加载项

一般在 Excel 安装完成之后，为了提高 Excel 的运行速度，不常用的加载项，都会被禁止。例如，"分析工具库"就是被禁止的，当需要时再加载。例如在绘制直方图之前，需要添加"分析工具库"加载项。添加完成之后，在"数据"选项卡之下，就会显示"数据分析"，这是快速绘制直方图的基础。其具体的步骤为：单击"文件"→"选项"→"加载项"，如图 3-20 所示，然后在"管理"后的下拉选项中选择"Excel 加载项"，单击"转到"即可弹出如图 3-21 所示的对话框，选中"分析工具库"，单击"确定"按钮即可。

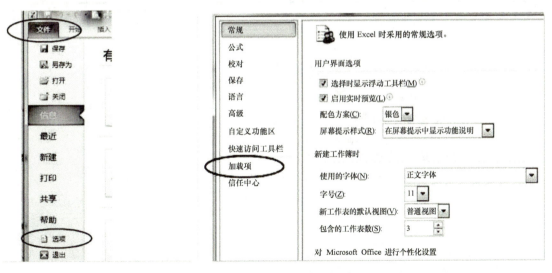

图 3-20　"选项"对话框

2. 运用数据分析功能画出直方图

其操作步骤如下：

第一步，单击表中待分析数据的任一单元格。

第二步，选择"工具"菜单的"数据分析"图标。

第三步，双击数据分析工具中的"直方图"选项，如图 3-22 所示。

第四步，由上述操作弹出"直方图"对话框，如图 3-23 所示。

其中，在"输入区域"中填上待分析数据区域的单元格范围；"接收区域"是各组的组限，应当按升序排列；若选中"柏拉图"选项，则可以在输出频数表中同时显示按频数降序排列数据；若选中"累积百分率"选项，则可以在输出结果中添加一列累积百分率数值，并同时在直方图中添加累积百分率折线；若选中"图表输出"选项，则可以在输出表中同时生成一个直方图。

图 3-21 "加载项"对话框

图 3-22 "数据分析"对话框

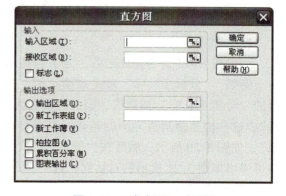

图 3-23 "直方图"对话框

思 考 题

1. 统计资料整理的作用是什么？主要内容有哪些？
2. 影响频数分布的主要要素有哪些？
3. 统计分组的作用是什么？如何选择分组标志？
4. 什么是统计表？统计表的是怎么构成的？
5. 什么是组中值？为什么说组中值只是每组变量值的代表数值而不是平均数？

练 习 题

一、判断题

1. 每次统计分组，都只能有一个分组标志。　　　　　　　　　　　　　　　（　　）
2. 凡是离散型变量都适合单项次数分布。　　　　　　　　　　　　　　　　（　　）
3. 统计分组的关键是确定分组标志和划分各组界限。　　　　　　　　　　　（　　）
4. 组中值是组内变量值的平均数。　　　　　　　　　　　　　　　　　　　（　　）

5. 在等距次数分布中,组距的大小与组数的多少成反比。　　　　　　　　　　(　　)

二、单项选择题

1. 将统计总体按照一定标志划分为若干个组成部分的统计方法是(　　)。
   A. 统计整理　　　　B. 统计分析　　　　C. 统计调查　　　　D. 统计分组
2. 统计整理的资料(　　)。
   A. 只包括原始资料　　　　　　　　　　B. 只包括次级资料
   C. 包括原始资料和次级资料　　　　　　D. 是统计分析的结果
3. 无论单项次数分布还是组距次数分布,其中必不可少的两个基本要素是(　　)。
   A. 组距和组数　　　B. 组别和次数　　　C. 组距与组中值　　D. 组限与组中值
4. 采用两个或两个以上标志对社会经济现象总体层叠起来分组的统计方法是(　　)。
   A. 品质标志分组　　B. 复合标志分组　　C. 混合标志分组　　D. 数量标志分组
5. 统计分布数列(　　)。
   A. 都是数量数列　　　　　　　　　　　B. 都是品质数列
   C. 是数量数列或品质数列　　　　　　　D. 是统计分组
6. 在组距式数列中,对组限值的处理原则是(　　)。
   A. 上限不在内　　　B. 下限不在内　　　C. 上下限均不在内　D. 上下限均在内
7. 划分连续变量的组限和划分离散变量的组限时,相邻组的组限(　　)。
   A. 必须重叠　　　　　　　　　　　　　B. 前者必须重叠,后者可以间断
   C. 必须间断　　　　　　　　　　　　　D. 前者必须间断,后者必须重叠
8. 在分组时,凡是遇到某单位的标志值刚好等于相邻两组下上限数值时,一般是(　　)。
   A. 将此数值归入上限所在组　　　　　　B. 将此值归入下限所在的组
   C. 将此值归入上限所在组或下限所在组均可　　D. 另立一组
9. 有12名工人分别看管机器台数的资料如下(单位为台):2、5、4、3、4、3、4、4、2、2、4。按以上资料编制变量数列,应采用(　　)。
   A. 单项式分组　　　B. 等距分组　　　　C. 不等距分组　　　D. 以上几种分组均可
10. 某连续变量数列,其末组为开口组,下限为500,又知其邻组的组中值为480,则末组的组中值为(　　)。
    A. 520　　　　　　B. 510　　　　　　C. 500　　　　　　D. 490

三、多项选择题

1. 统计整理是(　　)。
   A. 统计调查的继续　　　　　　　　　　B. 统计汇总的继续
   C. 统计调查的基础　　　　　　　　　　D. 统计分析的前提
   E. 对社会经济现象从个体量观察到总体量认识的连续点
2. 统计分组(　　)。
   A. 是一种统计方法　　B. 对总体而言是"组"　　C. 对总体而言是"分"
   D. 对个体而言是"组"　E. 对个体而言是"分"
3. 统计分组的关键在于(　　)。
   A. 按品质标志分组　　B. 按数量标志分组　　　C. 选择分组标志
   D. 划分各组界限　　　E. 按主要标志分组
4. 分布数列的两个组成要素为(　　)。
   A. 品质标志　　B. 数量标志　　C. 各组名称　　D. 次数　　E. 分组标志
5. 统计分组(　　)。
   A. 是全面研究社会经济现象的重要方法　　B. 可将复杂社会经济现象分类

C. 可分析总体内部结构   D. 可采用多种标志分组

E. 有利于揭示现象间的依存关系

6. 常见的次数分布有（　　）。

A. 钟形分布   B. U 形分布   C. 正 J 形分布   D. 反 J 形分布   E. 水平分布

7. 组距次数分布中，组距的大小与（　　）。

A. 组数的多少成正比   B. 组数的多少成反比

C. 总体单位数的多少成反比   D. 全距的大小成正比

E. 全距的大小成反比

四、计算题

1. 抽样调查某省 20 户城镇居民平均每人全年可支配收入如下（单位为百元）：

88　77　66　85　74　92　67　84　77　94　58　60　74　64　75　66　78　55　70　66

（1）根据上述资料进行分组整理并编制频数分布数列。

（2）编制向上和向下累计频数、频率数列。

（3）根据所编制的频数分布数列绘制直方图和折线图。

2. 某灯泡厂从一批灯泡中抽取 100 只进行检查，测得每只灯泡耐用时间如表 3-20 所示。

表 3-20　每只灯泡的耐用时间　　　　　　　　　　（单位：h）

851	901	800	914	991	827	909	904	891	996
886	928	999	946	950	864	1 049	927	949	852
948	991	948	867	988	849	958	934	1 000	878
1 027	928	978	816	1 001	918	1 040	854	1 098	900
936	938	869	949	890	1 038	927	878	1 050	924
866	1 021	905	954	890	1 006	926	900	999	886
898	977	907	956	900	963	838	961	948	950
893	900	800	937	864	919	863	981	916	878
903	891	910	870	986	913	850	911	886	950
946	926	895	967	921	978	821	924	951	850

试将以上数据整理成组距次数分布，并绘制直方图和折线图（以 50h 为组距）。

练习题参考答案

 用微信扫描二维码，可以查看练习题参考答案。

第四章

统计数据的指标描述

通过统计调查得到的数据，经过统计整理，可以形成次数分布，并用统计图或统计表将现象的数量特征或数量规律性表示出来，从而可以对总体（或样本）数量分布的特征有一个大致的了解，但要对研究对象进行更加深入地统计分析，还必须运用各种综合指标对总体（或样本）的数量特征做进一步的描述。这些指标可以从以下三个方面测度和描述数据的分布特征：一是数据分布的集中趋势，反映各数据向其中心靠拢或聚集的程度；二是分布的离中趋势，反映各数据远离其中心位置的趋势；三是分布的形状，反映数据分布的偏态和峰度。这三个方面分别反映了数据分布的不同侧面。本章主要介绍这三个方面测定指标的含义、计算方法与如何使用。

在使用这些指标时，有些需要先对数据进行简单的描述和比较，所以这里先讨论一下总量指标与相对指标。

第一节 总量指标与相对指标

一、总量指标

（一）总量指标的概念

总量指标是表明社会经济现象在一定的时间、地点、条件下的规模或水平的统计指标。例如，一个国家或地区在一定时点上的人口数、土地面积、生产设备数、物资库存数等；在一定时期内的工农业总产值、主要产品产量、工资总额、国民收入等。其中，土地面积、人口数等标志着一个国家或地区的规模大小；工农业总产值、主要产品产量标志着一个国家或地区生产水平的高低。

（二）总量指标的分类

1. 时期指标和时点指标

总量指标按其反映的时间状况不同可分为时期指标和时点指标。

时期指标能够反映现象在一段时间内活动过程的成果，如工资总额、基本建设投资额、国民生产总值等；时点指标则反映现象在某一时点（瞬间）的状况，如人口数、物资库存量、设备台数等。

时期指标和时点指标各有以下不同的特点：

（1）时期指标的数值可以连续计数，它的每个数值都说明现象在这一时期内发生的总量，如一年的总产值是一年四季产值的累计。而时点指标的数值只能间断计数，它的每个数值都表示现象发展到一定时点上所处的水平。例如，月末职工人数是指月末时点上的实有人数。

（2）时期指标的各期数值直接相加可以说明较长时期内现象发生的总量，而时点指标的数值直接相加除在有关指标的计算过程中需要运用外，没有实际意义。

（3）一般来讲，同一总体时期指标的数值大小与时间的长短具有直接关系，如一个季度的销售额必然大于一个月的销售额；而时点指标的数值大小与时点间的间隔长短没有直接联系，如季度末的职工人数不一定比月末的职工人数多。因此，在分析研究现象时，必须考虑现象的特点，正确地反映事实。

2. 总体单位总量和总体标志总量

总量指标按其反映的内容不同，可以分为总体单位总量和总体标志总量。

总体单位总量是总体单位的合计数，它表示总体本身规模的大小。例如，了解商业企业的经营状况，每个商业企业是总体单位，全部商业企业的总和就是总体单位总量指标。总体标志总量是总体中某种标志数值的总和，它反映总体特征的总数量。例如，前例中，全部商业企业的销售额、利润额便是总体标志总量。

一个指标无论作为总体单位总量指标，还是作为总体标志总量指标，都不是绝对不变的，要依统计研究目的而定。例如，当以全部商业企业为总体时，每个商业企业是总体单位，职工人数是总体标志总量；假如以全部职工为总体，每个职工是总体单位，那么全部商业企业职工人数为总体单位总量。分清总体单位总量与标志总量之间的差别，对于计算和区分相对指标与平均指标具有重要的意义。

（三）总量指标的计量单位

根据统计研究目的和反映现象的不同性质，总量指标的计量单位一般有实物量单位、价值量单位两种形式。

1. 实物量单位

实物量单位是根据事物的属性和特点而采用的计量单位，有自然计量单位、度量衡单位、专用单位、复合单位、标准实物单位等。自然计量单位是按照被研究现象的自然状况来度量其数量的一种计量单位。例如，人口按人、汽车按辆、牲口按头等。度量衡单位是按照统一的度量衡标准对现象实物量进行度量的一种计量单位。例如，粮食按吨或公斤，布匹用米和尺来计量，汽油以公升来计量等。专用单位是根据某些事物的物理化学性质专门规定的计量单位。例如，发热量按卡、发电设备按千瓦计量等。复合单位是两个（或多个）单位结合使用时的计量单位，又分为双重复合单位和多重复合单位两种。例如，货物周转量以公里/吨为计量单位，发电量以千瓦·时为计量单位。标准实物单位是把那些品种、规格、性能或化学成分含量不同的同类产品，按一定的折合标准，折算为标准规格或标准含量的产品。例如，将不同含量的烧碱、硫酸折合为100%含量的产品等。实物量单位能直接反映事物的使用价值或具体情况。通过实物量数值可以掌握国民经济的基本情况，反映各部门之间的物质联系和比例关系，以及安排产品供销计划等。但运用实物量单位不能把各种不同属性的实物做综合汇总计算，进行总量观察。

2. 价值量单位

价值量单位是用货币量计量总量的一种计量单位。例如，把各种产品的生产量乘以其相应的价格，即得到现象的价值量。例如，国内生产总值就是以多种产品产量乘以各自的单价而得的。价值量单位综合能力强，它可以把不能直接相加的经济现象的数量变得可以相加，用以综合说明各种不同的经济现象的总规模、总水平。价值量指标所使用的价格有两种，即现行价格和不变价格。按现行价格计算的价值量指标是只按各部门实际价格计算的价值量指标。例如，企业生产的产品按实际出厂价格计算的产值，商店销售的商品按零售价格计算的商品销售额等。按现行价格计算的价值量指标可以反映国民经济实际发展状况，并可研究生产、分配、消费、积累等国民经济重大比例关系。对检查计划、制定政策，进行微观管理具有重要作用。但由于各时期价格变动的影响，不便纵向比较，而按不变价格计算的价值量指标则可以消除各个时期价格变动的影响，既便于横向、纵向对比，又能反映总体实物量的变化。

二、相对指标

（一）相对指标的概念

总量指标虽然能综合反映社会经济现象的规模、水平和工作总量，但仅仅根据总量指标还难以对客观事物做出正确的判断。这是因为现象之间存在着相互联系、相互制约的关系，要进一步研究现象之间的数量关系、内部特征及其规律，必须通过相对指标来进行比较与分析。

相对指标也称相对数，是两个相互联系的有关指标对比计算的一种比值（或比率）。它反映现象总体的结构、比例、程度、发展速度等的对比关系。例如，产品合格率、人均收入、产值发展速度、人口密度、利润率等。

相对指标一般是无名数，通常用系数、倍数、成数、百分数、千分数表示。但也有一种相对指标表示为有名数，它是在进行对比的两个数值带有不同单位时产生的，因此它表现为复名数，如人口密度就是用"人/平方公里"来表示的。

（二）相对指标的作用

（1）相对指标便于进行比较分析。相对指标从数量上反映现象在时间、空间及现象总体内部以及现象总体之间的联系程度和对比关系，便于从数量上进行比较分析，从而使人们对研究现象之间所存在的固有联系有较深刻的认识。例如，某企业 2014 年总产值为 800 万元，这个总量指标除了说明完成的产值总量外，其他问题都说明不了，如企业发展的速度怎样，企业生产计划任务是完成、超额完成还是尚未完成，和同类企业相比哪一个规模大等都不能说明。总之，不能表明该企业生产业绩的好坏。如果将这个产值指标和计划任务、前期完成的产值、同类企业同期的产值相比较，计算出各相对指标则能说明这些问题。因而，相对指标赋予人们判断和鉴别事物的能力，可通过对比分析找出差距，揭露矛盾，挖掘潜力，调动积极因素，进而促进事物的发展。

（2）相对指标可使一些不能直接对比的现象找到共同对比的基础。不同的总量指标由于所代表事物的性质、规模各不相同，往往无法直接对比。而相对指标将现象在总量指标方面的具体差异抽象化，使原来不能直接对比的现象找到对比的基础，可以进行更为有效的分析。例如，由于企业规模不同、经营范围不同，不能直接用工业总产值、利润额的多少来比较企业经营管理的优劣。如果计算资金利润率、百元产值占用的流动资金等相对指标，就可以进行比较，做出恰当的评价。

（三）相对指标的计算方法

相对指标是两个有联系的数值之比，以反映相关事物之间的数量关系。由于研究目的和分析角度不同，它们之间的联系也不同，因此形成了各种相对指标。在统计中，一般将其归为计划完成相对指标、结构相对指标、比例相对指标、比较相对指标、强度相对指标、动态相对指标。现分别介绍如下：

1. 计划完成相对指标

计划完成相对指标是用来检查、监督计划执行情况的基本指标之一，常以百分数表示，又称为计划完成百分比。其计算公式为

$$计划完成相对指标 = \frac{实际完成数}{计划数} \times 100\% \qquad (4\text{-}1)$$

例如，某商店某月计划完成销售额 400 万元，实际完成销售额 420 万元，则其计划完成相对指标为

$$计划完成相对指标 = \frac{实际完成数}{计划数} \times 100\% = \frac{420 \text{ 万元}}{400 \text{ 万元}} \times 100\% = 105\%$$

计算结果说明该商店该月超额完成销售额计划 5%。

对于计划完成程度的评价，实际完成数超过计划好，还是低于计划好，要根据计划指标的性质和内容而定。产量、产值、商品流转额等计划指标是按最低限额规定的，实际完成数越多越好，即计划完成程度大于 100% 就是超额。单位成本、原材料消耗、流通费用水平等计划是按最高限额规定的，实际完成数比计划数越小越好，即计划完成程度小于 100% 才算超额。

在经济现象的分析研究中，计划数不仅可以用总量指标表示，也可以用相对指标和平均指标表示。当计划数为相对指标时，计划完成相对指标的计算公式为

$$计划完成相对指标 = \frac{实际完成的百分数}{计划规定的百分数} \times 100\% \qquad (4\text{-}2)$$

这种方法适用于考核各种现象的增长率、降低率的计划完成情况。例如，某企业某种产品单位成本计划规定比上期降低 7%，实际单位成本比上期降低 8.5%，则其计划完成程度为

$$计划完成相对指标 = \frac{实际完成的百分数}{计划规定的百分数} \times 100\% = \frac{1 - 8.5\%}{1 - 7\%} \times 100\% = 98.39\%$$

这个数值表明实际成本比计划数降低了 1.61%。应当指出，例中下达的计划数是以比上期增长或减少百分之几的形式出现的。但是在计算计划完成相对指标时，不能以实际降低率除以计划降低率，而应当将原有基数包括在内。

计划完成相对指标是就一定现象计算的，因此要求分子、分母在指标含义、计算口径、计算方法、计量单位、时间范围以及空间范围等方面必须一致。由于计划数是衡量计划完成情况的标准，所以分子、分母不能互换。

2. 结构相对指标

结构相对指标是运用分组法，将总体内部区分为不同性质的若干部分，以部分数值与总体数值对比求得的比重或比率。它反映总体内部构成情况，表明总体中各部分所占比重大小，所以又称为比重相对数。其计算公式为

$$结构相对指标 = \frac{总体中的部分数值}{总体中的全部数值} \times 100\% \qquad (4-3)$$

例如，2020年我国国内生产总值为 1 015 986 亿元，其中，第一产业增加值 77 754 亿元，第一产业增加值占国内生产总值比重为 7.7%；第二产业增加值 384 255 亿元，第二产业增加值比重为 37.8%；第三产业增加值 553 977 亿元，第三产业增加值比重为 54.5%。

在计算结构相对指标时，要注意结构相对指标的分子、分母一般由总量指标构成。另外，总体中各组结构相对指标之和必须等于 1（用系数表示）或 100%（用比重表示）。

3. 比例相对指标

比例相对指标是总体中的一部分数值与总体中的另一部分数值相比，反映总体内各组成部分之间的数量关系。因此，它所表明的是结构性比例。其计算公式为

$$比例相对指标 = \frac{总体中的一部分数值}{总体中的另一部分数值} \times 100\% \qquad (4-4)$$

比例相对指标除了可以用百分数表示外，还可以用比例数表示。比例相对指标有单项比和多项连比两种形式，用以反映总体中两个单项之间或多项之间的数量对比关系。例如，生产的料、工、费的比例就是多项连比，表现形式为 $1:m:n$。

比例相对指标可用于研究国民经济中一些重要的比例关系，如积累与消费的比例，农业、轻工业、重工业的比例关系等。比例相对指标的分子和分母可以互换，从不同的侧面来说明问题。例如，我国第七次人口普查的结果显示，全国人口中，男性人口为 72 334 万人，占 51.24%；女性人口为 68 844 万人，占 48.76%。总人口男女性别比为 $1.051:1$ 或 $105.1:100$。

4. 比较相对指标

比较相对指标是同类指标在相同时期内不同空间对比求得的相对指标。它可以反映国家与国家、部门与部门、地区与地区、单位与单位、组与组之间同类现象的对比关系。其计算公式为

$$比较相对指标 = \frac{甲空间某指标数值}{乙空间同类指标数值} \times 100\% \qquad (4-5)$$

比较相对指标既可以用百分数表示，也可以用倍数表示。用来对比的指标既可以是总量指标，也可以是相对指标或平均指标，但要注意对比的两个同类指标数值，必须具有可比性，即指标含义、口径、计算方法、计量单位、所属时间等一致。比较相对指标比较的基数不固定，可以根据不同的研究目的而定。在许多单位做比较时，应以主要观察单位的指标数值作为对比基数，用以反映与其他单位的差距。

【例 4-1】 某年年底，甲省人口为 5 452 万人，全省集市数有 2 488 个；乙省人口为 5 356 万人，集市数有 1 696 个。则

$$两省人口比较相对指标 = \frac{甲省人口数}{乙省人口数} \times 100\% = \frac{5\ 452\ 万人}{5\ 356\ 万人} \times 100\% = 101.8\%$$

$$两省集市比较相对指标 = \frac{甲省集市数}{乙省集市数} \times 100\% = \frac{2\,488 个}{1\,696 个} \times 100\% = 146.7\%$$

可见，甲省人口等于乙省人口的101.8%，而甲省集市数为乙省集市数的146.7%。从此例中可以看出，人口差不多的两个省，集市发展是不平衡的。

比较相对指标可用于不同国家、地区、单位间的横向比较，也可以用于先进和落后的比较，还可和标准水平或平均水平比较。例如，2020年甲地区的出口贸易额为309.4亿元，乙地区为2 091.5亿元，乙地区出口贸易额为甲地区的6.8倍，从以上可以看到甲地区和乙地区的差距。

5. 强度相对指标

强度相对指标是同一时期两个有联系的不同总体的数值之比，说明某一现象在一定情况下的强度、密度或普及程度。强度相对指标的计算公式为

$$强度相对指标 = \frac{某总体的某类指标数值}{另一总体的有联系的指标数值} \times 100\% \quad (4\text{-}6)$$

强度相对指标的表现形式一般为复合单位。例如，商业网点密度为个/千人、人均国民收入为元/人等。但也有些强度相对指标用百分数或千分数表示，如资金利用率、产值利税率等。

强度相对指标一般有正指标和逆指标（反指标）两种。指标数值越大说明现象的强度、密度或普及程度越高的，称为正指标；相反，指标数值越大说明现象的强度、密度或普及程度越低的，称为逆指标。

例如：

$$商业网点密度 = \frac{地区零售商业机构数}{地区人口数} \quad （正指标）$$

$$商业网点密度 = \frac{地区人口数}{地区零售商业机构数} \quad （逆指标）$$

前者为正指标，因为其数值与现象的发展程度成正比，越大越好；后者为逆指标，因为其数值与现象的发展程度成反比，越小越好。

【例4-2】 某地2020年年末总人口为280万人，零售商店5 200个。则

$$商业网点密度 = \frac{总人口数}{零售商店数} = \frac{280 万人}{5\,200 个} = 538 人/个 （逆指标）$$

$$商业网点密度 = \frac{零售商店数}{总人口数} = \frac{5\,200 个}{280 万人} = 19 个/万人 （正指标）$$

上面两式中，第一个计算结果为538人/个，说明每一个零售商店为538人服务，数值越大，表示一个商店服务的人口数越多，说明商业网点密度越小，所以是逆指标；第二个计算结果为19个/万人，说明每1万人中有19个商店，数值越大，表示商业网点密度越大，所以是正指标。

6. 动态相对指标

动态相对指标是同一现象不同时期指标数值对比关系的相对指标，说明现象的发展速度和增长速度，一般用百分数和倍数表示。其计算公式为

$$动态相对指标 = \frac{报告期数值}{基期数值} \times 100\% \qquad (4\text{-}7)$$

通常把用来作为比较标准的时期称为基期,把和基期对比的时期称为报告期,基期和报告期要根据不同的研究任务来选定。

如两个相比的数值中分子很大、分母很小时,计算结果可用倍数表示。反之,分子很小、分母很大时,也可用千分数表示。

(四) 相对指标的应用原则

在统计工作和统计研究中,应用相对指标时要掌握各自的特点和应用条件,以便更好地反映总体的数量关系。因此,在应用相对指标时,要注意以下几个原则:

1. 保持对比指标数值的可比性

在使用相对指标时,要注意相对指标分子、分母之间的可比性,即分子、分母所包含的内容、范围、价格和计算方法以及结构方面是否可比。例如,计算强度相对指标的分子、分母指标数值是两个有密切联系的总量指标,而不能毫无关系,如棉布产量可与人口数对比,但不能与住房面积对比,因为在通常情况下棉布产量与住房面积不可比。

2. 相对指标与总量指标结合运用

在反映社会经济现象时,只用总量指标不易看清事物的差别程度,只用相对指标又看不出这种差别的绝对水平。因此,在许多情况下,利用相对指标进行统计分析时,必须将相对指标和总量指标结合运用,才能得到对现象的完整认识。

例如,某药品的广告称,该药品的治愈率达到90%。从相对指标来看,这种药的疗效非常好,但是,如果我们观察一下总量指标便会发现服用这些药品的病例只有10人,其中有9人服后有效。显然,我们不能只用10个人的实验结果来作为一种药品有效性的证据。可见,只使用相对指标,容易产生片面认识。又如,有甲、乙两个生产同类产品的企业,各自产量的发展速度为

$$甲企业产量的发展速度 = \frac{20 \text{ 件}}{15 \text{ 件}} \times 100\% = 133.33\%$$

$$乙企业产量的发展速度 = \frac{200 \text{ 件}}{150 \text{ 件}} \times 100\% = 133.33\%$$

如果单纯考核相对指标,则这两个企业产量的发展速度均为133.33%,它们是相等的。但从绝对量上看,两个企业的产量无论基期还是报告期都正好相差10倍。可见,在某些条件下,只有将相对指标和总量指标结合分析,才能准确地判断事物性质。

3. 正确地选择基数指标

相对指标是通过指标和指标的对比来反映现象之间的联系的,而基数指标(母项)是对比的基础和标准。基数选择是否合理,关系到相对指标是否具有实际意义。基数的选择必须从统计研究的目的出发,结合研究对象的性质、特点和现象之间的关系加以确定。例如,计算居民识字普及程度指标,就要用文盲、半文盲人数和全部人口中扣除学龄前儿童数后的人口数对比,不能用全部人口作为对比基数,因其包含不属于识字普及对象的学龄前儿童;反映一个国家、工厂的发展变化时,一般选择建国、建厂时等有关某项指标作为基数指标;反映农业大丰收,一般选择历史上收成最好的年份产量作为基数指标;如果要排除季节变动的影响,就应淡季与淡季比、旺季与旺季比、今年同期与去年同期比,这样才合理,才有实

际意义，才能起到相对指标的作用。

第二节　数据的集中趋势

一、集中趋势的含义

集中趋势是指一组数据向某一点集中的情况，它能够揭示总体中众多个变量值所围绕与集中的中心，是总体中共性特征的反映。集中趋势是次数分布的第一个也是最为重要的数量特征，所以，人们通常使用集中趋势来代表总体中个体单位的水平，也常使用集中趋势进行不同总体的比较。

测定集中趋势就是寻找数据一般水平的代表值。例如，要想比较甲、乙两企业的工资水平，不能将两个企业中每个员工的工资一一列举出来比较，如果对甲、乙两企业的工资进行整理后，计算一个统计量来代表企业的工资水平，再进行比较，就会非常简单明了。常用的测定集中趋势的统计量有数值平均数和位置平均数两大类。所谓数值平均数，即统计数列中任何一项数据的变动，都将在一定程度上影响平均数结果，也就是根据所有变量值来计算的，如算术平均数。而位置平均数，通常不是对数列中所有数据进行计算的结果，而是根据总体中处于特殊位置上的个别单位或部分单位的标志值来确定的代表值，因此，某些数据的变动不一定会影响位置平均数的水平，如中位数、众数。位置平均数对整个总体仍具有非常直观的代表性。究竟使用何种平均数为宜，需视应用场合及各种平均数的性质而定。

二、集中趋势的测定

（一）算术平均数

算术平均数是将总体中各个个体单位的变量值汇总，然后除以所有个体单位之和所获得的一种平均指标，也称为均值。算术平均数是最有普遍意义的一种平均指标，如平均物价水平、平均亩产量、平均工资等。

算术平均数的基本计算公式为

$$算术平均数 = \frac{总体标志总量}{总体单位总量} \tag{4-8}$$

算术平均数表明总体中各个体单位的一般水平，因此是有名数，即与变量值相同的计量单位。利用式（4-8）计算算术平均数时，要求总体中各单位必须是同质的，即总体标志总量与总体单位总量必须来自同一总体。这一点与强度相对指标具有根本区别。在实际工作中，由于所掌握的资料不同，算术平均数又分为简单算术平均数和加权算术平均数。

（1）简单算术平均数。所掌握的资料是单个的变量值或数据未经分组时，可以将各个变量值简单相加求得总体标志总量，然后除以个体单位总量，求出平均指标，这种方法称为简单算术平均法，所得数值称为简单算术平均数，用 $\bar{x}$ 来表示。其计算公式可表示如下：

$$\bar{x} = \frac{\sum_{i=1}^{n} x_i}{n} \tag{4-9}$$

式中，$\bar{x}$ 表示算术平均数；n 表示个体单位总量或项数；x_i 表示第 i 个个体单位的变量值。

【例 4-3】 某小组工人 5 人，加工某种零件日产量分别是 7 件、9 件、10 件、11 件、13 件，则平均每名工人的日产量为

$$平均日产量 = \frac{7+9+10+11+13}{5} 件 = 10 件$$

即平均每名工人的日产量是 10 件。

从上面的计算可以看出，简单算术平均数只受变量因素的影响。一般来说，越接近于中间位置的数值便越接近于算术平均数。因此，我们可用标志值所处的位置大致判断算术平均数的数值。

（2）加权算术平均数。在计算算术平均数时，如果数据已分组，则不能简单地将各组变量值直接相加作为总体标志总量，而应将各组变量值乘以相应各组单位数或权数求出各组变量总量，然后将其相加求得总体标志总量，同时把各组单位数或权数相加求出总体单位总量，最后用总体标志总量除以个体单位总量。用这种方法计算的算术平均数称为加权算术平均数。其计算公式为

$$\bar{x} = \frac{\sum_{i=1}^{n} x_i f_i}{\sum_{i=1}^{n} f_i} \tag{4-10}$$

式中，x_i 表示各组变量值；f_i 表示各组的次数或权数。

【例 4-4】 求表 4-1 中的工人平均日产量。

表 4-1　工人平均日产量统计表

组　序	日产量（件）	工人数（人）	各组日产量（件）
1	7	10	70
2	9	35	315
3	10	40	400
4	11	12	132
5	13	3	39
合计	50	100	956

$$平均日产量 = \frac{日总产量}{工人人数} = \frac{70+315+400+132+39}{100} 件 = \frac{956}{100} 件 = 9.56 件$$

即这 100 名工人的平均日产量为 9.56 件。

通过计算可以看出，加权算术平均数的大小，不仅受各组标志值大小的影响，而且受各组次数多少的影响。次数多的标志值对平均数的影响大些，次数少的标志值对平均数的影响小些。次数最多组的标志值接近平均数，如例 4-4 中平均日产量为 9.56 件，它最接近于权数最大组（第 3 组）的标志值（10 件）。可见，各组标志值出现的次数多少对平均数起着权衡轻重的作用，所以，把次数称为计算算术平均数的权数，把变量值乘以次数的过程叫作加权。平均数以加权的方法取得，所以称为加权算术平均数。

虽然加权算术平均数的次数起着权衡轻重的作用，但只有当各个标志值的次数不相等

时，次数作为权数才起作用，如果各组次数完全相同（即 $f_1=f_2=f_3=\cdots=f_n$），次数作为权数，就不起作用了。这时加权算术平均数就等于简单算术平均数。即

$$\bar{x}=\frac{\sum xf}{\sum f}=\frac{f\sum x}{nf}=\frac{\sum x}{n}$$

如例 4-4 中，假定每组都是 20 人，则

$$平均日产量=\frac{7\times20+9\times20+10\times20+11\times20+13\times20}{20+20+20+20+20}件$$

$$=\frac{20\times(7+9+10+11+13)}{5\times20}件$$

$$=\frac{7+9+10+11+13}{5}件=\frac{50}{5}件=10\ 件$$

可见，简单算术平均数实际上是权数相等的加权算术平均数，是加权算术平均数的特例。当分组数据是组距式分组资料时，由于每组次数所对应的不是一个变量值，而是一个变量值区间。因此，必须先找出一个能够代表各组水平的变量值，一般采取的简便方法就是用组中值来代替组平均数。此时的计算公式

$$\bar{x}=\frac{\sum_{i=1}^{n}x_if_i}{\sum_{i=1}^{n}f_i}$$

中，x_i 表示组中值。

【例 4-5】 求表 4-2 中的平均成绩。

表 4-2　某班学生统计学考试平均成绩计算表

按成绩分组（分）	组中值（分）	学生人数（人） 次数	组中值×次数
	x	f	xf
60 以下	55	2	110
60~70	65	6	390
70~80	75	10	750
80~90	85	19	1 615
90 以上	95	3	285
合计	—	40	3 150

$$以次数为权数的平均成绩=\frac{\sum xf}{\sum f}=\frac{3\ 150}{40}分=78.75\ 分$$

应当指出，对于同一资料经过分组和未经过分组所计算的平均指标是有差异的。这是因为分组后的组中值假定了各组内的标志值是均匀分布的，所以它所得到的平均指标只是一个近似值。

（二）调和平均数

调和平均数是变量值倒数的算术平均数的倒数，又称倒数平均数，有简单调和平均数和加权调和平均数两种。

在社会经济统计中，主要使用的是权数为特定形式（$m=xf$）的加权调和平均数。这里，我们把调和平均数作为算术平均数的变形使用，它仍然是依据算术平均数的基本公式——标志总量除以个体单位总量来计算的。其计算公式和它与算术平均数的关系如下：

$$\bar{x}_H = \frac{\sum_{i=1}^{n} m_i}{\sum_{i=1}^{n} \frac{m_i}{x_i}} = \frac{\sum_{i=1}^{n} x_i f_i}{\sum_{i=1}^{n} f_i} \tag{4-11}$$

上式表示，加权算术平均数以各组单位数（f）为权数，加权调和平均数以各组总量（m）为权数，但计算内容和结果都是相同的。作为算术平均数变形的加权调和平均数，一般运用于没有直接提供被平均指标的相应单位数的场合。

【例 4-6】 四个市场某种商品某月平均价格及销售额资料如表 4-3 所示，试计算该种商品四个市场的平均价格。

表 4-3　四个市场某种商品某月平均价格及销售额资料

市　　场	商品平均价格 x（元/kg）	商品销售额 m（元）
甲	6	30 000
乙	7	21 000
丙	9	22 500
丁	10	10 000
合计	—	83 500

从价格的基本公式出发，可知商品的平均价格是商品销售额与商品销售量之比。但现在没有商品销售量资料，此时欲求商品平均价格，不能直接使用算术平均数方法，因此，必须先求出商品销售量，而在这里商品销售量是可求到的，即

$$商品销售量 = \frac{商品销售额}{商品销售单价}$$

把上述分析过程用公式表示出来就是

$$商品平均价格 = \frac{\sum 商品销售额}{\sum 商品销售量} = \frac{\sum 商品销售额}{\sum \frac{商品销售额}{商品销售单价}}$$

即

$$\bar{x}_H = \frac{\sum m}{\sum \frac{m}{x}} = \frac{m_1 + m_2 + \cdots + m_n}{\frac{m_1}{x_1} + \frac{m_2}{x_2} + \cdots + \frac{m_n}{x_n}}$$

此即调和平均数公式，四个市场商品销售量的计算结果列于表 4-4 的第四列。

表 4-4 四个市场商品销售量的计算结果

市　场	商品平均价格（元/kg） x	商品销售额（元） m	商品销售量/kg m/x
甲	6	30 000	5 000
乙	7	21 000	3 000
丙	9	22 500	2 500
丁	10	10 000	1 000
合计	—	83 500	11 500

将计算结果代入调和平均数公式便可计算出该种商品四个市场的平均价格为

$$\bar{x}_H = \frac{\sum m}{\sum \frac{m}{x}} = \frac{83\ 500}{11\ 500}\ 元/kg = 7.26\ 元/kg$$

因此，此种商品四个市场的平均价格为 7.26 元/kg。

（三）几何平均数

几何平均数是与算术平均数和调和平均数不同的另一种平均指标，它是几何级数（等比级数）的平均数。在社会经济现象中，有些现象是按照类似于几何级数的形式变动的，如人口的自然变动；有些现象是按照一定的比率变动的，如在复利条件下本利和的变动、我国国民经济的发展速度变动等。在所有这些情况下，计算等比级数的平均数，或平均比率和平均速度，不能采用算术平均数或调和平均数的方法，而应采用几何平均数方法。

【例 4-7】 某机械厂有 4 个连续作业的车间：毛坯车间（第一车间）、粗加工车间（第二车间）、精加工车间（第三车间）和装配车间（第四车间）。本月，各个车间的产品合格率为第一车间 95%、第二车间 90%、第三车间 92%、第四车间 85%。求 4 个车间的平均产品合格率。

对于这个问题，不能采用算术平均数或调和平均数的方法。因为，各个车间产品合格率的总和并不等于全厂产品的总合格率。由于第二车间的产品合格率是在第一车间合格产品的基础上计算的，第三车间的产品合格率是在第一、二车间合格产品的基础上计算的，如此等等。因此，全厂产品的总合格率应等于各个车间合格率的连乘积。在这种情况下，计算平均数应当采用几何平均数的方法。

1. 简单几何平均数

简单几何平均数是 n 个变量值连乘积的 n 次方根，其公式为

$$\bar{x}_G = \sqrt[n]{x_1 x_2 \cdots x_n} = \sqrt[n]{\Pi x} \tag{4-12}$$

例 4-7 中，4 个车间的平均产品合格率为

$$\bar{x}_G = \sqrt[n]{\Pi x} = \sqrt[4]{95\% \times 90\% \times 92\% \times 85\%}$$
$$= \sqrt[4]{66.86\%} = 90.426\%$$

由几何平均数的公式，可以导出

$$\Pi x = \bar{x}_G^n$$

它的含义是：用几何平均数代表各个变量值，则变量值的连乘积不变。这是几何平均数与算术平均数不同的一个特点，即算术平均数变量值的总和不变。几何平均数与算术平均数不同的另一个特点是：算术平均数作为集中趋势的代表值，大于算术平均数各变量值对算术平均数的差额之和（正离差）与小于算术平均数各变量值对算术平均数的差额之和（负离差），绝对值彼此相等；几何平均数作为集中趋势的代表值，大于几何平均数各变量值对几何平均数之比的乘积与小于几何平均数各变量值对几何平均数之比的乘积，彼此相等。以例 4-7 而言，即

$$\frac{90.42\%}{85\%} \times \frac{90.42\%}{90\%} = \frac{92\%}{90.426\%} \times \frac{95\%}{90.426\%}$$

$$1.063\ 8 \times 1.004\ 7 = 1.017\ 4 \times 1.050\ 5$$

$$1.068\ 8 = 1.068\ 8$$

这种关系是几何平均数作为集中趋势特征值的重要依据之一。

2. 加权几何平均数

当各个变量值出现的次数不同时，计算几何平均数应采用加权的形式。加权几何平均数的公式为

$$\bar{x}_G = \sqrt[f_1+f_2+f_3+\cdots+f_n]{x_1^{f_1} x_2^{f_2} x_3^{f_3} \cdots x_n^{f_n}}$$
$$= \sqrt[\Sigma f]{\prod x^f} \tag{4-13}$$

式中，f 表示各变量值的次数（权数）；Σf 表示次数（权数）的总和。

【例 4-8】 投资银行某笔投资是按复利计算的，25 年间年利率分配情况是：有 1 年为 3%，有 4 年为 5%，有 8 年为 8%，有 10 年为 10%，有 2 年为 15%。求平均年利率。

计算平均年利率，必须先将各年的利率加上 100%，换算为各年的本利率；然后按加权几何平均数的方法，计算平均年本利率；再减去 100%，得平均年利率。计算结果如下：

$$\bar{x}_G = 108.6\%$$

这就是说，25 年间平均年本利率为 108.6%。因而，平均年利率为 8.6%。

（四）众数与中位数

算术平均数和调和平均数、几何平均数，都是根据统计总体中的全部标志值计算的，都是数值平均数。数值平均数最易受极大值或极小值的影响，从而减弱了平均指标在总体中的代表性。众数和中位数则是根据其在总体中所处的位置或地位确定的，是位置平均数，所以不受数列中极端值的影响。在某些特殊情况下或为了某种专门需要，用位置平均数反映社会经济现象的一般水平比数值平均数更能说明问题。

1. 众数

众数是指总体中出现次数最多的数值。它表示被研究现象中最普遍、最常见的变量值，反映该现象的一般水平。在实际工作中，众数的应用是比较广泛的。例如，为了掌握某班级统计学原理的学习水平，可以用最普遍的统计学成绩为依据。假定，该班有 75% 的学生取得了 85 分，这 85 分即反映了他们成绩达到的一般水平。再如，反映某地区农作物通常达到的单位面积产量也可以应用众数方法。众数一般用 M_0 表示。

众数的计算方法，要根据所掌握的统计数据而定。未分组数据的众数是指出现次数最多的那个数值。例如，有 5 人的年龄分别为 30 岁、28 岁、30 岁、32 岁、33 岁，则这一未分

组数据的众数是 30 岁。

利用分组数据计算众数的方法一般有两种：一种是根据单项式次数分布计算众数；另一种是根据组距式次数分布计算众数。

根据单项式次数分布计算众数，方法比较简单，一般用直接观察的方法，分配数列中次数出现最多的变量值便可确定为众数。

在组距式次数分布情况下，最多次数所对应众数组的值并不是一个单一数，而是一组数值，所以假定众数组组距内所有数值是均匀分布的，可得出众数的两个计算公式如下：

下限公式：$M_0 = L + \dfrac{f - f_1}{(f - f_1) + (f - f_2)} i$

上限公式：$M_0 = U - \dfrac{f - f_2}{(f - f_1) + (f - f_2)} i$

式中，M_0 表示众数；L 表示众数所在组下限；U 表示众数所在组上限；f 表示众数组次数；f_1 表示众数组前一组次数；f_2 表示众数组后一组次数；i 表示众数组组距。

【例 4-9】 根据表 4-5 中的工人完成生产定额分配数列计算众数。

表 4-5 工人完成生产定额分配数列

工人按完成生产定额百分比分组	各组人数（人）
80%~90%	10
90%~100%	22
100%~110%	28
110%~120%	54
120%~130%	40
130%~140%	28
140%~150%	18
合计	200

110%~120% 这一组次数最多，是 54 人，所以该组为众数组。由下限公式得

$$M_0 = L + \dfrac{f - f_1}{(f - f_1) + (f - f_2)} i$$

$$= 110\% + \dfrac{54 - 28}{(54 - 28) + (54 - 40)} \times 10\%$$

$$= 110\% + \dfrac{26}{26 + 14} \times 10\% = 116.5\%$$

由上限公式得

$$M_0 = U - \dfrac{f - f_2}{(f - f_1) + (f - f_2)} i$$

$$= 120\% - \dfrac{54 - 40}{(54 - 28) + (54 - 40)} \times 10\%$$

$$= 116.5\%$$

因此，众数为 116.5%。

从此例可见,众数的上限公式与下限公式的计算结果完全一样,两者只是所站的角度不同。一般常采用下限公式。

应该注意的是,从众数的上、下限公式可知,它需要上、下限及组距的数值资料,一旦分组方法改变,即当分组的组限和组距改变时,所计算的众数也就不一样了。另外,众数是次数最多的标志值,所以在分配数列没有明显集中趋势而趋于均匀分布的情况下,就无众数的可能。如果分配数列有多个众数出现就应重新分组,求得一个有明显集中趋势的分配数列,然后再确定众数。

2. 中位数

将研究总体中各单位的标志值依其大小顺序排列,位于中间位置的标志值就是中位数,即中位数是正居各标志值中心的数值。在这个数值之上和之下各有50%的单位数。中位数一般用 M_e 表示。

根据中位数的性质,确定中位数的关键在于找出总体各单位的中间项的位置点。中间项的位置点,即是中位数所在的位置,其所对应的标志值为中位数。但有时掌握的是未分组资料,有时掌握的是分组资料,由于资料不同确定中间项的方法也有所不同,现分述如下:

(1) 未分组资料。

1) 当总体单位数是奇数时,中位数的确定如下:

【例 4-10】 某班组 7 人生产某种产品的日产量分别是 14 件、15 件、15 件、16 件、16 件、16 件、17 件。

中间位置点 = (7+1)/2 = 4。第四位对应的变量值 16 件是中位数。

2) 当总体单位数是偶数时,中位数的确定如下:

【例 4-11】 某班组 6 人生产某种产品的日产量分别是 15 件、15 件、15 件、16 件、16 件、16 件。

中间位置点 = (n+1)/2 = 7/2 = 3.5,它在两个整数 3 和 4 之间,中位数为 $(x_3+x_4)/2$ = (15+16)/2 件 = 15.5 件。

(2) 由分组资料确定中位数。由分组资料确定中位数的基本步骤为:首先,确定中位数位置。为保证中位数所在位置前后两部分次数相等,一般按公式 $\sum f/2$ 确定中位数的位置。其次,用累计次数的方法找出中位数所在组。由标志值最低组向上逐组累计次数(即向上累计),或由标志值最高组向下逐组累计次数(即向下累计)均可。最后,根据中位数所在组的标志值确定中位数。由于所掌握的资料有单项数列和组距数列之别,确定中位数的方法也有所不同。

1) 由单项数列确定中位数。

【例 4-12】 某住宅小区家庭人口数资料如表 4-6 所示,试确定中位数。

表 4-6 某住宅小区家庭人口数资料

按家庭人口数分组(人)	家庭数(次数)(户)	次数累计(户)	
		向上累计	向下累计
1	10	10	360
2	50	60	350
3	200	260	300

(续)

按家庭人口数分组（人）	家庭数（次数）（户）	次数累计（户）	
		向上累计	向下累计
4	80	340	100
5	20	360	20
合计	360	—	—

$$中位数位置 = \frac{\sum f}{2} = \frac{360}{2} 户 = 180 户$$

即中位数应在180户的位置上，它所对应的标志值就是中位数。通过向上或向下累计次数可知，中位数均在第三组，该组的标志值3人为中位数。

2）由组距数列确定中位数。由组距数列计算中位数，当中位数所在组的位置确定之后，中位数组所对应的变量值不是一个数值，而是一个变量值区间，其具体数值为多少还要进一步认定。一种粗略的方法是用组中值代替；另一种较精确的方法是用比例推算法推算。比例推算法的前提是假定次数在组内均匀分布。其计算公式为

$$下限公式：M_e = L + \frac{\frac{\sum f}{2} - S_{m-1}}{f_m} i$$

$$上限公式：M_e = U - \frac{\frac{\sum f}{2} - S_{m+1}}{f_m} i$$

式中，M_e表示中位数；L表示中位数所在组下限；U表示中位数所在组上限；f_m表示中位数所在组次数；$\sum f$表示总次数；i表示组距；S_{m-1}表示中位数所在组以下的累计次数（按较小制累计，且不包括中位数组的次数）；S_{m+1}表示中位数所在组以上的累计次数（按较大制累计，且不包括中位数组的次数）。

【例4-13】 资料如表4-7所示，求中位数。

表4-7 工人生产定额分组

工人按完成生产定额百分比分组	各组人数（人）	较小制累计次数（次）	较大制累计次数（次）
80%~90%	10	10	200
90%~100%	22	32	190
100%~110%	28	60	168
110%~120%	54	114	140
120%~130%	40	154	86
130%~140%	28	182	46
140%~150%	18	200	18
合计	200	—	—

中间位置点 $= \frac{n}{2} = \frac{200}{2} = 100$,因为 60 次<100 次<114 次,所以中位数在 110%~120% 这一组。

代入下限公式:

$$M_e = L + \frac{\frac{\sum f}{2} - S_{m-1}}{f_m} i = 110\% + \frac{100-60}{54} \times 10\% = 110\% + \frac{40}{54} \times 10\% = 117.4\%$$

代入上限公式:

$$M_e = U - \frac{\frac{\sum f}{2} - S_{m+1}}{f_m} i = 120\% - \frac{100-86}{54} \times 10\% = 117.4\%$$

因此,中位数为 117.4%。

由上例可知,中位数的上限公式和下限公式的计算结果一样,实际运用时只算其一即可,一般下限公式用得较多。

(五) 四分位数

中位数是从中间点将全部数据分为两部分。与中位数类似的还有四分位数、十分位数和百分位数等。此外,还有作为四分位数另一种形式的四分数、八分数、十六分数等。这里主要介绍四分位数的计算方法,其他分位数的计算与之类似。

四分位数也称四分位点,它是通过三个点将全部数据等分为四部分,其中每部分包含 25% 的数据,处在分位点上的数值就是四分位数。很显然,中间的四分位数就是中位数,因此通常所说的四分位数是指第一个四分位数(下四分位数)和第三个四分位数(上四分位数)。

(1) 根据未分组数据计算四分位数。根据未分组数据计算四分位数时,首先应对数据进行排序,然后确定四分位数所在的位置。

设下四分位数为 Q_1,中四分位数为 Q_2,上四分位数为 Q_3,则各四分位数的位置分别为:Q_1 的位置 $= \frac{n+1}{4}$,Q_2 的位置 $= \frac{2(n+1)}{4}$,Q_3 的位置 $= \frac{3(n+1)}{4}$。

显然 $Q_2 = M_e$

当四分位数的位置不在某一个数值上时,可根据四分位数的位置按比例分摊四分位数位置两侧数值的差值。

【例 4-14】某企业上半月产品次品数如表 4-8 所示。

表 4-8 某企业上半月产品次品数

时 间	次品数(件)	时 间	次品数(件)
1 日	11	4 日	13
2 日	13	5 日	14
3 日	13	6 日	14

(续)

时　　间	次品数（件）	时　　间	次品数（件）
7 日	17	12 日	21
8 日	17	13 日	21
9 日	17	14 日	25
10 日	18	15 日	28
11 日	19		

根据表 4-8 的资料，计算 15 日产品次品数的上四分位数、中四分位数和下四分位数。

Q_1 的位置 $=\dfrac{n+1}{4}=\dfrac{15+1}{4}=4$，即 Q_1 在第 4 天的位置上，因此 $Q_1=13$ 件。

Q_2 的位置 $=\dfrac{2(n+1)}{4}=\dfrac{2\times(15+1)}{4}=8$，即 Q_2 在第 8 天的位置上，因此 $Q_2=17$ 件。

Q_3 的位置 $=\dfrac{3(n+1)}{4}=\dfrac{3\times(15+1)}{4}=12$，即 Q_3 在第 12 天的位置上，因此 $Q_3=21$ 件。

（2）根据已分组数据确定四分位数。根据分组数据确定四分位数时，先确定 Q_1 和 Q_3 的位置，并确定 Q_1 和 Q_3 所在的组，Q_1 的位置 $=\dfrac{\sum f}{4}$，Q_3 的位置 $=\dfrac{3\sum f}{4}$，然后仿照中位数的计算公式，确定 Q_1 和 Q_3 的具体数值。其计算公式为

$$Q_1 = L_1 + \dfrac{\dfrac{\sum f}{4} - S_{m_1-1}}{f_{Q_1}} i_1 \tag{4-14}$$

$$Q_3 = L_3 + \dfrac{\dfrac{3\sum f}{4} - S_{m_3-1}}{f_{Q_3}} i_3 \tag{4-15}$$

式中，L_1 和 L_3 分别表示 Q_1 和 Q_3 所在组的下限变量值；f_{Q_1} 和 f_{Q_3} 分别表示 Q_1 和 Q_3 所在组的次数；i_1 和 i_3 分别表示 Q_1 和 Q_3 所在组的组距；S_{m_1-1} 和 S_{m_3-1} 分别表示 Q_1 和 Q_3 所在组以前各组的累计次数。

（六）算术平均数、中位数、众数的特点

算术平均数、中位数、众数都是反映总体分布集中趋势的测定指标，都能够代表总体中各个体单位的一般水平。但是，这三种平均指标也存在着许多不同之处，从而它们的应用场合不同。为了正确地使用平均指标，还需要了解它们各自的特点。

1. 三种平均指标的含义不同

算术平均数是应用最广泛的一种平均指标，它的数值是整个总体次数分布的中心或重心，这个中心点的两边具有相等的变量值之和，即相等的 $\sum Xf$。由于它反映了整个总体的次数分布，所以既体现了各变量值的作用，也反映了各变量值次数的影响。中位数是一种位置平均指标，它从各变量值的顺序出发，将所有变量值分成相等的两部分，一部分数值比它

大,一部分数值比它小。众数只表明曲线峰顶下的数值,即出现次数最多的数值。可见,所使用平均指标不同,对最后结果的解释也各不相同。

2. 三种平均指标受极值影响的程度不同

算术平均数所受影响最大,而中位数只考虑数值的位置,即中位数与数据个数多少有关,与极值无关,而众数则不受极值的影响。所以,在有极值出现的情况下,算术平均数并不是一个理想的平均指标,而中位数和众数则可以用来代表总体水平。

3. 三种平均指标受非对称分布的影响程度不同

在非对称的钟形分布情况下,算术平均数、众数、中位数三者的差别取决于非对称的程度。非对称的程度越大,它们之间的差别越大;非对称的程度越小,它们之间的差别就越小。如果存在非正常的极端变量值,那么次数分布就产生偏斜。这些极端变量值对这三种平均指标的影响是不同的。众数不受其极端值的影响,中位数只受数据个数的影响,不受其数值大小的影响,而算术平均数则受所有变量值的影响,所以极端值对它的影响最大。当次数分布呈右偏态时意味着算术平均数受大的极端值影响,就有 $\bar{X}>M_e>M_0$,如图 4-1a 所示;当次数分布呈左偏态时意味着算术平均数受小的极端值影响,就有 $\bar{X}<M_e<M_0$,如图 4-1b 所示。可见,不管左偏态分布还是右偏态分布,中位数总是居于两者之间。在现象呈对称的钟形分布的情况下,算术平均数处于分布曲线的对称点上,对称点又是曲线的中心点和最高点,这时,算术平均数、众数、中位数三者一致,就有 $\bar{X}=M_e=M_0$,如图 4-1c 所示。

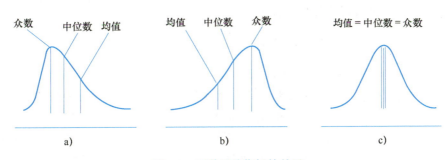

图 4-1 三种平均指标的关系
a) 右偏态 b) 左偏态 c) 对称

从以上描述可以看出,众数是一组数据分布的峰值,不受极端值的影响。但缺点是具有不唯一性,一组数据可能有一个众数,也可能有两个或多个众数,也可能没有众数。众数只有在数据量较多时才有意义,当数据量较少时,不宜使用众数。众数主要适合作为定类数据的集中趋势测度值。

中位数是一组数据中间位置上的代表值,不受极端值的影响。当一组数据的分布偏斜程度较大时,使用中位数也许是一个较好的选择。中位数主要适合作为定序数据的集中趋势测度值。

算术平均数是根据全部数据的计算所得的,它具有优良的数学性质,是实际中应用最广泛的集中趋势测度值。但其主要缺点是易受数据极端值的影响,对于偏态分布的数据,算术平均数的代表性较差。算术平均数主要适合作为定距数据和定比数据的集中趋势测度值。

第三节 数据的离中趋势

总体次数分布的集中趋势,反映各个总体单位的一般水平,为认识总体单位的共性特征提供了工具,但是,还必须认识次数分布的离中趋势,分析各个个体单位的数量差异,才能全面地认识现象,揭示现象的数量规律性。

一、离中趋势及其测定指标的含义

对于一个次数分布来说,其离中趋势是由各个总体单位的差异形成的。差异来自大量现象的异质性或多变性。无论自然现象还是社会现象,其所有大量的个体都是有差异的,且社会现象较之自然现象更富于差异而多变。孟子说:"物之不齐,物之性也。"其意谓不齐、不一致,是现象所拥有的一种自然性质,统计学称之为变异。世界上之所以有丰富的内容,就在于它的多变性。如果世间万事万物都完全相同,便会分外贫乏。世间所有的事物,都是多动而富于变化的,这就是统计方法特别是差异测量重要的原因。

离中趋势的测定指标反映总体各个个体单位变量值的差异程度,是反映总体次数分布中各变量值的变动范围或离散程度的综合指标。因而,它能够揭示各变量值之间的差异性,从而说明总体次数分布的集中趋势的强弱,反映平均指标的代表性大小,从另一个角度来补充说明总体的数量规律性,全面描述总体次数分布的数量特征。所以,离中趋势的测定指标也是总体次数分布的一个重要的数量特征值。

二、离中趋势测定指标的作用

1. 衡量平均指标的代表性的尺度

平均指标作为总体各单位某一变量水平的代表值,其代表性取决于总体中各变量值的差异程度,那么它就必然与该总体这一变量的离散指标直接相关。离中趋势的测定指标可以说明平均指标代表性的大小。离中趋势的测定指标数值越大,说明总体单位的差异程度也越大,次数分布越分散,从而平均指标的代表性就越小;反之,离中趋势的测定指标数值越小,则平均指标的代表性就越大。

【例 4-15】 有甲、乙、丙三组工人,每组都是 5 人,每人每日生产某零件的件数如下:
甲组(件): 48　　49　　50　　51　　52
乙组(件): 5　　20　　45　　85　　95
丙组(件): 50　　50　　50　　50　　50

甲、乙、丙三组平均每名工人的日产量都是 50 件,但各组工人日产量的差异程度不同。甲组差异程度较小,乙组差异程度较大,丙组差异程度为零。平均日产量 50 件对丙组各人日产量有完全的代表性,对甲组各人日产量的代表性较高,对乙组各人日产量的代表性最低。

由此可见,将平均指标与离中趋势的测定指标结合起来运用,有助于反映平均指标对总体各单位变量值的代表性。

2. 反映社会经济活动过程的稳定性和均衡性

离中趋势的测定指标可以表明生产过程的节奏性、稳定性或其他经济活动过程的均衡性，进行产品质量控制和说明经济管理工作的质量。在检查生产计划执行情况时，除了计算平均计划完成程度外，还要用离中趋势的测定指标分析计划执行过程中的均衡性和节奏性，检查是否存在"前松后紧"和"突击"现象。在进行质量统计检验时，也经常采用离中趋势的测定指标。如果离中趋势的测定指标数值较小，则说明产品质量比较稳定；反之，离中趋势的测定指标数值较大，则说明产品质量的稳定性较差。

在统计研究中，离中趋势的测定指标和平均指标有着密切的关联。在应用平均指标的基础上再结合离中趋势的测定指标，可以全面地进行统计分析。脱离平均指标的应用，离中趋势的测定指标便会失去其实际意义。

3. 反映现象的质量与风险

一般来说，离中趋势的测定指标数值越小，现象的质量越好；离中趋势的测定指标数值越大，现象的质量越差。另外，离中趋势的测定指标数值越小，对于某些现象来说便越稳定，风险越小，如股票、风险投资、保险等；反之，如果离中趋势的测定指标数值越大，说明这些现象的变化越不稳定，风险便越大。

三、离中趋势的测定

离中趋势的测定指标主要有全距、平均差、标准差、四分位差、异众比率、标准分数和离散系数。其中，标准差是最重要的离中趋势测定指标。

（一）全距

全距也称极差，是总体各单位标志的最大值和最小值之差。若将研究总体中各个单位按某一数量标志值的大小顺序排列起来，则最大值与最小值分别处于数列的两极，所以全距也称极差，说明标志值的变动范围和幅度，通常用 R 表示。其计算公式为

$$全距 = 最大标志值 - 最小标志值$$

即
$$R = \max(x) - \min(x) \tag{4-16}$$

式中，R 表示全距；$\max(x)$ 表示最大变量值；$\min(x)$ 表示最小变量值。

未分组资料和变量数列中的单项数列计算全距时，直接用最大标志值减最小标志值求得。如例 4-15 中甲、乙、丙三组的全距分别为

$R_甲 = 52$ 件 $- 48$ 件 $= 4$ 件，$R_乙 = 95$ 件 $- 5$ 件 $= 90$ 件，$R_丙 = 50$ 件 $- 50$ 件 $= 0$ 件

甲、乙、丙三组每人平均生产零件数均为 50 件，但日产量的变动范围相差很大：乙组 90 件，甲组 4 件，丙组 0 件。这说明乙组平均日产量代表性最低，甲组平均日产量代表性较高，丙组平均日产量代表性最高。

由组距数列求全距时，可以用最高组的上限与最低组的下限之差求得全距的近似值。

$$全距 = 最高组上限 - 最低组下限$$

如例 4-13 中，从得到的组距数列求全距为

$$全距 = 150\% - 80\% = 70\%$$

这表明这组工人完成生产定额百分比的变化幅度为 70%。

全距计算简单，且容易理解，因此在很多场合采用全距来粗略地说明某些现象的差异程度，特别是现代化高速生产的工艺过程中，常用全距检查产品质量的好坏和进行质量控制。但由于全距不是根据全部变量值计算的，不考虑中间数值的离散程度，所以很容易受极端数

值的影响，其结果不能充分反映现象的实际离散程度，因而在应用方面有一定的局限性。

(二) 平均差

平均差是各个变量值对其算术平均数的平均离差。由于各个变量值对算术平均数的离差总和恒等于 0 [即 $\sum(x-\bar{x})=0$]，因而各项离差的平均数也恒等于 0。为此，在计算平均差时，采取离差的绝对值，即 $|x-\bar{x}|$。

计算平均差时，根据掌握的数据资料不同，可采用简单平均差和加权平均差两种方法。

1. 简单平均差

对未分组资料计算的平均差叫作简单平均差。其计算公式为

$$\text{A.D.} = \frac{\sum|x-\bar{x}|}{n} \tag{4-17}$$

【例 4-16】 以甲、乙两组生产产品的件数为例（见表 4-9），计算平均差。

表 4-9　甲、乙两组生产产品的件数　　　　　　　（单位：件）

甲 组			乙 组		
生产件数 x	离差 $x-\bar{x}$	离差绝对值 $\|x-\bar{x}\|$	生产件数 x	离差 $x-\bar{x}$	离差绝对值 $\|x-\bar{x}\|$
48	-2	2	5	-45	45
49	-1	1	20	-30	30
50	0	0	45	-5	5
51	1	1	85	35	35
52	2	2	95	45	45
250	0	6	250	0	160

$$\text{甲组平均数}(\bar{x}) = \frac{\sum x}{n} = \frac{250\text{ 件}}{5} = 50 \text{ 件}$$

$$\text{乙组平均数}(\bar{x}) = \frac{\sum x}{n} = \frac{250\text{ 件}}{5} = 50 \text{ 件}$$

$$\text{A.D.}_{甲} = \frac{\sum|x-\bar{x}|}{n} = \frac{6}{5}\text{ 件} = 1.2 \text{ 件}$$

$$\text{A.D.}_{乙} = \frac{\sum|x-\bar{x}|}{n} = \frac{160}{5}\text{ 件} = 32 \text{ 件}$$

计算结果表明，虽然甲、乙两组每个工人的平均日产量都为 50 件，但平均差却不同。甲组工人的日产量与平均日产量之间平均相差 1.2 件，乙组工人的日产量与平均日产量之间平均相差 32 件。甲组的平均差小于乙组，因而甲组平均数的代表性高于乙组。

2. 加权平均差

用分组资料计算的平均差叫作加权平均差。其计算公式为

$$\text{A.D.} = \frac{\sum|x-\bar{x}|f}{\sum f} \tag{4-18}$$

式中，f 表示各组的次数。

分组资料有单项数列和组距数列两种，单项数列资料直接利用加权平均差公式计算平均差，组距数列资料先计算出各组的组中值作为各组的标志值的代表值，再利用加权平均差公式计算平均差。

【例 4-17】 现以某班学生的统计学考试成绩资料为例（见表 4-10），计算加权平均差。

表 4-10 某班学生的统计学考试成绩资料

按成绩分（分）	组中值（分） x	人数（人） f	总成绩（分） xf	离差（分） $x-\bar{x}$	离差绝对值（分） $\|x-\bar{x}\|$	离差绝对值加权 $\|x-\bar{x}\|f$
60 以下	55	2	110	−23.75	23.75	47.50
60~70	65	6	390	−13.75	13.75	82.50
70~80	75	10	750	−3.75	3.75	37.50
80~90	85	19	1 615	6.25	6.25	118.75
90 以上	95	3	285	16.25	16.25	48.75
合计	—	40	3 150	—	—	335.00

$$\text{平均成绩 } \bar{x} = \frac{\sum xf}{\sum f} = \frac{3\ 150}{40} \text{ 分} = 78.75 \text{ 分}$$

$$\text{加权平均差 A.D.} = \frac{\sum |x-\bar{x}|f}{\sum f} = \frac{335}{40} \text{ 分} = 8.375 \text{ 分}$$

以上计算说明，该班 40 名学生统计学考试成绩的平均离差为 8.375 分，即每个学生的成绩与平均成绩之间平均相差 8.375 分。

平均差反映全部变量值平均的差异，是比全距更优良的离中趋势测定指标。但是由于平均差采用离差绝对值的方法避免离差之和为零，因此它不便于各种代数运算，从而使其在应用上受到了很大的限制。

（三）标准差

1. 标准差的概念

标准差是各个变量值与其算术平均数的离差二次方的算术平均数的二次方根，因此又称均方差。它的意义与平均差基本相同，也是根据所有变量值对其算术平均数求其平均离差后再进行计算的。但是数学处理上标准差比平均差更为合理和优越，计算标准差是采用二次方的方法来消除离差的正、负号，即先求出各个变量值对算术平均数的离差，再把各项离差加以二次方，然后计算这些离差二次方的算术平均数，最后求这个平均指标的二次方根，即可求得标准差。标准差的二次方称为方差。

2. 标准差的计算方法

依据掌握的资料不同，标准差的计算方法也分为简单标准差和加权标准差两种。

（1）简单标准差。在资料未分组的情况下，由于各标志值出现的次数相同，计算标准差可采用简单平均方法。其计算公式为

$$\sigma = \sqrt{\frac{\sum (x-\bar{x})^2}{n}} \qquad (4\text{-}19)$$

式中，σ 表示标准差 $\sum (x-\bar{x})^2$ 表示离差二次方和；n 表示总体单位数。

【例 4-18】 以表 4-9 中甲、乙两组工人生产产品的件数资料为例，计算标准差。

根据表 4-9 计算离差二次方，如表 4-11 所示。

表 4-11 甲、乙两组工人生产产品的件数资料　　　　　　　（单位：件）

甲组 ($\bar{x}=50$)			乙组 ($\bar{x}=50$)		
生产件数 x	离差 $x-\bar{x}$	离差二次方 $(x-\bar{x})^2$	生产件数 x	离差 $x-\bar{x}$	离差二次方 $(x-\bar{x})^2$
48	-2	4	5	-45	2 025
49	1	1	20	-30	900
50	0	0	45	-5	25
51	1	1	85	34	1 225
52	2	4	95	45	2 025
250	0	10	250	0	6 200

甲组标准差：

$$\sigma_{甲} = \sqrt{\frac{\sum (x-\bar{x})^2}{n}} = \sqrt{\frac{10}{5}} \text{ 件}$$
$$= \sqrt{2} \text{ 件} = 1.4 \text{ 件}$$

乙组标准差：

$$\sigma_{乙} = \sqrt{\frac{\sum (x-\bar{x})^2}{n}} = \sqrt{\frac{6\,200}{5}} \text{ 件}$$
$$= \sqrt{1\,240} \text{ 件} = 35.2 \text{ 件}$$

计算结果表明，甲组的标准差小于乙组，则甲组平均数的代表性高于乙组。对比表 4-9 与表 4-11 的计算结果，可以看出，不同资料所计算的标准差都大于平均差，这是因为标准差是离差二次方平均的结果。

（2）加权标准差。在资料分组的情况下，由于各组标志值出现的次数不同，计算标准差需采用加权平均的方法。其计算公式为

$$\sigma = \sqrt{\frac{\sum (x-\bar{x})^2 f}{\sum f}} \qquad (4\text{-}20)$$

式中，f 表示各组次数；$\sum f$ 表示总次数。

如果资料是按单项式进行分组的，即用单项数列资料计算标准差，则直接用加权标准差公式计算。

【例 4-19】 某车间一组工人日产量单项式分组资料如表 4-12 所示，试计算标准差。

表 4-12 某车间一组工人日产量单项式分组资料

日产量（件） x	工人数（人） f	总产量（件） xf	离差（件） $x-\bar{x}$	离差二次方 $(x-\bar{x})^2$	离差二次方×次数 $(x-\bar{x})^2 f$
5	6	30	-3.5	12.25	73.5
7	10	70	-1.5	2.25	22.5
9	12	108	0.5	0.25	3.0
10	8	80	1.5	2.25	18.0
13	4	52	4.5	20.25	81.0
合计	40	340	—	—	198.0

$$\bar{x} = \frac{\sum xf}{\sum f} = \frac{340}{40} 件 = 8.5 件$$

$$\sigma = \sqrt{\frac{\sum (x-\bar{x})^2 f}{\sum f}} = \sqrt{\frac{198}{40}} 件 = \sqrt{4.95} 件 = 2.2 件$$

计算结果表明，该组工人的日产量平均为 8.5 件，标准差为 2.2 件。

如果资料是按组距式进行分组，则先计算出各组组中值代表的各组标志值，然后按加权标准差公式计算。

【例 4-20】 以表 4-10 中资料为例，计算如表 4-13 所示。

$$\bar{x} = \frac{\sum xf}{\sum f} = \frac{3\,150}{40} 分 = 78.75 分$$

$$\sigma = \sqrt{\frac{\sum (x-\bar{x})^2 f}{\sum f}} = \sqrt{\frac{3\,937.4}{40}} 分 = \sqrt{98.435} 分 = 9.92 分$$

表 4-13 某班学生的统计学考试成绩资料

按成绩分组 （分）	组中值（分） x	人数（人） f	总成绩（分） xf	离差（分） $x-\bar{x}$	离差二次方 $(x-\bar{x})^2$	离差二次方×次数 $(x-\bar{x})^2 f$
60 以下	55	2	110	-23.75	564.06	1 128.12
60~70	65	6	390	-13.75	189.06	1 134.36
70~80	75	10	750	-3.75	14.06	140.60
80~90	85	19	1 615	6.25	39.06	742.14
90 以上	95	3	285	16.25	264.06	792.18
合计	—	40	3 150	—	—	3 937.40

计算结果说明，该班学生在平均成绩 78.75 分的水平上的标准差为 9.92 分。

3. 是非标志标准差

（1）是非标志的概念。将总体现象按是否具有某种属性分为两组。例如，全部产品按是否合格分为合格品组和不合格品组；全部人口按性别区分为男、女两组；将学生划分为文科和非文科两组等。这种用"是""否"或"有""无"来表示的标志称为是非标志或交替标志。

是非标志是品质标志，为了解决是非标志的平均数和标准差的度量问题，有必要将品质标志数量化。一般来说，用 1 表示数列中具有某种性质的单位的标志值，即单位的标志为"是"的标志值；以 0 表示数列中不具有某种性质的单位的标志值，即单位的标志为"非"的标志值，这样就把"是"与"非"这类品质标志量化为"1"和"0"的标志值。

（2）是非标志的成数。数列中的全部总体单位是确定的，可以用 N 表示全部总体单位数，用 N_1 表示具有某种性质标志表现的单位数，用 N_0 表示不具有某种性质标志表现的单位数，则 $N=N_1+N_0$。这两部分单位数（N_1 和 N_0）分别占全部总体单位数（N）的比重称为成数，可分别用 p 和 q 表示，即标志值为 1 的单位数占全部单位数的比重（成数）$p=\dfrac{N_1}{N}$，标志值为 0 的单位数占全部单位数的比重（成数）$q=\dfrac{N_0}{N}$。

显然 $p+q=\dfrac{N_1}{N}+\dfrac{N_0}{N}=1$，所以，$q=1-p$。

成数反映数列中单位数"是"与"非"的构成，并且代表该种性质或属性反复出现的程度，即频率。

（3）是非标志的平均数及标准差。根据以上讨论，可得到是非标志平均数与标准差的计算方法如下：

是非标志的平均数

$$\bar{x}=\dfrac{\sum xf}{\sum f}=\dfrac{p+0}{p+q}=\dfrac{p}{1}=p$$

即是非标志的平均数为总体中标志值为 1 的属性的成数。

是非标志的标准差

$$\sigma=\sqrt{\dfrac{\sum(x-\bar{x})^2 f}{\sum f}}=\sqrt{\dfrac{(1-p)^2 N_1+(0-p)^2 N_0}{N_1+N_0}}$$

$$=\sqrt{q^2 p+p^2 q}=\sqrt{qp(p+q)}$$

$$=\sqrt{pq}=\sqrt{p(1-p)} \qquad (4-21)$$

即是非标志的标准差是总体中标志值为 1 的属性的成数和标志值为 0 的属性的成数的乘积的二次方根。

【例 4-21】 某班学生统计学考试成绩资料的分布数列如表 4-14 所示。

表 4-14　某班学生统计学考试成绩资料的分布数列

是非标志	标志值（x）	学生人数	
		绝对数（f）（人）	频率（$f/\sum f$）
及格	1	38	0.95
不及格	0	2	0.05
合计	—	40	1.00

$$\bar{x} = \sum x \frac{f}{\sum f} = 1 \times 0.95 + 0 \times 0.05 = 0.95 \text{ 或 } 95\%$$

$$\sigma = \sqrt{p(1-p)} = \sqrt{0.95 \times (1-0.95)} = \sqrt{0.95 \times 0.05}$$
$$= \sqrt{0.0475} = 0.2179 \text{ 或 } 21.79\%$$

计算结果表明,该班学生统计学考试成绩及格率为95%,其标准差为21.79%。

4. 3σ 定则及其应用

社会经济统计研究的是大量数量方面的社会经济现象。在大量观察下,许多现象总体内的次数分布呈正态分布,即以平均数为中心,呈中间大、两头小的分布状态。数理统计证明,在正态分布情况下:

$\bar{x} \pm 1\sigma$ 可包括个体单位总量的 68.27%。

$\bar{x} \pm 2\sigma$ 可包括个体单位总量的 95.45%。

$\bar{x} \pm 3\sigma$ 可包括个体单位总量的 99.73%。

这就是 3σ 定则。当计算出平均数和标准差之后,便可利用 3σ 定则来推断次数分配的状况。

【例 4-22】 已知某车间100个工人平均日产量 $\bar{x}$ 为42.5件,标准差 σ 为8.87件,则有

$\bar{x} \pm 1\sigma = 42.5$ 件 $\pm 1 \times 8.87$ 件

$\bar{x} \pm 2\sigma = 42.5$ 件 $\pm 2 \times 8.87$ 件

$\bar{x} \pm 3\sigma = 42.5$ 件 $\pm 3 \times 8.87$ 件

即有68.27%工人的日产量在33.63~51.37件;有95.45%工人的日产量在24.76~60.24件;有99.73%工人的日产量在15.89~69.11件。

(四)四分位差

1. 四分位差的概念

四分位差是上四分位数与下四分位数的差值,也称内距或四分间距。

四分位差反映了中间50%的数据的离散程度。其数值越小,说明中间的数据越集中;反之,数值越大,则说明中间的数据越分散。四分位差不受极值的影响。

2. 四分位差的计算

四分位差的计算公式为

$$Q_d = Q_3 - Q_1 \tag{4-22}$$

式中,Q_3 表示上四分位数;Q_1 表示下四分位数。

【例 4-23】 甲班统计学考试成绩的四分位差为 $Q_d = 90$ 分 $- 70$ 分 $= 20$ 分,乙班统计学考试成绩的四分位差为 $Q_d = 80$ 分 $- 70$ 分 $= 10$ 分,这说明甲、乙两班都有75%的学生成绩在70分以上,但甲班的成绩比乙班相对分散一些,因为甲班有一半的学生成绩集中在70~90分,而乙班有一半的学生成绩集中在70~80分。

由于中位数处于数据的中间位置,因此四分位差的大小在一定程度上反映了中位数对一组数据的代表程度。

(五)异众比率

1. 异众比率的概念

异众比率又称离异比率或变差比,是指非众数组的次数占总次数的比率。

异众比率的作用是衡量众数对一组数据的代表程度。异众比率越大，说明非众数组的次数占总次数的比重越大，众数的代表性就越差；异众比率越小，说明非众数组的次数占总次数的比重越小，众数的代表性越好。

2. 异众比率的计算

异众比率的计算公式为

$$V_r = \frac{\sum f_i - f_m}{\sum f_i} = 1 - \frac{f_m}{\sum f_i} \tag{4-23}$$

式中，$\sum f_i$ 表示变量值的总次数；f_m 表示众数组的次数。

【例 4-24】 根据表 4-13 中的数据，计算异众比率。

$$V_r = \frac{\sum f_i - f_m}{\sum f_i}$$

$$= \frac{40 - 19}{40} \times 100\% = 52.5\%$$

计算结果表明，该班级 40 名学生中，有 52.5% 学生的成绩不在 80~90 分，异众比率较大。

（六）标准分数

1. 标准分数的概念

标准分数也称标准化值或 Z 分数，是指变量值与其算术平均数的离差除以标准差的值。它是测量每个数据在该组数据中相对位置的常用指标。

2. 标准分数的计算

设标准分数为 Z，则有

$$Z_i = \frac{x_i - \bar{x}}{\sigma} \tag{4-24}$$

标准分数给出了一组数据中各数值的相对位置。例如，如果某个数值的标准分数为 1.6，我们就知道该数值高于均值 1.6 倍的标准差。

（七）离散系数

前面所介绍的离中趋势测定方法只能说明总体本身的数据变动范围的大小，不能用来比较不同总体平均指标的代表性好坏。其中的平均差和标准差的数值除了反映总体各个体单位变量值变动程度外，其数值大小还受数列水平高低的影响，而数列水平的高低是由算术平均数来代表的。因此，只有在两个总体的数量变量平均水平相同，并且数量变量的计量单位也完全相同的条件下，才可以用平均差或标准差去比较它们内部各变量值的差异程度及总体平均指标的代表性好坏。除此之外，就不能直接用平均差或标准差对不同总体、不同变量数列进行比较判断。对于全距来说，虽然其数值大小不受平均水平的影响，但当两个不同计量单位的总体进行比较时，显然全距也无能为力。所以，当两个不同总体比较其平均指标代表性大小时，便应使用离中趋势测定方法的相对形式去剔除变量数列水平及其计量单位的影响，以便能够独立地显示出数据变动的差异程度，进行比较。

离中趋势测定方法的相对形式是离散系数。常用的离散系数有两种，即平均差系数和标准差系数，其中，标准差系数是最常用的。两种离散系数的计算公式为

$$V_{A.D.} = \frac{A.D.}{\bar{x}} \times 100\% \qquad (4-25)$$

$$V_{\sigma} = \frac{\sigma}{\bar{x}} \times 100\% \qquad (4-26)$$

式中，V_{σ} 表示标准差系数；$V_{A.D.}$ 表示平均差系数。

【例 4-25】 表 4-15 是甲、乙两企业平均产量的有关数据资料，试根据此数据资料说明哪一个企业的平均日产量代表性大。

表 4-15 甲、乙两企业平均产量分析表

企 业	平均日产量/kg	标准差/kg	标准差系数（%）
甲企业	40	8	20
乙企业	20	6	30

甲企业：$V_{\sigma} = \frac{\sigma}{\bar{x}} \times 100\% = \frac{8\text{kg}}{40\text{kg}} \times 100\% = 20\%$

乙企业：$V_{\sigma} = \frac{\sigma}{\bar{x}} \times 100\% = \frac{6\text{kg}}{20\text{kg}} \times 100\% = 30\%$

从上面的计算可以看出，甲企业的标准差（8kg）虽然大于乙企业的标准差（6kg），但不能由此确定甲企业的工人平均产量的代表性比乙企业小。因为两个企业的平均产量不同，所以不能只根据标准差的大小来判断此企业的平均产量代表性的大小，而应通过标准差系数才能做出结论。因为甲企业的标准差系数小于乙企业的标准差系数，所以甲企业的平均日产量的代表性比乙企业的平均日产量的代表性大。

在实际工作中，经常用离散系数比较不同单位和部门职工的平均工资及其工人的平均劳动生产率代表性的高低，比较不同企业同一天产品平均质量水平的稳定性，比较同一种农作物在不同的自然条件及经营管理条件下平均亩产量的稳定性等。

第四节　偏态与峰度

集中趋势和离中趋势是数据分布的两个重要特征，但要全面了解数据分布的特点，还需要知道数据分布的形状是否对称、偏斜的程度以及分布的扁平程度等。偏态和峰度就是对这些分布特征的进一步描述。

一、偏态的含义及其测定

（一）偏态的含义

所谓偏态，是指次数分布的非对称程度。它和算术平均数与标准差一样，也是次数分布的一个数量特征。偏态通常分为两种，即右偏态（或正偏态）与左偏态（或负偏态）。它们是与对称分布相比较而言的。在对称分布的情况下，算术平均数与中位数和众数是合而为一的。在偏态分布的情况下，算术平均数与中位数和众数是分离的。如果众数在左边，算术平均数在右边，即极端数值在右边，次数分布曲线向右延伸，则称为右偏态。右偏态下，算术

平均数的数值较大，众数的数值较小，算术平均数与众数之差为正值，故右偏态又称正偏态。如果众数在右边，算术平均数在左边，即极端数值在左边，次数分布曲线向左延伸，则称为左偏态。左偏态下，算术平均数的数值较小，众数的数值较大。算术平均数与众数之差为负值，故左偏态又称负偏态。

偏态分布如图 4-2 所示。

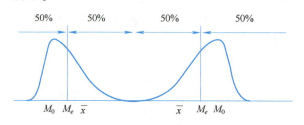

图 4-2　偏态分布

（二）偏态的测定方法

在统计中用偏态系数来反映分布的对称程度。测定偏态的方法通常有两种，即 Pearson 偏态测定法和动差法。

1. Pearson 偏态测定法

Pearson 偏态测定法利用算术平均数与众数之间的关系或算术平均数与中位数之间的关系来测定偏态。前面已指出，在对称分布的情况下，算术平均数与众数、中位数合而为一；在非对称分布中，算术平均数与众数、中位数相互不同。其中，算术平均数与众数分居两边，中位数介于两者之间。因而，算术平均数与众数之间的距离就可以作为测定偏态的一个尺度。

$$\text{偏态绝对量} = \text{算术平均数} - \text{众数} \tag{4-27}$$

算术平均数与众数之间的距离越大，偏态的绝对量就越大，表示次数分布的非对称程度越大；算术平均数与众数之间的距离越小，偏态的绝对量就越小，表示次数分布的非对称程度越小。偏态绝对量是以原有数列的单位为计量单位，因而不同的单位的数列，偏态绝对量就具有不同的单位。同时，对于不同的次数分布，偏态绝对量即使具有相同的计量单位也往往具有不同的含义。因而，利用偏态绝对量，不能直接对比不同数列偏态程度。为了使不同数列的偏态数值能够相互对比，就需要计算偏态相对数，它是偏态绝对量与其标准差之比，称为 Pearson 偏态系数。其计算公式为

$$\text{SK} = \frac{\bar{x} - M_0}{\sigma} \tag{4-28}$$

式中，SK 表示 Pearson 偏态系数。

当算术平均数大于众数时，SK 为正值，分布属于正偏态。
当算术平均数小于众数时，SK 为负值，分布属于负偏态。
当算术平均数与众数相等时，SK 为零，分布为对称分布。

【例 4-26】　某市 2009 年个体工商户每月利润算术平均数为 24 万元，众数为 17.5 万元，标准差为 12.71 万元，试计算 Pearson 偏态系数。

$$\text{SK} = \frac{\bar{x} - M_0}{\sigma} = \frac{(24 - 17.5) \text{万元}}{12.71 \text{万元}} = 0.51$$

它表示该市个体工商户每月利润的分布为右偏态,众数对算术平均数的偏斜度为 0.51。

2. 动差法

动差法计算偏态的公式如下:

在未分组数据情况下:

$$\alpha_3 = \frac{\sum_{i=1}^{N}(x_i - \overline{x})^3}{N\sigma^3} \tag{4-29}$$

在分组数据情况下:

$$\alpha_3 = \frac{\sum_{i=1}^{k}(x_i - \overline{x})^3 f_i}{N\sigma^3} \tag{4-30}$$

式中,α_3 表示偏态系数;σ^3 表示标准差的三次方。

可以看出,上式是变量值离差三次方的算术平均数再除以标准差的三次方。当分布对称时,离差三次方后正负离差可以互相抵消,因而 α_3 的分子为零,则 α_3 也为零。而当分布不对称时,正负离差不能抵消,就形成正或负的偏态系数 α_3。

当 $\alpha_3 = 0$ 时,次数分布为对称分布。

当 $\alpha_3 < 0$ 时,次数分布为左偏态。

当 $\alpha_3 > 0$ 时,次数分布为右偏态。

【例 4-27】 在媒体调查中,某电视台黄金时间的电视节目收视率如表 4-16 所示,试根据表 4-16 中资料计算电视节目收视率的算术平均数、标准差和偏态系数。

表 4-16 电视节目收视率偏态及峰度计算表

家庭编号	收视率 x (%)	x−27	(x−27)²	(x−27)³	(x−27)⁴
1	13	−14	196	−2 744	38 416
2	16	−11	121	−1 331	14 641
3	18	−9	81	−729	6 561
4	19	−8	64	−512	4 096
5	21	−6	36	−216	1 296
6	22	−5	25	−125	625
7	23	−4	16	−64	256
8	24	−3	9	−27	81
9	29	2	4	8	16
10	33	6	36	216	1 296
11	34	7	49	343	2 401
12	36	9	81	729	6 561
13	44	17	289	4 913	83 521
14	46	19	361	6 859	130 321
合计	378	0	1 368	7 320	290 088

$$\bar{x} = \frac{\sum_{i=1}^{n} x_i}{n} = \frac{378\%}{14} = 27\%$$

$$\sigma = \sqrt{\frac{\sum_{i=1}^{n}(x_i - \bar{x})^2}{n}} = \sqrt{\frac{1\,368}{14}} \times 100\% = 9.885\%$$

$$\alpha_3 = \frac{\sum_{i=1}^{N}(x_i - \bar{x})^3}{N\sigma^3} = \frac{7\,320}{14 \times 9.885^3} = 0.541\,3$$

上面三个测定指标表明，14 个媒体消费者平均的收视率为 27%，以 9.885% 为平均离散程度，其分布形态为右偏态，说明存在着一些这个时段的重度消费者。

二、峰度的含义及其测定

1. 峰度的含义

峰度是次数分布的另一个数量特征。这个特征是：某种次数分布与正态分布相比较，是尖顶还是平顶，其尖顶或平顶的程度如何，峰度是次数分布曲线顶端的尖峭程度。

峰度通常分为三种：正态峰度、尖顶峰度和平顶峰度。

当次数分布比较集中于众数的位置，使次数分布较正态分布来说较为隆起的，属于尖顶峰度，如图 4-3a 所示。

当次数分布对众数来说较为分散，使次数分布更为平滑的，属于平顶峰度，如图 4-3b 所示。

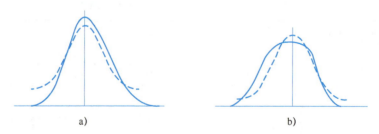

图 4-3 峰度

a）尖顶峰度 b）平顶峰度

当次数分布完全符合正态分布时，其次数与正态分布完全相同，则属于正态峰度。

2. 峰度的测定方法

测定峰度一般用峰度系数，峰度系数是以算术平均数为中心的离差的四次方的算术平均数，再除以标准差的四次方，即

在未分组数据情况下：

$$\alpha_4 = \frac{\sum_{i=1}^{N}(x_i - \bar{x})^4}{N\sigma^4} \tag{4-31}$$

在分组数据情况下：

$$\alpha_4 = \frac{\sum_{i=1}^{k}(x_i - \overline{x})^4 f_i}{N\sigma^4} \quad (4\text{-}32)$$

式中,α_4 表示峰度系数,它除以标准差的四次方是为了将数值换成相对数。

当 $\alpha_4 = 3$ 时,次数分配为正态曲线。

当 $\alpha_4 < 3$ 时,次数分配为平顶曲线。

当 $\alpha_4 > 3$ 时,次数分配为尖顶曲线。

如例 4-27 中,可计算峰度系数如下:

$$\alpha_4 = \frac{\sum_{i=1}^{N}(x_i - \overline{x})^4}{N\sigma^4} = \frac{290\,088}{14 \times 9.885^4} = 2.17$$

上面的峰度系数说明电视节目收视率的分布形态为平顶分布。

第五节 课程实验

下面以某班级统计学成绩数据为例(见表 4-17),说明 Excel 软件在描述统计中的应用。

表 4-17 某班级统计学成绩数据 （单位：分）

54	62	68	74	85	92	87	96	76	78	89	68	56
43	65	67	78	77	88	85	64	83	91	75	73	74
67	75	70	71	79	65	64	81	84	80	87	72	73
75	91	88	77	63	63	61	69	76	79	74		

Excel 操作步骤如下:

(1) 输入数据,如图 4-4 所示。

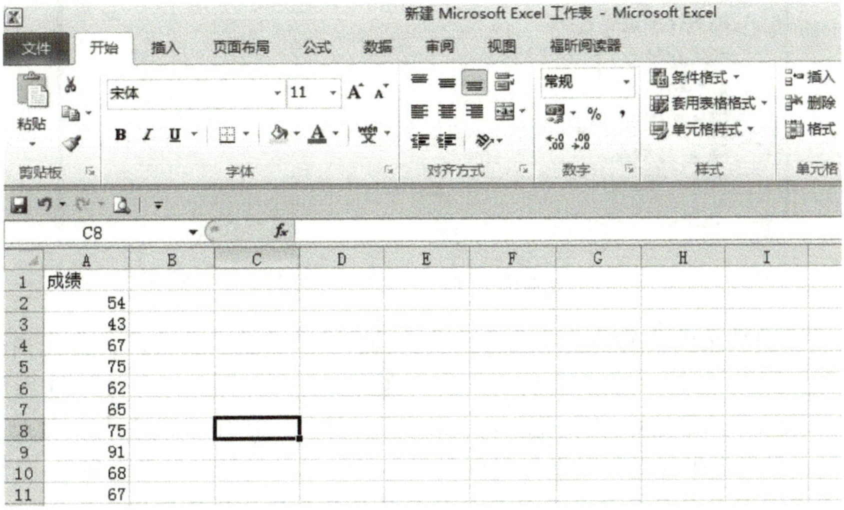

图 4-4 数据工作表

（2）在主菜单中选择"数据"中的"数据分析"选项，弹出"数据分析"对话框，如图 4-5 所示；选择"描述统计"选项，然后单击"确定"按钮，弹出"描述统计"对话框，如图 4-6 所示。

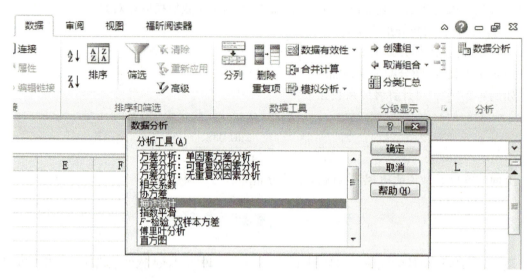

图 4-5　描述统计的位置

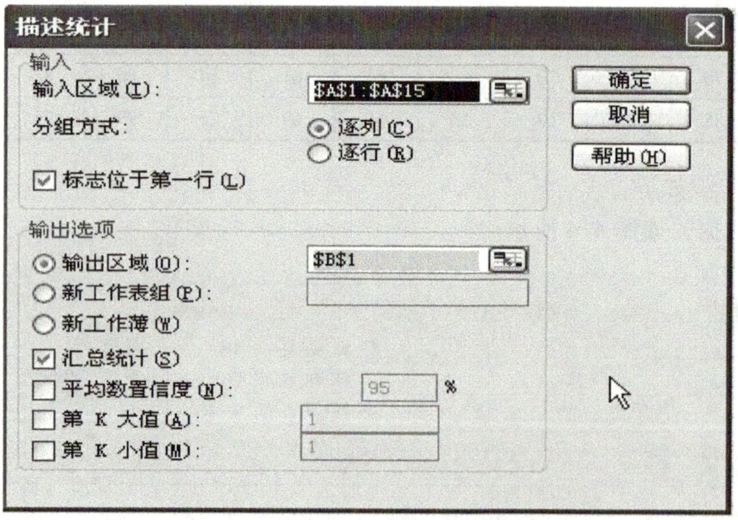

图 4-6　"描述统计"对话框

在"输入"选项组的"输入区域"文本框内输入"$A$1:$A$51"，由于所选范围包括一个标志名称，因此选中"标志位于第一行"复选框；在"输出选项"选项组中，单击"输出区域"项，并在其后文本框中输入"$B$1"，这是输出结果的左上角起始位置；选中"汇总统计"复选框，该选项给出全部描述统计量；最后，单击"确定"按钮，结果如图 4-7 所示。

说明：图 4-7 描述统计结果中的"区域"指的是"全距"。

图 4-7　描述统计结果

思 考 题

1. 什么是总量指标？计算总量指标有什么重要意义？如何划分总量指标的种类？
2. 什么是相对指标？相对指标的作用有哪些？
3. 平均指标的计算原则是什么？平均指标有何作用？
4. 比较两个数列的平均数代表性大小时，能否直接用标准差进行对比？

练 习 题

一、判断题

1. 众数、中位数都不受极端值的影响。　　　　　　　　　　　　　　　　　　　（　　）
2. 如果 $\bar{X} > M_e > M_0$，则变量分布为左偏。　　　　　　　　　　　　　　　（　　）
3. 比较两个变量分布平均数代表性的大小，方差或者标准差大的，代表性好。　　（　　）
4. 若某一分布数列各组频数都增加 5%，则平均数也增加 5%。　　　　　　　　（　　）
5. 根据分组资料计算的算数平均数是一个近似值。　　　　　　　　　　　　　　（　　）

二、单项选择题

1. 对于右偏分布，平均数、中位数和众数之间的关系是（　　）。
   A. 平均数>中位数>众数　　　　　　　　B. 中位数>平均数>众数
   C. 众数>中位数>平均数　　　　　　　　D. 众数>平均数>中位数
2. 如果一个数据的标准分数是-2，表明该数据（　　）。
   A. 比平均数高出 2 个标准差　　　　　　B. 比平均数低 2 个标准差
   C. 等于 2 倍的平均数　　　　　　　　　D. 等于 2 倍的标准差
3. 产品合格率、设备利用率这两个相对指标是（　　）。

A. 结构相对指标　　B. 强度相对指标　　C. 比例相对指标　　D. 比较相对指标
4. 一组数据的最大值与最小值之差称为（　　）。
   A. 平均差　　　　B. 标准差　　　　C. 极差　　　　D. 四分位差
5. 权数对算术平均数的影响作用取决于（　　）。
   A. 权数本身数值的大小　　　　B. 作为权数的单位数占总体单位数的比重大小
   C. 各组标志的大小　　　　　　D. 权数的经济意义
6. 标准差数值越小，则反映变量值（　　）。
   A. 越分散，平均数代表性越低　　B. 越集中，平均数代表性越高
   C. 越分散，平均数代表性越高　　D. 越集中，平均数代表性越低
7. 有甲、乙两个数列，若甲的全距比乙的全距大，那么（　　）。
   A. 甲的标准差一定大于乙的标准差　　B. 甲的标准差一定小于乙的标准差
   C. 甲的标准差一定等于乙的标准差　　D. 全距与标准差并不存在上述关系
8. 两组数据的平均数不等，但标准差相等，则（　　）。
   A. 平均数小的，离散程度大　　B. 平均数大的，离散程度大
   C. 平均数小的，离散程度小　　D. 两组数据的离散程度相同
9. 比较几组数据的离散程度最适合的统计量是（　　）。
   A. 极差　　　　B. 平均差　　　　C. 标准差　　　　D. 离散系数

三、多项选择题

1. 下列指标中，属于时期指标的有（　　）。
   A. 工业总产值　　　　B. 商品销售额　　　　C. 职工人数
   D. 商品库存额　　　　E. 猪存栏数
2. 下列指标中，属于时点指标的有（　　）。
   A. 企业个数　　　　B. 机器台数　　　　C. 电视机销售量
   D. 某地区某年年末人口数　　　　E. 产品产量
3. 下列关于权数的描述，正确的有（　　）。
   A. 权数是衡量相应的变量对总平均数作用的强度
   B. 权数起作用在于次数占总次数的比重大小
   C. 权数起作用在于次数本身绝对值大小
   D. 权数起作用的前提之一是各组的变量值必须互有差异
   E. 权数起作用的前提之一是各组的频率必须有差别
4. 在比较两个总体的平均数代表性大小时，哪种情况下必须用离散系数比较？（　　）
   A. 总体的平均数相等，标准差不相等
   B. 总体的平均数不相等，标准差不相等
   C. 总体的平均数不相等，标准差相等
   D. 总体的平均数大者，标准差也大
   E. 总体的平均数小者，标准差也小
5. 容易受到极端值影响的是（　　）。
   A. 众数　　　　B. 中位数　　　　C. 算数平均数
   D. 几何平均数　　　　E. 调和平均数

四、计算题

1. 某地区 2020 年计划利税比上年增长 20%，实际为上年利税的 1.5 倍，试计算该地区 2020 年利税计划完成程度。
2. 海鲜市场某摊位大闸蟹的价格是：公蟹每千克 180 元，母蟹每千克 160 元。与摊主议价后，共购买

公蟹 10kg，母蟹 12kg，按每千克 170 元交易。这次交易谁占了便宜？

3. 现有甲、乙两地区钢产量和人口资料，如表 4-18 所示。

表 4-18　甲、乙两地区钢产量和人口资料

项　　目	甲　地　区		乙　地　区	
	2019 年	2020 年	2019 年	2020 年
钢产量/万 t	3 000	3 300	5 000	5 250
年平均人口数（万人）	6 000	6 000	7 143	7 192

试通过计算动态相对指标、强度相对指标和比较相对指标来简单分析甲、乙两地区钢产量的发展情况。

4. 某地区家庭按人均月收入水平分组资料如表 4-19 所示。

表 4-19　某地区家庭按人均月收入水平分组资料

按月收入水平分组（元）	家庭数（户）
4 000~6 000	20
6 000~8 000	45
8 000~10 000	25
10 000 以上	10
合计	100

根据表中资料计算平均数、中位数和众数。

5. 甲、乙两单位工人的生产资料如表 4-20 所示。

表 4-20　甲、乙两单位工人的生产资料

日产量（件/人）	甲单位工人数（人）	乙单位工人数（人）
15	120	15
20	60	70
25	20	15
合计	200	100

试分析：（1）哪个单位工人的生产水平高？
　　　　（2）哪个单位工人的生产水平整齐？

练习题参考答案

用微信扫描二维码，可以查看练习题参考答案。

第五章 时间序列分析

在生活和工作中经常需要做出预测，例如，黄金饰品未来的价格走势，一只股票的市场行情，预测下一季度的销售额，等等。通常都是根据已有的时间序列数据预测未来的变化，时间序列数据用于描述现象随时间发展变化的特征。

第一节 时间序列的分析指标

一、时间序列的概念和分类

（一）时间序列的概念

时间序列就是把同一现象在不同时间上的统计指标按照时间先后顺序排列而成的数列。表 5-1 就是一个时间序列。新中国成立初期，我国的人口总数为 5.7 亿人，2017 年年末已经突破了 14 亿人。人口的总量随着时间的不同而变化。为了了解和分析人口总量的发展趋势和变化规律，应该掌握长时期内的人口总量资料，这就需要借助时间序列进行分析。

表 5-1 我国经济和人口发展资料

年 份	国内生产总值（亿元）	年末总人口（万人）	城镇人口比重（%）	职工平均工资（元）
2011 年	487 940.2	134 916	51.83	41 799
2012 年	538 580.0	135 922	53.10	46 769
2013 年	592 963.2	136 726	54.49	51 483
2014 年	643 563.1	137 646	55.75	56 360
2015 年	688 858.2	138 326	57.33	62 029
2016 年	746 395.1	139 232	58.84	67 569
2017 年	832 035.9	140 011	60.24	74 318
2018 年	919 828.1	140 541	61.50	82 413
2019 年	986 515.2	141 008	62.71	90 501
2020 年	1 015 986.2	141 212	63.89	97 379

注：数据来源于《中国统计年鉴—2021》。职工平均工资是指城镇非私营单位职工的平均工资。

时间序列由指标所属的时间和不同时间上的统计指标两部分组成。通过时间序列，可以描述和分析现象的动态变化。因此，时间序列又称动态数列或时间数列。

研究时间序列具有重要的作用。首先，时间序列可以描述社会经济现象发展的过程和结果；其次，时间序列可以分析社会经济现象的发展方向、水平、速度；最后，通过对时间序列的分析可以掌握现象发展变化的数量规律性及其发展趋势，有利于对其未来发展进行预测。时间序列是统计分析的一种重要方法。

(二) 时间序列的分类

时间序列按其指标的表现形式不同可分为绝对数时间序列、相对数时间序列和平均数时间序列三种。其中，绝对数时间序列是基本序列，其余两种是派生序列。

1. 绝对数时间序列

由一系列同类的绝对指标（总量指标）数值按时间顺序排列而成的序列称为绝对数时间序列。它反映现象在不同时间所达到的绝对发展水平。按其所反映的社会经济现象的性质来看，又可进一步划分为时期序列和时点序列。

(1) 时期序列。将时期指标按时间顺序排列，形成时期序列。时期序列中的各总量指标数值反映现象在一段时期内的发展总量，如表5-1中的国内生产总值序列就是时期序列。

时期序列的特点如下：

1）序列中各个指标数值可以相加。相加后的指标数值就表示现象在更长时期内的发展的总量。

2）序列中每个指标数值的大小与其时期长短有关。每个指标所包括的时期长度称为"时期"。一般来说，时期越长，指标数值就越大；反之，就越小。

3）序列中的每个指标数值，通常都是通过连续登记得到的。

(2) 时点序列。将时点指标按时间顺序排列，形成时点序列。时点序列中的各指标数值反映现象在某一时点上达到的总量和水平，如表5-1中的年末总人口序列就是时点序列。

时点序列的特点如下：

1）序列中每个总量指标的数值不能相加。指标数值相加后，不仅会发生重复计算，而且也无法说明这个数值是属于哪一个时点上现象的总量，没有实际意义。

2）序列中每个指标数值的大小与其时点间隔长短无直接关系。两个相邻指标数值在时间上的距离叫作"时点间隔"。

3）序列中每个指标的数值，通常都是通过间断登记（一次性登记）取得的。

2. 相对数时间序列

由一系列相对数按时间顺序排列而成的序列称为相对数时间序列。如表5-1中的城市人口比重序列就是相对数时间序列。相对数时间序列中的各指标数值通常是不能直接相加的。

3. 平均数时间序列

由一系列平均数按时间顺序排列而成的序列称为平均数时间序列。如表5-1中的职工平均工资就是一个平均数时间序列。该序列的各指标数值也不能直接相加。

二、时间序列的分析指标

常用的时间序列分析指标有：绝对数分析指标，即发展水平和增长量；相对数分析指标，即发展速度和增长速度；平均数分析指标，即平均发展水平、平均增长量、平均发展速度和平均增长速度。

(一) 发展水平

时间序列中的每个指标数值都可叫作发展水平或时间序列水平。它是计算其他动态分析指标的基础，一般用符号 a 表示。根据时间序列的种类不同，发展水平既可以是总量指标，也可以是相对指标或平均指标。表 5-1 中的每一个指标数值都可以是一个发展水平。

发展水平根据其所处的位置不同可分为期初水平、期末水平和中间水平三种。时间序列中第一个指标数值叫作期初水平，它反映现象发展变化的起点，一般用 a_1 表示；最后一个指标数值叫作期末水平，用 a_n 表示；其余各个指标数值叫作中间水平，用 a_2, a_3, $\cdots$, a_{n-1} 表示。发展水平根据研究目的可以分为报告期水平和基期水平，将所研究的那一时期的指标数值叫作报告期水平，将用来进行对比的基础时期水平叫作基期水平。

基期的选择通常有三种最为常见：一是报告期不管是哪个时期，基期总是选择其前一时期，计算的指标一般称为环比指标；二是报告期不管是哪个时期，基期总是选择某一固定时期，如序列的期初水平，计算的指标一般称为定基指标；三是报告期不管是哪个时期，基期总是选择上一年同期，计算的指标一般称为年距指标。

发展水平在文字说明上，习惯用"增加到"或"达到"，或"降低为"来表示。例如，我国国民总收入 2019 年为 983 751.2 亿元，2020 年增加到 1 008 782.5 亿元。

(二) 增长量

增长量是时间序列中报告期水平与基期水平之差，反映现象在一段时期内增加或减少的绝对数量。其计算公式为

$$增长量 = 报告期发展水平 - 基期发展水平$$

计算结果可正可负，正值表示增加的绝对数量，负值表示减少的绝对数量，因此增长量也可称为增减量。

由于采用的基期不同，增长量有逐期增长量和累计增长量两种。逐期增长量是各期水平与其上期水平之差，表明一段时期内逐期增减变动的绝对数量；累计增长量是各期水平与某一固定时期水平之差，表明在较长一段时期内累计增减的绝对数量。

设 a_1, a_2, a_3, $\cdots$, a_n 为各时期发展水平，则有

各时期逐期增长量：a_2-a_1, a_3-a_2, a_4-a_3, $\cdots$, a_n-a_{n-1}

各时期累计增长量：a_2-a_1, a_3-a_1, a_4-a_1, $\cdots$, a_n-a_1

可以看出，逐期增长量与累计增长量在数量上有一定的关系，累计增长量等于相应各逐期增长量之和。

【例 5-1】 我国某地历年化肥销售量资料如表 5-2 所示，计算各逐期增长量和各累计增长量（见表 5-2）。

表 5-2 某地历年化肥销售量分析指标计算表

年 份	化肥销售量/万 t	增长量/万 t		发展速度（%）		增长速度（%）	
		逐期	累计	环比	定基	环比	定基
2011 年	51.40	—	—	—	100.00	—	—
2012 年	71.42	20.02	20.02	138.95	138.95	38.95	38.95
2013 年	106.67	35.25	55.27	149.36	207.53	49.36	107.53

（续）

年　份	化肥销售量/万 t	增长量/万 t		发展速度（%）		增长速度（%）	
		逐期	累计	环比	定基	环比	定基
2014 年	129.85	23.18	78.45	121.73	252.63	21.73	152.63
2015 年	136.69	6.84	85.29	105.27	265.93	5.27	165.93
2016 年	145.27	8.58	93.87	106.28	282.63	6.28	182.63
2017 年	147.52	2.25	96.12	101.55	287.00	1.55	187.00
2018 年	159.25	11.73	107.85	107.95	309.82	7.95	209.82
2019 年	163.00	3.75	111.60	102.35	317.12	2.35	217.12
2020 年	183.20	20.20	131.80	112.39	356.42	12.39	256.42
2021 年	207.00	23.80	155.60	112.99	402.72	12.99	302.72

另外，对于受季节因素影响较明显的社会经济现象，为了表明它们增长变化的绝对数量，还可计算年距增长量，以消除季节因素对现象变化的影响。年距增长量是报告期水平与上一年同期水平之差。

年距增长量＝报告期发展水平－上一年同期发展水平

（三）发展速度

发展速度是反映国民经济发展变化最常用也是最重要的指标之一，是时间序列中报告期水平与基期水平之比，表明现象发展变化的速度或程度，习惯上用百分数表示。

其计算公式为

$$发展速度 = \frac{报告期发展水平}{基期发展水平} \times 100\%$$

根据研究目的的不同，计算发展速度可采用不同的基期，发展速度可以分为环比发展速度与定基发展速度。环比发展速度是报告期水平与前一时期水平之比，表明现象逐期发展变动的程度；定基发展速度是报告期水平与某一固定时期水平（一般是期初水平，我国一般采用年度初期水平）之比，表明现象在一段时期内总的发展程度，所以定基发展速度也称总速度。

设 $a_1, a_2, a_3, \cdots, a_n$ 为各时期发展水平，那么，各期的环比发展速度和定基发展速度可表示为

环比发展速度：$\dfrac{a_2}{a_1}, \dfrac{a_3}{a_2}, \dfrac{a_4}{a_3}, \cdots, \dfrac{a_n}{a_{n-1}}$

定基发展速度：$\dfrac{a_2}{a_1}, \dfrac{a_3}{a_1}, \dfrac{a_4}{a_1}, \cdots, \dfrac{a_n}{a_1}$

可以看出，定基发展速度与环比发展速度之间也具有一定的数量关系。定基发展速度等于相应各环比发展速度的连乘积。

【例 5-2】 根据表 5-2 中的资料，计算各定基发展速度和各环比发展速度（见表 5-2）。

另外，对于受季节因素影响较明显的社会经济现象，为了表明它们的发展变化程度，还可计算年距发展速度，以消除季节因素对现象变化的影响。年距发展速度是报告期水平与上一年同期水平之比。

$$年距发展速度 = \frac{报告期发展水平}{上一年同期发展水平} \times 100\%$$

(四) 增长速度

增长速度也称增长率,是增长量与基期发展水平之比,表明现象增长或降低的程度。它可以根据增长量计算,也可以根据发展速度计算,习惯上用百分数表示。

其计算公式为

$$增长速度 = \frac{增长量}{基期发展水平} \times 100\% = 发展速度 - 1 \text{(或 }100\%\text{)}$$

由于发展速度有环比发展速度与定基发展速度之分,故增长速度也有环比增长速度和定基增长速度两种。

$$环比增长速度 = \frac{逐期增长量}{基期发展水平} \times 100\% = 环比发展速度 - 1 \text{(或 }100\%\text{)}$$

$$定基增长速度 = \frac{累计增长量}{基期发展水平} \times 100\% = 定基发展速度 - 1 \text{(或 }100\%\text{)}$$

需要指出的是,环比增长速度与定基增长速度之间没有直接的换算关系,由环比增长速度推算定基增长速度时,可先将各环比增长速度加 1 变成环比发展速度后连乘,再将结果减 1,即得定基增长速度。

【例 5-3】 根据表 5-2 中的资料,计算各环比增长速度和各定基增长速度(见表 5-2)。

此外,对于受季节因素影响明显的社会经济现象,为了消除季节因素影响,还可计算年距增长速度。

$$年距增长速度 = 年距发展速度 - 1$$

(五) 平均发展水平(序时平均数)

将不同时期的发展水平加以平均而得的平均数叫作平均发展水平,一般也称序时平均数或动态平均数。它和一般平均数(静态平均数)有共同之处,即都是将现象的个别数量差异抽象化,概括地反映其一般水平;但两者也有区别。平均发展水平所平均的是社会经济现象在不同时间上的差异,从动态上说明其在一段时间内发展的一般水平,它是根据时间序列来计算的;而一般平均数是将总体各单位某一数量标志值在同一时间上的数量差异抽象化,从静态上说明其在具体历史条件下的一般水平,它是根据变量序列来计算的。

不同的时间序列,其特点不同,计算平均发展水平的方法也不相同,分别说明如下:

1. 根据绝对数时间序列计算平均发展水平

(1) 根据时期序列计算平均发展水平。由于时期序列的各期发展水平可以直接相加,因此平均发展水平可采用简单算术平均法。其计算公式为

$$\bar{a} = \frac{a_1 + a_2 + \cdots + a_{n-1} + a_n}{n} = \frac{\sum a}{n} \tag{5-1}$$

式中,$\bar{a}$ 表示平均发展水平;a 表示各期发展水平;n 表示时期项数。

【例 5-4】 根据表 5-1 中的国内生产总值序列,计算 2011 年—2015 年各年度的平均国内生产总值。

$$\bar{a} = \frac{\sum a}{n} = \frac{487\,940.2 + 538\,580.0 + \cdots + 688\,858.2}{5} \text{亿元} = 590\,380.94 \text{亿元}$$

我国 2011 年—2015 年期间平均每年的国内生产总值为 590 380.94 亿元。

（2）根据时点序列计算平均发展水平。时点序列有连续时点序列和间断时点序列两种。统计计算规定，如果时点序列的资料是按日记录，逐日排列的，则称为连续时点序列。如果时点序列的资料是按月（季度、年度）记录，逐月（季度、年度）排列的，则称为间断时点序列。

1）连续时点序列。连续时点序列又根据间隔是否相等分为间隔相等的连续时点序列和间隔不等的连续时点序列。此时可按时期序列的公式计算平均发展水平，因为时期序列中的指标数值是连续记录的，是连续的时点数的累加结果。

① 间隔相等的连续时点序列。若时点序列是以日为间隔而编制，且间隔相等的连续时点序列，则可用简单算术平均法求平均发展水平，即以各时点数值的总和 $\sum a$ 除以时点个数 n。

$$\bar{a} = \frac{\sum a}{n} \tag{5-2}$$

【例 5-5】某班组某月上旬每天出勤人数资料如表 5-3 所示，计算平均每天出勤人数。

表 5-3　某班组某月上旬每天出勤人数资料　　　　　　　　（单位：人）

日期	1日	2日	3日	4日	5日	6日	7日	8日	9日	10日
出勤人数	30	30	30	30	32	32	33	31	29	27

平均每天出勤人数为

$$\bar{a} = \frac{\sum_{i=1}^{n} a_i}{n} = \frac{30+30+30+30+32+32+33+31+29+27}{10} 人$$

$$= \frac{304}{10} 人 = 30.4 人 \approx 30 人$$

② 间隔不等的连续时点序列。间隔不等的连续时点序列即被研究现象不是逐日变动的，可根据整个研究时间内每次变动的资料，用每次变动持续的间隔长度 f 为权数对各时点水平 a 加权，应用加权算术平均法计算平均发展水平。其计算公式为

$$\bar{a} = \frac{\sum af}{\sum f} \tag{5-3}$$

【例 5-6】某企业某月上旬每天出勤的人数资料如表 5-4 所示，计算某企业某月上旬每天平均出勤人数。

表 5-4　某企业某月上旬每天出勤的人数资料

日　　期	每天出勤人数（人）
1日—3日	200
4日—5日	210
6日—10日	208

该企业某月上旬出勤人数变动的间隔时间不等，因此，该企业某月上旬平均出勤人数的计算应采用加权算术平均法，即

$$\bar{a} = \frac{\sum af}{\sum f} = \frac{200 \times 3 + 210 \times 2 + 208 \times 5}{3 + 2 + 5} 人 = \frac{2\,060}{10} 人 = 206 人$$

即该企业某月上旬每天平均出勤人数为 206 人。

2) 间断时点序列。间断时点序列的指标数值都是各期期初或期末的资料，它也有间隔相等与间隔不等之分。

① 间隔相等的间断时点序列。根据间隔相等的间断时点序列计算平均发展水平，应先假定相邻两期发展水平的变化呈均匀变化，计算各相邻两期发展水平的平均数，而后再对这些平均数用简单算术平均法求平均发展水平，这种方法叫作简单序时平均法，或首末（尾）折半法。

其计算公式为

$$\bar{a} = \frac{\frac{a_1 + a_2}{2} + \frac{a_2 + a_3}{2} + \cdots + \frac{a_{n-1} + a_n}{2}}{n - 1}$$

或

$$\bar{a} = \frac{\frac{a_1}{2} + a_2 + \cdots + a_{n-1} + \frac{a_n}{2}}{n - 1} \tag{5-4}$$

式中，n 代表时点项数。

【例 5-7】 某养羊专业户资料如表 5-5 所示，求全年平均每月养羊只数。

表 5-5　某养羊专业户资料

日期	1月1日	1月31日	2月28日	3月31日	4月30日	5月31日	6月30日	7月31日	8月31日	9月30日	10月31日	11月30日	12月31日
养羊只数（只）	420	260	240	210	400	440	430	460	460	500	510	500	500

首先判断资料的类型：这是时点序列，并且是不连续的，每两个时点之间都是间隔一个月，所以是间隔相等的间断时点序列。按下列步骤进行计算：

第一步，月内求平均，即将每月月初和月末这两个时点数值求和后除以 2 取平均值，作为整个月内每天数值的代表水平。

第二步，年内求平均，即将各月的代表水平相加除以 12，便是全年平均每月养羊只数。即

$$\text{全年平均养羊只数} = \left(\frac{420+260}{2} + \frac{260+240}{2} + \frac{240+210}{2} + \frac{210+400}{2} + \frac{400+440}{2} + \frac{440+430}{2} + \right.$$
$$\left. \frac{430+460}{2} + \frac{460+460}{2} + \frac{460+500}{2} + \frac{500+510}{2} + \frac{510+500}{2} + \frac{500+500}{2}\right) 只/12$$

$$= \frac{\frac{420}{2} + 260 + 240 + 210 + 400 + 440 + 430 + 460 + 460 + 500 + 510 + 500 + \frac{500}{2}}{12} 只$$

$$= \frac{4\,870}{12} 只 \approx 406 只$$

② 间隔不等的间断时点序列。对于间隔不等的间断时点序列，则要以间隔时间长度为权数，对各两点水平的平均数进行加权平均，此方法称为加权序时平均法。

其计算公式为

$$\bar{a} = \frac{\dfrac{a_1+a_2}{2}f_1 + \dfrac{a_2+a_3}{2}f_2 + \cdots + \dfrac{a_{n-1}+a_n}{2}f_{n-1}}{f_1+f_2+\cdots+f_{n-1}} \tag{5-5}$$

【例 5-8】 胜利大街银行分理处月末储蓄存款余额资料如表 5-6 所示。

表 5-6　胜利大街银行分理处月末储蓄存款余额资料

时间	1月1日	4月30日	6月30日	10月31日	12月31日
存款余额（万元）	600	900	730	1 000	1 050

计算该银行月平均储蓄存款余额。

$$\text{月平均储蓄存款余额} = \frac{\dfrac{600+900}{2}\times 4 + \dfrac{900+730}{2}\times 2 + \dfrac{730+1\,000}{2}\times 4 + \dfrac{1\,000+1\,050}{2}\times 2}{4+2+4+2}\text{万元}$$

$$= \frac{10\,140}{12}\text{万元} = 845\text{万元}$$

根据间断时点序列计算平均发展水平，是假定现象在相邻两个时点之间的变动是均匀的，实际上各种现象的变动并不完全如此。为了使计算结果能够反映实际情况，间断时点序列的间隔不宜过长。

2. 根据相对数时间序列计算平均发展水平

相对数通常是由两个绝对数对比而成的，即 $c=a/b$。因此，相对数时间序列一般也是由两个绝对数时间序列对比而成的，其中 c 为相对数时间序列，a 和 b 分别是两个绝对数时间序列，即 $c=a/b$。计算平均发展水平 $\bar{c}$ 的基本思路是：先分别求出 a 序列和 b 序列的平均发展水平，而后再进行对比。其基本公式为

$$\bar{c} = \frac{\bar{a}}{\bar{b}} \tag{5-6}$$

式中，$\bar{a}$ 表示分子序列的平均发展水平；$\bar{b}$ 表示分母序列的平均发展水平。

$\bar{a}$ 和 $\bar{b}$ 可按相应的绝对数时间序列平均发展水平的计算方法求得。

（1）由两个时期序列对比所形成的相对数时间序列。

【例 5-9】 根据某地区 2016 年—2020 年的国内生产总值资料（见表 5-7），求第三产业增加值占国内生产总值的平均比重。

表 5-7　某地区国内生产总值资料

年　份	2016 年	2017 年	2018 年	2019 年	2020 年
国内生产总值（亿元）	746 395.1	832 035.9	919 281.1	986 515.2	1 015 986.2
第三产业增加值（亿元）	390 828.1	438 355.9	489 700.8	535 371.0	553 976.8
第三产业增加值比重（%）	52.4	52.7	53.3	54.3	54.5

资料来源：《中国统计年鉴—2021》。

设第三产业增加值比重时间序列为 c，第三产业增加值时间序列和全部国内生产总值时间序列分别为 a 和 b，则有

$$\bar{a} = \frac{\sum a}{n} = \frac{390\,828.1 + 438\,355.9 + \cdots + 553\,976.8}{6} 亿元$$

$$= \frac{240\,823.6}{5} 亿元 = 481\,646.52 亿元$$

$$\bar{b} = \frac{\sum b}{n} = \frac{746\,395.1 + 832\,035.9 + \cdots + 1\,015\,968.2}{6} 亿元$$

$$= \frac{45\,000\,213.5}{6} 亿元 = 900\,042.7 亿元$$

那么，该地区 2016 年—2020 年第三产业增加值占国内生产总值的平均比重为

$$\bar{c} = \frac{\bar{a}}{\bar{b}} = \frac{481\,646.52}{900\,042.7} \times 100\% = 51.51\%$$

（2）由两个时点序列对比所形成的相对数时间序列。时点序列有连续时点序列和间断时点序列之分，而每一种又有间隔相等和间隔不等两种情况，因此，平均发展水平的具体计算方法也不一样。我们根据掌握的不同时点序列资料，利用计算相对数时间序列的基本方法进行计算。

【例 5-10】 某企业生产工人数占全部职工人数的比重如表 5-8 所示。

表 5-8　某企业生产工人数占全部职工人数的比重

时间	1月1日	2月1日	3月1日	4月1日
生产工人数 a（人）	350.00	380.00	400.00	410.00
全部职工人数 b（人）	428.00	450.00	440.00	443.00
生产工人占全部职工人数的比重 c（%）（$c=a/b$）	81.78	84.44	90.91	92.55

求第一季度生产工人数占全部职工人数的平均比重。

表中 a、b 序列均为间隔相等的间断时点序列，用首末折半法计算平均发展水平。即

$$\bar{a} = \frac{\frac{a_1}{2} + a_2 + \cdots + a_{n-1} + \frac{a_n}{2}}{n-1} = \frac{\frac{350}{2} + 380 + 400 + \frac{410}{2}}{4-1} 人 = \frac{1\,160}{3} 人 = 386.67 人$$

$$\bar{b} = \frac{\frac{b_1}{2} + b_2 + \cdots + b_{n-1} + \frac{b_n}{2}}{n-1} = \frac{\frac{428}{2} + 450 + 440 + \frac{443}{2}}{4-1} 人 = \frac{1\,325.5}{3} 人 = 441.83 人$$

所以

$$\bar{c} = \frac{\bar{a}}{\bar{b}} = \frac{386.67 人}{441.83 人} \times 100\% = 87.52\%$$

该企业第一季度生产工人占全部职工人数的平均比重为 87.52%。

如果分子、分母序列是其他形式的时点序列，我们应采用相应的公式计算出各自的平均

发展水平,然后把两个平均发展水平进行对比,求出相对数时间序列的平均发展水平。

(3) 由一个时期序列和一个时点序列对比所形成的相对数时间序列。

【例 5-11】 根据某企业上半年总产值和月初工人数资料(见表 5-9),计算上半年的平均月劳动生产率。

表 5-9　某企业上半年总产值和月初工人数资料

月　份	总产值(万元)	月初工人数(人)
1 月	20	100
2 月	22	105
3 月	30	108
4 月	40	109
5 月	36	110
6 月	36	112
7 月	—	114

表 5-9 中,每月总产值是时期序列,每月月初工人数是时点序列,上半年的平均月劳动生产率为

$$\bar{c} = \frac{\sum_{i=1}^{6} a_i}{\frac{b_1}{2} + b_2 + b_3 + \cdots + b_6 + \frac{b_7}{2}}$$

$$= \frac{20 + 22 + 30 + 40 + 36 + 36}{\frac{100}{2} + 105 + 108 + 109 + 110 + 112 + \frac{114}{2}} \text{万元/人}$$

$$= \frac{184}{651} \text{万元/人} = 0.283 \text{ 万元/人}$$

在实际应用中,常常是先将时点指标按时点指标求序时平均数的计算方法,计算出各个时期的平均数,这样处理之后,分子和分母就都可按时期序列计算序时平均数的方法计算平均数了。将分子、分母计算出的平均值相比便得所求。

3. 根据平均数时间序列计算平均发展水平

平均数时间序列同相对数时间序列一样,一般也是由两个绝对数时间序列相对比形成的。因此,计算平均发展水平的方法也与相对数时间序列的方法相似,在此不再赘述。

(六) 平均增长量

平均增长量是一段时期内各逐期增长量的平均数,表明现象在一段时期内平均每期增长的绝对数量。根据掌握资料的不同,计算公式为

$$\text{平均增长量} = \frac{\text{各逐期增长量之和}}{\text{逐期增长量个数}} = \frac{\text{最后一期累计增长量}}{\text{时间数列项数} - 1}$$

【例 5-12】 根据表 5-2 中的资料,计算某地 2011 年—2021 年化肥销售量的年平均增长量。

$$\text{年平均增长量} = \frac{20.02 + 35.25 + \cdots + 20.20 + 23.80}{10} \text{万 t} = \frac{155.60}{11 - 1} \text{万 t} = 15.56 \text{ 万 t}$$

(七) 平均发展速度

平均发展速度是各环比发展速度的平均数,表明现象在一个较长时期中逐年平均发展变化的程度。

在实际工作中,计算平均发展速度通常有水平法和方程法两种方法。水平法由于使用方便而应用广泛。方程法因需解高次方程,计算时要借助事先算好的平均发展速度查对表而使用受到限制。

1. 水平法（几何平均法）

其计算公式为

$$\bar{x} = \sqrt[n]{x_1 x_2 \cdots x_n} = \sqrt[n]{\prod x} \tag{5-7}$$

式中,$\bar{x}$ 表示平均发展速度;$x_i(i=1,2,\cdots,n)$ 表示各时期环比发展速度;n 表示环比发展速度的个数。

环比发展速度的连乘积为定基发展速度。因此,平均发展速度也可直接由定基发展速度计算,即

$$\bar{x} = \sqrt[n-1]{\frac{a_n}{a_1}} \tag{5-8}$$

式中,a_n 表示期末发展水平;a_1 表示期初发展水平;n 表示时期个数。

【例 5-13】 根据表 5-2 中的资料,计算 2011 年—2021 年我国某地化肥销售量的年平均发展速度和年平均增长速度。

年平均发展速度：

$$\bar{x} = \sqrt[10]{1.3895 \times 1.4936 \times \cdots \times 1.0235 \times 1.1239 \times 1.1299} \times 100\% = 114.95\%$$

或

$$\bar{x} = \sqrt[n-1]{\frac{a_n}{a_1}} = \sqrt[10]{\frac{207.00}{51.40}} \times 100\% = 114.95\%$$

年平均增长速度 = 年平均发展速度 - 100% = 114.95% - 100% = 14.95%

应用水平法计算平均发展速度,其基本思路是：从最初发展水平 a_1 出发,每期按平均发展速度 $\bar{x}$ 发展,经过 n 期后将达到最末发展水平 a_n,即 $a_n = a_1 \bar{x}^{n-1}$。因此,用水平法计算的平均发展速度推算出的最后一期的数值和最后一期的实际指标数值是一致的。从计算公式可以看出,按水平法计算的平均发展速度,实际上只与期初发展水平 a_1 和期末发展水平 a_2 有关,而与其他时期水平无关。这一特点表明,水平法旨在考察现象在最后一期所达到的发展水平。我们还可以通过 $a_n = a_1 \bar{x}^{n-1}$ 这一方法对未来现象达到的水平进行近期预测。

【例 5-14】 2005 年我国人口数为 13.075 6 亿人,以后各年若按 6‰ 的速度递增,则到 2015 年,我国人口数将达到多少?

已知 $a_1 = 13.0756$ 亿人,$\bar{x} = 1 + 6‰ = 1 + 0.006 = 1.006$,$n-1 = 2015 - 2005 = 10$。

因为 $\bar{x} = \sqrt[n-1]{\dfrac{a_n}{a_1}}$,所以 $a_n = a_1 \bar{x}^{n-1} = 13.0756$ 亿人 $\times 1.006^{10} = 13.8817$ 亿人

即若按每年6‰的速度递增，到2015年我国人口总数将达到13.881 7亿人。

需要注意的是，利用平均发展速度预测未来的发展水平，只能做近期预测，而不可以做远期预测。因为这种预测方法只考虑了速度因素对现象发展的影响。而往往现象在长期发展变化中，要受到各种随机性或非随机性因素的影响。因此，远期预测只考虑速度这一个因素的影响是远远不够的。

2. 方程法（平均法）

应用方程法计算平均发展速度时，我们先假设 $\bar{x}$ 为应用此法求得的平均发展速度指标，这样根据 $\bar{x}$ 计算逐年发展水平如下：

$$第一年 = a_0 \bar{x}$$
$$第二年 = a_0 \bar{x}\bar{x} = a_0 \bar{x}^2$$
$$第三年 = a_0 \bar{x}^2 \bar{x} = a_0 \bar{x}^3$$
$$\vdots$$
$$第 n-1 \text{ 年} = a_0 \bar{x}^{n-2}\bar{x} = a_0 \bar{x}^{n-1}$$
$$第 n \text{ 年} = a_0 \bar{x}^{n-1}\bar{x} = a_0 \bar{x}^{n}$$

即

$$a_0 \bar{x} + a_0 \bar{x}^2 + a_0 \bar{x}^3 + \cdots + a_0 \bar{x}^{n-1} + a_0 \bar{x}^n$$
$$= a_1 + a_2 + a_3 + \cdots + a_{n-1} + a_n$$
$$= a_0(\bar{x}^n + \bar{x}^{n-1} + \cdots + \bar{x}^3 + \bar{x}^2 + \bar{x}^1)$$
$$= \sum_{i=1}^{n} a_i$$

即

$$\bar{x}^n + \bar{x}^{n-1} + \cdots + \bar{x}^3 + \bar{x}^2 + \bar{x}^1 - \frac{\sum_{i=1}^{n} a_i}{a_0} = 0$$

解这个高次方程式，求出 $\bar{x}$ 的正根，就是我们所要求得的平均发展速度（$\bar{x}$）。因此，这种方法叫作方程法或代数平均法。

如果我们分析的历史资料是时期序列，而所关心的是这种现象在整个研究时期发展水平达到的累计总和，就可应用方程法来计算平均发展速度。

（八）平均增长速度

平均增长速度表明现象在一个较长时期中逐期平均增长变化的程度。它可以直接由平均发展速度计算得出。

$$平均增长速度 = 平均发展速度 - 100\%$$

三、使用时间序列分析指标应注意的问题

1. 注意将速度指标与水平指标结合使用

将速度指标与水平指标结合使用，可以使我们对现象数量特征的认识更客观、更深刻。将速度指标与水平指标结合起来分析，通常是计算每增长1%所包含的绝对值。增长1%绝对值表示速度每增长1%而增加的绝对数量。其计算公式为

$$增长1\%绝对值 = \frac{逐期增长量}{环比增长速度 \times 100} = \frac{基期水平}{100}$$

【例 5-15】 新中国成立初期和 2008 年的钢铁产量资料如表 5-10 所示。

表 5-10 钢铁产量资料

年 份	1949 年	1950 年	2008 年
钢铁产量/万 t	15.8	61	50 200

如果我们单纯从增长速度指标进行分析，可以得出 1950 年钢铁产量为 1949 年的 386%，增长速度为 286%，这是由当时的基点低所致。我们不但要看其速度指标，还需要将速度与水平指标结合起来进行分析。

计算增长 1% 绝对值：

$$1950 年增长1\%绝对值 = \frac{15.8}{100} 万 t = 0.158 万 t$$

$$2009 年增长1\%绝对值 = \frac{50\ 200}{100} 万 t = 502 万 t$$

计算结果表明，1950 年钢铁产量比 1949 年每增长 1%，只增长了 0.158 万 t，而 2009 年每增长 1%，就增长了 502 万 t 钢铁。

2. 时间序列中指标出现 0 或负数时，不宜计算发展速度

例如，某企业连续五年的利润额分别为 5 万元、2 万元、0 万元、-3 万元、2 万元，对这一时间序列计算发展速度，要么不符合数学公理，要么无法解释其实际意义。在这种情况下，适宜直接用绝对数进行分析。

第二节 长期趋势的测定

一、时间序列的分解

时间序列各项发展水平的变化是由许多复杂因素共同作用的结果。不同性质的因素所起的作用不同，它们变动的形式也不同。通常时间序列变动（Y）可以分解为以下几种变动形式：

1. 长期趋势（T）

长期趋势是时间序列变动的基本形式。它是现象在一段较长的时间内，由于普遍的、持续的、决定性的基本因素的作用，使发展水平沿着一个方向上升或下降的变动趋势。

2. 季节变动（S）

季节变动是指时间序列在一年内受自然季节变换和社会习俗等因素影响而发生的有规律的周期性波动。例如，农业生产受季节变化影响出现的春耕、夏锄、秋收和冬储波动；铁路、公路等客运量在一年中的旅游旺季出现高峰等。其周期长度可以是日、周、月、季度等。

3. 循环变动（C）

循环变动是指社会经济发展中的一种近乎规律性的盛衰交替变动。其成因比较复杂，周期在一年以上，长短不一。

4. 不规则变动（I）

不规则变动也称剩余变动或随机变动，它是时间序列中除了上述三种变动之外其他的一种变动，是各种偶然的（或突发性的）因素，如自然灾害、战争以及无法预料和具体解释的随机性因素影响的结果。不规则变动与时间无关。

时间序列的几种形态如图 5-1 所示。

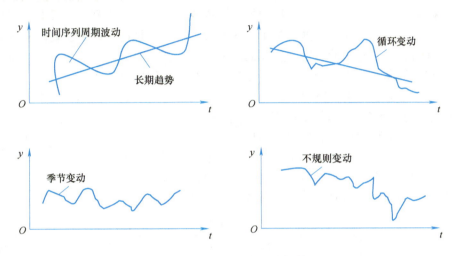

图 5-1　时间序列的几种形态

把这些影响因素同时间序列的关系用一定的数学关系式描述出来，就构成了时间序列的分解模型。按四种因素对时间序列的影响方式不同，时间序列可分解为多种构成模型。其中最常用的是乘法模型。即

$$y = TSCI$$

式中，y、T 是总量指标；S、C、I 是比率，用百分数表示。

乘法模型的基本假设是：假定这些因素是因不同原因形成的，但相互之间存在一定的关系，即它们对事物发展的影响是相互的。因此，时间序列中各观察值表现为各种因素的乘积。

我们这里要做的就是将四个因素的变动分离出来，研究各自变动的规律性。其中最主要的就是长期趋势和季节变动测定。

本节主要介绍长期趋势的分析方法。长期趋势是时间序列的重要形态，它是现象在较长时期持续发展变化的一种趋向和状态。通过测定与分析现象发展的长期趋势，可以掌握其活动的规律性，并对未来的发展趋向做出判断。此外，测定长期趋势的另一个目的就是将其从时间序列中消除，以便观察与测定其他各种影响因素的变动。

二、长期趋势的测定方法

（一）随手画线法

所谓随手画线法，是指按照原序列的趋势走向，画一条最适当的线。

具体做法如下：在以时间为横轴、指标值为纵轴的直角坐标系上画散点图，然后连点成

折线，直观上观察其趋势走向，大致画一条直线。这条直线就代表着长期趋势，表明该序列的发展方向是上升的还是下降的。

这种方法显然十分粗略，趋势线的位置会因人因时而异，但只要认真地去观察、去画，误差也不会太大，作为一种简易快捷的办法是可取的。

（二）移动平均法

所谓移动平均法，是指从序列的首项开始，按一定项数求时序平均数，逐项移动，边移边平均，这样就可以得到一个由这些移动平均数构成的新的时间序列。由于取了平均数，就意味着把一个个小总体内的差异抽象掉了，从图形上看，则是把一些由次要因素造成的不规则变动加以修匀了，如此，动态序列整体的趋势走向也就更明显了。一般来说，所选项数越多，修匀的作用越大，曲线就越平滑；项数越少，修匀的作用就越小。

如果序列中有自然周期，就以周期长度作为移动平均的项数。例如，是季度资料，就取4项移动平均；是月度资料，就取12项移动平均；是旬资料，则可取3为项数。如果没有自然周期，则使用奇数项最好。这样做的目的是保证平均值能与时间对应上，从而形成一对对数值，便于绘在直角坐标系上。例如，三项取平均，则平均后的数值与第二项的位置相对应；五项取平均，则平均后的数值与第三项的位置相对应。

【例5-16】 某企业历年固定资产总额资料如表5-11所示。

表5-11 某企业历年固定资产总额资料　　　　　　（单位：万元）

年 份	固定资产总额	三项移动平均	五项移动平均
2009年	52	—	—
2010年	57	55.0	—
2011年	56	60.3	59.6
2012年	68	63.0	63.6
2013年	65	68.3	66.2
2014年	72	69.0	70.4
2015年	70	73.0	74.4
2016年	77	78.3	80.2
2017年	88	86.3	84.8
2018年	94	92.3	88.8
2019年	95	93.0	93.0
2020年	90	94.3	—
2021年	98	—	—

现以 $a_1, a_2, a_3, \cdots, a_n$ 代表不同年份的固定资产总额，$\bar{a}_1, \bar{a}_2, \bar{a}_3, \cdots, \bar{a}_{n-1}$ 代表移动平均后的固定资产总额，n 代表移动的项数。采用三项移动平均，则计算公式为

$$\bar{a}_i = \frac{a_{i-1} + a_i + a_{i+1}}{3}$$

例如：

$$\bar{a}_2 = \frac{a_1 + a_2 + a_3}{3} = \frac{52 + 57 + 56}{3} \text{万元} = 55 \text{万元}$$

$$\bar{a}_3 = \frac{a_2+a_3+a_4}{3} = \frac{57+56+68}{3} \text{万元} = 60.3 \text{万元}$$

$$\vdots$$

$$\bar{a}_{12} = \frac{a_{11}+a_{12}+a_{13}}{3} = \frac{95+90+98}{3} \text{万元} = 94.3 \text{万元}$$

采用五项移动平均，则计算公式为

$$\bar{a}_i = \frac{a_{i-2}+a_{i-1}+a_i+a_{i+1}+a_{i+2}}{5}$$

例如：

$$\bar{a}_3 = \frac{a_1+a_2+a_3+a_4+a_5}{5} = \frac{52+57+56+68+65}{5} \text{万元} = 59.6 \text{万元}$$

$$\bar{a}_4 = \frac{a_2+a_3+a_4+a_5+a_6}{5} = \frac{57+56+68+65+72}{5} \text{万元} = 63.6 \text{万元}$$

$$\vdots$$

$$\bar{a}_{11} = \frac{a_9+a_{10}+a_{11}+a_{12}+a_{13}}{5} = \frac{88+94+95+90+98}{5} \text{万元} = 93.0 \text{万元}$$

如果采用偶数项，则平均后数值的位置在两个时间段的中间，为了整齐和便于绘图，必须再进行一次二项移正平均。

【例 5-17】 某种产品各个时期在某地区的销售资料如表 5-12 所示。用移动平均法测定该序列的长期趋势。

表 5-12 某种产品各个时期在某地区的销售资料　　　　　　　（单位：万件）

时间	顺序		销售量	四项移动平均	二项移正平均
2016 年	第三季度	1	126		—
	第四季度	2	36	—	—
2017 年	第一季度	3	10	22.0	22.25
	第二季度	4	16	22.5	22.50
	第三季度	5	28	22.5	22.75
	第四季度	6	36	23.0	23.50
2018 年	第一季度	7	12	24.0	24.50
	第二季度	8	20	25.0	26.00
	第三季度	9	32	27.0	27.50
	第四季度	10	44	28.0	28.50
2019 年	第一季度	11	16	29.0	29.75
	第二季度	12	24	30.5	31.25
	第三季度	13	38	32.0	33.75
	第四季度	14	50	35.75	36.75
2020 年	第一季度	15	30	38.0	—
	第二季度	16	34	—	—

该动态序列的每一个数值都是季度的销量。四个季度为一个周期，所以以四项为长度进

行移动平均。

首先，将第一至第四项简单平均：

$$\frac{a_1+a_2+a_3+a_4}{4}=\frac{26+36+10+16}{4}万件=22\,万件$$

作为平均后的第一项置于四个数值中间，也就是在季度顺序第二项与第三项中间；然后，下移一项取平均，即第二至第五项简单平均：

$$\frac{a_2+a_3+a_4+a_5}{4}=\frac{36+10+16+28}{4}万件=22.5\,万件$$

作为平均后的第二项，放在四个数值中间，也就是季度顺序第二项与第四项中间；以此类推，直到算出最后一个移动平均数：

$$\frac{38+50+30+34}{4}万件=38\,万件$$

然后进行移正平均。由于项数取的是偶数项，所以以上计算结果均与时间错过半期，需要移正。可取二项进行移正平均。例如，（22.00+22.50）万件/2＝22.25万件，放在两者中间，与原序列季度顺序第三项对齐；（22.5+22.5）万件/2＝22.5万件，与原序列季度顺序第四项对齐；以下以此类推。经过二次移正平均形成的新的动态序列，比原序列少四项。新序列的数值一个比一个大，明显表现出现象的发展趋势。

（三）**数学模型法**（趋势线配合法）

这种方法的要点在于找到最接近动态序列的理论曲线的数学形式，它表现为一个方程式。换言之，就是给动态序列配一个适当的方程式。如果需要知道各期理论值是多少，只需将时间顺序逐一代入方程即可。将计算结果排列出来，便是那条理论动态序列——它能够反映长期趋势。把所有符合这个方程式的所有点画在直角坐标系上连点成线，便是所要配合的趋势线。

动态序列的趋势走向是多种形式的，有些是波浪式上升的或下降的；有些是呈现两头高、中间低的状态；还有的是开始时呈上升趋势，到一定程度后又开始下降等。因此，所要配合的方程式有多种，可能是直线趋势方程，也可能是曲线趋势方程。这里着重介绍直线趋势方程与曲线趋势方程中的指数曲线方程。

1. 直线趋势的测定

当现象发展趋势为直线时，可测定直线长期趋势。最常用的方法是最小二乘法，求直线趋势方程的准则是使实际观察值与理论值离差二次方之和为最小，即使 $\sum(y-y_T)^2$ 取最小值。此即 $\sum(y-a-bt)^2$ 取最小值。式中，a、b 是待定参数（y、t 是已知的），现令

$$Q=\sum(y-a-bt)^2$$

根据多元函数求极值的定理，使 Q 取最小值的 a、b 应满足

$$\begin{cases}\dfrac{\partial Q}{\partial a}=2\sum(y-a-bt)\cdot(-1)=-2\sum(y-a-bt)=0\\[2pt]\dfrac{\partial Q}{\partial a}=2\sum(y-a-bt)\cdot(-t)=0\end{cases}$$

整理得
$$\begin{cases} \sum y - na - b\sum t = 0 \\ \sum ty - a\sum t - b\sum t^2 = 0 \end{cases} \quad (5\text{-}9)$$

这是关于 a、b 的二元一次线性方程组,解之得

$$\begin{cases} b = \dfrac{n\sum ty - \sum t \sum y}{n\sum t^2 - (\sum t)^2} \\ a = \bar{y} - b\bar{t} \end{cases} \quad (5\text{-}10)$$

式(5-10)就是最小二乘法求直线趋势方程的参数公式。

【例 5-18】 仍使用表 5-12 中的资料,用数学模型法测定该序列的长期趋势(见表 5-13)。

表 5-13 直线趋势的测定

时间顺序 t_i	销售量 y_i(万件)	$t_i y_i$	t_i^2
1	26	26	1
2	36	72	4
3	10	30	9
4	16	64	16
5	28	140	25
6	36	216	36
7	12	84	49
8	20	160	64
9	32	288	81
10	44	440	100
11	16	176	121
12	24	288	144
13	38	494	169
14	50	700	196
15	30	450	225
16	34	544	256
合计	136	452	4 172	1 496

其中,t、n、y 在实际动态序列中都可以找到,代入式中求出 a、b,即可得到直线趋势方程。下面以表 5-13 为例进行说明,计算过程数列于表 5-13 中。

将表 5-13 中有关数据代入式(5-10),得

$$\begin{cases} b = \dfrac{16 \times 417\,2 - 136 \times 452}{16 \times 149\,6 - 136^2} = 0.970\,6 \\ a = \dfrac{452}{16} - 0.970\,6 \times \dfrac{136}{16} = 20 \end{cases}$$

直线趋势方程为

$$y_T = 20 + 0.970\,6t$$

2. 曲线趋势的测定

指数曲线方程适合于按一定的增减速度增减的动态序列，即等比增长序列。判断标准是序列的各期环比增长速度大体相同。这种序列因其基数越来越大，所以按同一速度的增长量也就越来越大，从而使得其图形呈上凹形状。

指数曲线方程的一般形式为

$$y_T = ab^t$$

式中，a、b 表示待定参数；t 表示时间；y_T 表示理论值。

参数 a、b 的计算有以下两种方法：

（1）几何平均数法。指数方程 $y_T = ab^t$ 与平均发展速度公式 $a_n = a_0 \bar{x}^n$ 同型。可把 y_T 看作最末水平 a_n，a 看作最初水平 a_0，b 看作平均发展速度 $\bar{x}$，t 看作项数 n。

【例 5-19】 某企业 2016 年—2021 年的产品销售利润资料如表 5-14 所示。

表 5-14 某企业 2016 年—2021 年的产品销售利润资料

年　份	产品销售利润（万元）	环比增长速度（%）
2016 年	53	—
2017 年	62	16.9
2018 年	73	17.7
2019 年	85	16.4
2020 年	101	18.8
2021 年	118	16.8

由于

$$\bar{x} = \sqrt[n]{\frac{a_n}{a_0}} = \sqrt[5]{\frac{118}{53}} = 117.36\%$$

所以

$$a = 53，b = 1.1736$$

指数曲线方程为

$$y_T = 53 \times 1.1736^t$$

（2）对数法。指数曲线方程的对数式是直线方程，即对 $y_T = ab^t$ 取对数后，得到 $\lg y_T = \lg a + t\lg b$，可以考虑先用最小二乘法测定对数直线方程式中的参数 $\lg a$ 和 $\lg b$，然后查反对数表还原出 a、b，最后代入指数曲线方程 $y_T = ab^t$ 中。

【例 5-20】 以表 5-14 为例说明之，中间过程的计算结果列于表 5-15 中。

表 5-15 对数法的计算结果

年　份	t	利润 y_i（万元）	环比增长速度（%）	$\lg y_i$	$t\lg y_i$	t^2
2016 年	1	53	—	1.7243	1.7243	1
2017 年	2	62	16.9	1.7924	3.5848	4
2018 年	3	73	17.7	1.8633	5.5899	9
2019 年	4	85	16.4	1.9294	7.7176	16
2020 年	5	101	18.8	2.0043	10.0215	25
2021 年	6	118	16.8	2.0719	12.4314	36
合计	21	—	—	11.3856	41.0695	91

依式（5-10）有

$$\begin{cases} \lg b = \dfrac{n\sum t(\lg y_i) - \sum t \sum (\lg y_i)}{n\sum t^2 - (\sum t)^2} \\ \lg a = \lg \bar{y}_i - (\lg b)\bar{t} \end{cases}$$

将数据代入解之得

$$\begin{cases} \lg b = \dfrac{6 \times 41.0695 - 21 \times 11.3856}{6 \times 91 - 21^2} = 0.0697 \\ \lg a = \dfrac{11.3856}{6} - 0.0697 \times \dfrac{21}{6} = 1.6537 \end{cases}$$

查反对数表可求出

$$a = 45.05, \quad b = 1.1741$$

于是指数曲线方程为

$$y_T = 45.05 \times 1.1741^t$$

第三节　季节变动的测定

一、测定季节变动的意义与作用

社会经济现象从长期来看是有规律的、不断发展的，有些现象即使在一年中也存在着某种规律性的变化。例如，农业生产中的用工量，会因季节的变化有农闲农忙之分；奶、蛋、蔬菜的产量，有淡季、旺季之分，并且每年何时为忙、旺季，何时为闲、淡季，大体差不多。农业生产的季节性还会影响农产品加工业生产的季节性，如蔗糖的生产就主要在秋冬两季。另外，商业的农产品购销，交通部门的农产品货运量等也都随之表现为季节性变化。其他如原盐的生产、水力发电、旅游人数、客房利用率等也受季节性因素影响。在日常生活中，人们对消费品需求的季节性同样十分明显，如商业部门雨具的销售集中于雨季；衬衣、凉帽、凉鞋的销售量以 7 月居多。这种因自然界季节的变化而发生的有规律性的变动就是季节变动。目前，"季节变动"一词的意义已经超过了季节的范围，可以把一天内、一周内、一月内、一季或一年内的有一定规律性的周期变动，都称为季节变动。例如，城市公共汽车的乘客人数在上下班时间多，而其他时间少；公园的门票收入节假日多，平时较少等。

季节性的变化，有时会给社会生产和人们生活带来不良影响，如生产高峰季节会使设备超负荷运转，而生产高峰季节过后，又会使设备和劳动力不能得以充分利用。我们研究这种变动的目的就在于认识它，以克服它的不良影响。

季节变动的作用主要有以下两个方面：一方面是掌握了季节变动的规律，就便于指导日常的生产经营工作。例如，商业部门可依商品销售的季节变动情况，及时组织应季商品的货源，保证供应、防止积压；工业部门依变动规律，可在生产高峰季节到来之前，做好生产准备，搞好设备维修、技术培训及原材料和产品的储备等。另一方面是可依季节变动规律进行经济预测。

二、季节变动的测定方法

测定季节变动的方法也有两种：一种是不考虑长期趋势的影响，直接根据原始的时间序列来计算，这要用到按月（季）平均法；另一种是将原始的动态序列中的长期趋势影响剔除以后再进行计算，需要用到移动平均趋势剔除法。不论采用哪种方法，都需要具备连续若干年、至少是3年的各月（季）发展水平的资料，这样才可能准确地观察出规律性来。资料少了则会带有偶然性。

1. 按月（季）平均法

按月（季）平均法又称同期平均法。如果拥有每个月的数值就按月平均，观察现象随着月份的改变如何变化。如果是季度的资料，就按季平均。其步骤如下：

第一步，各年同月（季）的数值加总，求出若干年内同月的平均数，记为 $\bar{x}_i$。

第二步，若干年内全部月（季）的数值加总，除以总的月（季）数，求出总的月（季）平均数，记为 $\bar{x}$。

第三步，将同月（季）的平均数与总的月（季）平均数相除，就得到各月（季）的季节比率（又称季节指数）。

第四步，将各季节比率相加。如果是月度资料，则合计数应是1 200%；如果是季度资料，则季节比率之和应该为400%。即若设各季度平均数分别为 $\bar{x}_1$、$\bar{x}_2$、$\bar{x}_3$、$\bar{x}_4$，$\bar{x}$ 是它们的总平均数，则季节比率分别为

$$\frac{\bar{x}_1}{\bar{x}}, \frac{\bar{x}_2}{\bar{x}}, \frac{\bar{x}_3}{\bar{x}}, \frac{\bar{x}_4}{\bar{x}}$$

于是

$$\frac{\bar{x}_1}{\bar{x}}+\frac{\bar{x}_2}{\bar{x}}+\frac{\bar{x}_3}{\bar{x}}+\frac{\bar{x}_4}{\bar{x}}=\frac{\sum_{i=1}^{4}\bar{x}_i}{\bar{x}}=\frac{\sum_{i=1}^{4}\bar{x}_i}{\frac{\sum_{i=1}^{4}\bar{x}_i}{4}}=400\%$$

类似上述推算，如果是月度资料则会有季节比率之和为1 200%。

由于计算误差的影响，季节比率之和有时不等于400%（或者1 200%），这时就需要加以调整。调整办法是将各季节比率乘以调整系数。

$$调整系数=\frac{400\%（或1\ 200\%）}{各季节比率之和}$$

$$调整后的季节比率=\frac{原季节比率}{各季节比率之和}\times 400\%（或1\ 200\%）$$

$$=原季节比率\times 调整系数$$

【例 5-21】 以表5-12为例，求季节比率。假设2021年全年销售量为140万件，预测每个季度的销售量。

第一步，将资料重新排列，使同一季度的资料上下对齐（见表5-16）。从表5-16中可见，几年中，同一季度的销售量是有区别的，在不考虑长期趋势的情况下，数值间的差别是偶然性因素影响的结果，求和取平均值后，就把这种不规则的变动去掉了，可以作为季度的

代表水平。17万件、23.5万件、31万件、41.5万件这四个平均值之间的差别则可看作受季节因素影响的结果。

表 5-16　资料重新排列后的计算结果　　　　　　　　　　　（单位：万件）

年　　份	第一季度	第二季度	第三季度	第四季度	合　　计
2016 年	—	—	26	36	62
2017 年	10	16	28	36	90
2018 年	12	20	32	44	108
2019 年	16	24	38	50	128
2020 年	30	34	—	—	64
合计	68	94	124	166	452
季平均	17	23.5	31	41.5	28.25
季节比率（%）	60.18	83.19	109.73	146.90	400

第二步，求出16个季度的总的季平均数：

$$\frac{452 \text{万件}}{16} = 28.25 \text{万件}$$

或者　　　　　　　　（17+23.5+31+41.5）万件/4 = 28.25 万件

第三步，求出季节比率。例如，第一季度季节比率：

$$\frac{17 \text{万件}}{28.25 \text{万件}} \times 100\% = 60.18\%$$

第四步，加总季节比率。本例题季节比率之和为400%，不用调整。

计算结果表明，这种商品的销售量受季节变动的影响，第四季度销售量最大，第一季度销售量最小。那么，以后进货时要注意调整货源，既要保证供应，又要防止积压。

2021年全年预计是140万件，所以每个季度平均应为140万件/4 = 35万件，但是由于该商品的销售受季节因素的影响，因此应在平均数的基础上考虑季节因素的作用。具体做法是将每季度的数值（此处表现为平均值）乘以相应的季节比率，即为预测的销售量。

第一季度：35万件×60.18% = 21.06万件

第二季度：35万件×83.19% = 29.12万件

第三季度：35万件×109.73% = 38.41万件

第四季度：35万件×146.90% = 51.42万件

按月（季）平均法计算季节比率，其优点是计算简便。其不足之处是所得季节比率有时不够精确。因为从理论上来说，在计算季节比率所依据的月（季）的平均数时，各年同月的数值应起同等重要的作用。但是在趋势上升较快时，后期各月（季）水平与前期同月（季）水平相比会有较大提高，这样势必会造成月平均数中后期各月数字比前期同月数字起较大作用。为了弥补此缺点，可以先剔除长期趋势后再测定季节变动。这就是下面的移动平均趋势剔除法。

2. 移动平均趋势剔除法

移动平均趋势剔除法的步骤如下：

第一步，根据各年的按月（季）的数据 y_i，用移动平均法求出长期趋势 y_T。

第二步，将实际数值除以趋势值，得 y_i/y_T，以消除长期趋势的影响，只剩下季节变动与不规则变动。

第三步，把 y_i/y_T 按月（季）排列，取每年同月（季）的平均，消除不规则变动即为季节比率。

第四步，加总季节比率，其总和应为400%（或1 200%）。如果不等，则需要调整。

【例5-22】 仍以表5-12为例，用移动平均趋势剔除法求季节比率。

首先，根据5年的各季度资料进行四项移动平均，求出长期趋势值 y_T（见表5-17），再将实际数值除以趋势值，即 y_i/y_T，剔除长期趋势影响，只剩下季节因素及不规则变动因素对序列的影响。把 y_i/y_T 按季排列后（见表5-18），可见剔除长期趋势影响后，各年同季的百分比之间差别不是很大，取其简单平均数，即能消除不规则变动因素的影响。例如，第一季度季节比率为

$$\frac{44.94\% + 48.98\% + 53.78\%}{3} = 49.23\%$$

其余类推。

将各季度季节比率求和：

$$49.23\% + 74.94\% + 117.34\% + 147.88\% = 389.39\%$$

此和不等于400%，需要调整。例如，第一季度调整方法为

$$第一季度调整后的季节比率 = \frac{第一季度原季节比率}{各季原季节比率之和} \times 400\%$$

$$= \frac{49.23\%}{389.39\%} \times 400\% = 50.57\%$$

其余类推。

表5-17 移动平均趋势剔除法

年 份	季 度	销售量 y_i（万件）	四项移动平均趋势值 y_T（万件）	趋势值的剔除 y_i/y_T（%）
2017年	第一季度	10	22.25	44.94
	第二季度	16	22.50	71.11
	第三季度	28	22.75	123.08
	第四季度	36	23.50	153.19
2018年	第一季度	12	24.50	48.98
	第二季度	20	26.00	76.92
	第三季度	32	27.50	116.36
	第四季度	44	28.50	154.39
2019年	第一季度	16	29.75	53.78
	第二季度	24	31.35	76.80
	第三季度	38	33.75	112.59
	第四季度	50	36.75	136.05

表 5-18 移动平均趋势剔除法季度比率计算表

年 份	第一季度	第二季度	第三季度	第四季度	合 计
2017 年	44.94%	71.11%	123.08%	153.19%	392.32%
2018 年	48.98%	76.92%	116.36%	154.39%	396.65%
2019 年	53.78%	76.80%	112.59%	136.05%	379.22%
合计	147.70%	224.83%	352.03%	443.63%	1 168.19%
平均	49.23%	74.94%	117.34%	147.88%	389.39%
季节比率	50.57%	76.98%	120.54%	151.91%	400.00%

第四节 循环变动和不规则变动的测定

一、循环变动的概念

循环变动是近乎规律性的、从低到高的、周而复始的变动。循环变动不同于长期趋势，它不是朝着单一方向持续运动，而是涨落相间的交替波动；它也不同于季节变动，季节变动有比较固定的规律，且变动周期大多为一年以内，而循环变动则无固定规律，变动周期在一年以上，且周期长短不一。

按周期长短不同，可将循环变动分为以下三种类型：

1. 大循环或长周期波动

这种循环变动主要是受重大技术突破或技术革命影响的结果，周期可长达 50 年左右。自西方工业革命以来，世界工业国家的经济已经历了三个大循环周期，现在正处于新一轮的技术革命时期。

2. 中循环或中周期波动

例如，西方资本主义国家的周期性经济衰退便是最典型的中循环波动。这种周期波动一般为 9~10 年，第二次世界大战以后，周期有逐渐缩短的趋势。造成这种波动的社会原因是资本主义的生产相对过剩和固定资产的大规模更新。

3. 小循环或短周期波动

这种周期一般为 3~5 年。造成这种短周期波动的原因主要是固定资产更新和周期性的技术变革。

研究循环变动的目的主要有两个：第一，通过对社会现象循环变动的测定，可以了解其变化的规律；第二，研究不同现象之间循环变动的内在联系，了解掌握市场信息，为产业部门和销售部门制定决策提供必要的依据。

二、循环变动的测定方法

测定循环变动较常用的方法有两种，即剩余法和直接法。

1. 剩余法

剩余法的基本思路是：从原时间序列中陆续或一次消除长期趋势和季节变动，剩下循环变动和不规则变动，然后再将结果进行移动平均，尽可能消除不规则变动成分，其所余结果即为循环变动值。循环变动以指数形式表示。其具体步骤如下：

（1）根据时间序列资料计算季节指数 S，并用原序列除以 S，求得一系列无季节变动资料。其公式为

$$\text{无季节变动资料} = \frac{TSCI}{S} = TCI$$

（2）计算长期趋势 T，并以无季节变动资料除以 T，以消除长期趋势，得到循环变动与不规则变动资料。其公式为

$$\text{循环变动与不规则变动资料} = \frac{TCI}{T} = CI$$

（3）对循环变动与不规则变动资料进行移动平均（如采用三项移动平均等），消除不规则变动，剩余结果便是循环变动指数。

【例 5-23】 已知某市近几年交通事故发生次数资料如表 5-19 所示。

表 5-19　某市交通事故发生次数循环变动分析表

年份	季度	时间序号 t	事故次数 y（次）①	季节指数 S（%）②	无季节变动资料 y/S（%）③=①÷②	趋势值 y_C ④	循环变动及不规则变动相对数 CI（%）⑤=③÷④	循环变动指数 C（%）⑥
2017 年	第一季度	1	102	162.56	62.75	75.35	83.28	—
	第二季度	2	62	90.24	68.71	75.67	90.80	84.22
	第三季度	3	30	50.24	59.71	75.99	78.58	90.25
	第四季度	4	75	96.96	77.35	76.31	101.36	97.44
2018 年	第一季度	5	140	162.56	86.12	76.63	112.38	100.05
	第二季度	6	60	90.24	66.49	76.95	86.41	102.33
	第三季度	7	42	50.24	83.60	77.27	108.19	102.53
	第四季度	8	85	96.96	87.67	77.59	112.99	102.68
2019 年	第一季度	9	110	162.56	67.67	77.91	86.86	101.09
	第二季度	10	73	90.24	80.90	79.23	102.11	96.37
	第三季度	11	39	50.24	77.63	79.55	97.59	95.75
	第四季度	12	65	96.96	67.04	79.87	83.94	100.12
2020 年	第一季度	13	150	162.56	92.27	79.19	116.52	107.59
	第二季度	14	87	90.24	96.41	79.51	121.26	117.49
	第三季度	15	46	50.24	91.56	79.83	114.69	112.11
	第四季度	16	78	96.96	80.45	80.15	100.37	—

将循环变动指数 C 绘成曲线图，如图 5-2 所示，便可看出该市 2017 年—2020 年各年交通事故次数的总体变动趋势是由上升到下降，再由上升到下降，即存在着两个不完全的短周期循环。

2. 直接法

如果对时间序列的分析只是为了测定循环变动，则可采用直接法。它是将每年各月（季）数值与上一年同月（季）数值对比，所得相对数可以大体消除季节变动和长期趋势的

影响，从而粗略地描述循环变动和不规则变动。其计算公式为

$$CI_{t,i} = \frac{y_{t,i}}{y_{t-1,i}} \quad (i=1,2,\cdots,12 \text{ 或 } i=1,2,3,4)$$

式中，$CI_{t,i}$ 表示第 t 年第 i 月（季）的循环变动和不规则变动相对数；$y_{t,i}$ 表示第 t 年第 i 月（季）的时间序列观察值。$y_{t-1,i}$ 表示第 $t-1$ 年第 i 月（季）的时间序列观察值。

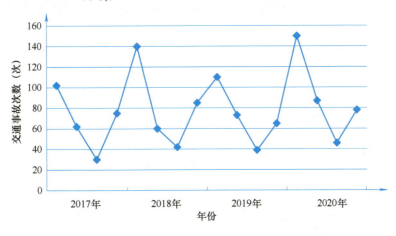

图 5-2　循环变动图

【例 5-24】　根据表 5-19 中的资料，运用直接法测定交通事故次数的循环变动（见表 5-20）。

表 5-20　交通事故次数循环变动计算表

年 份	季 度	交通事故次数 y（次）	循环变动及不规则变动相对数 CI（％）	年 份	季 度	交通事故次数 y（次）	循环变动及不规则变动相对数 CI（％）
2017 年	第一季度	102	—	2019 年	第一季度	110	79.57
	第二季度	62	—		第二季度	73	121.67
	第三季度	30	—		第三季度	39	92.86
	第四季度	75	—		第四季度	65	76.47
2018 年	第一季度	140	137.25	2020 年	第一季度	150	136.36
	第二季度	60	96.77		第二季度	87	119.18
	第三季度	42	140.00		第三季度	46	117.95
	第四季度	85	113.33		第四季度	78	120.00

采用直接法所得的循环变动和不规则变动相对数，一般很难描述出循环变动的真实状态。当序列趋势向上时，所得相对数均大于 100；当序列趋势向下时，所得相对数均小于 100。直接法所得结果只能表示一年同月（季）的相对变化，而不能表示真实的循环水平。特别是在循环期间与波动大小都不一致时，用直接法不能正确描述现象循环变动的真实状态。

三、不规则变动

不规则变动也称随机波动或意外波动，它是客观现象由于受某些随机或偶然因素的影响

而产生的偶然波动。

对不规则变动的测定也可采用上述的剩余法，即利用已经计算得到的循环变动与不规则变动资料（CI），除以循环变动指数 C。其公式为

$$不规则变动\ I = \frac{CI}{C}$$

【例 5-25】 根据表 5-20 中的数据，不规则变动的计算过程及其结果如表 5-21 所示。

表 5-21 交通事故不规则变动分析表

年 份	季 度	时间序号 t	循环变动及不规则变动相对数 CI（%）	循环指数 C（%）	不规则变动 I=CI/C（%）
2017 年	第一季度	1	83.28	—	—
	第二季度	2	90.80	84.22	107.81
	第三季度	3	79.58	90.25	88.18
	第四季度	4	101.36	97.44	104.02
2018 年	第一季度	5	112.38	100.05	112.32
	第二季度	6	86.41	102.33	84.44
	第三季度	7	109.19	102.53	106.50
	第四季度	8	112.99	102.68	110.04
2019 年	第一季度	9	86.86	101.19	85.84
	第二季度	10	103.41	96.37	107.31
	第三季度	11	99.83	95.75	104.26
	第四季度	12	85.00	100.12	84.90
2020 年	第一季度	13	116.52	107.59	108.30
	第二季度	14	121.26	117.49	103.21
	第三季度	15	114.69	112.11	102.30
	第四季度	16	100.37	—	—

从上述数据来看，该市交通事故次数的发生有一定规律，但随机性的偶然因素影响也较大。因此，要充分考虑一些偶然因素的影响作用，加以防范，切实做到安全行车，安全行路。

第五节　课 程 实 验

一、用 Excel 实现移动平均计算

打开 Excel，将年份和固定资产总额的数据输入 Excel 表格中，如图 5-3 所示。

计算移动平均数的步骤如下：

（1）计算三年移动平均数。在 C3 单元格输入公式"=AVERAGE（B2:B4）"，然后将公式复制到 C4:C13 单元格，结果见图 5-4 中的 C 列。

（2）计算五年移动平均数。在 D4 单元格输入公式"=AVERAGE（B2:B6）"，然后将公式复制到 D5:D12 单元格，结果见图 5-4 中的 D 列。

年份	固定资产总额
2002	52
2003	57
2004	56
2005	68
2006	65
2007	72
2008	70
2009	77
2010	88
2011	94
2012	95
2013	90
2014	98

图 5-3　数据工作表

年份	固定资产总额		三项移动平均	五项移动平均
2002	52			
2003	57		55	
2004	56		60.33333333	59.6
2005	68		63	63.6
2006	65		68.33333333	66.2
2007	72		69	70.4
2008	70		73	74.4
2009	77		78.33333333	80.2
2010	88		86.33333333	84.8
2011	94		92.33333333	88.8
2012	95		93	93
2013	90		94.33333333	
2014	98			

图 5-4　移动平均结果

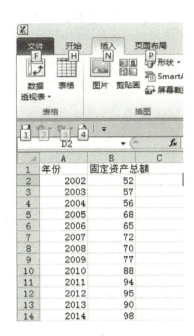

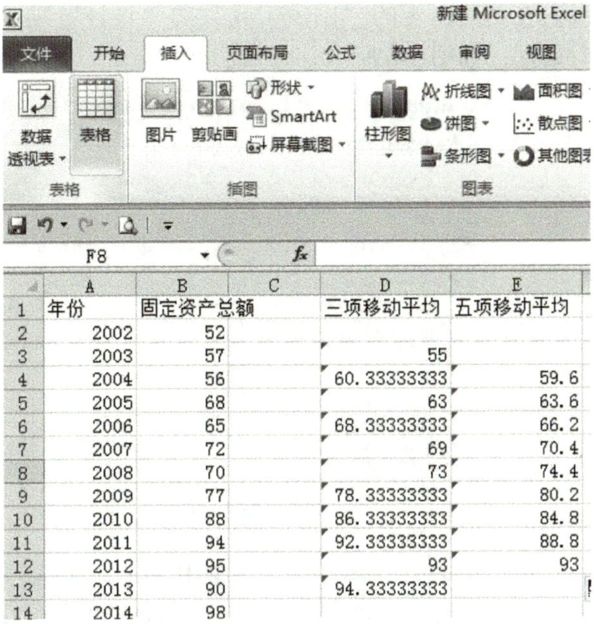

二、用 Excel 作趋势图

作图步骤如下：

（1）选择 Excel 表中的“插入”选项，选择折线图类型，如图 5-5 所示。

年份	固定资产总额
2002	52
2003	57
2004	56
2005	68
2006	65
2007	72
2008	70
2009	77
2010	88
2011	94
2012	95
2013	90
2014	98

图 5-5　绘制趋势折线图位置

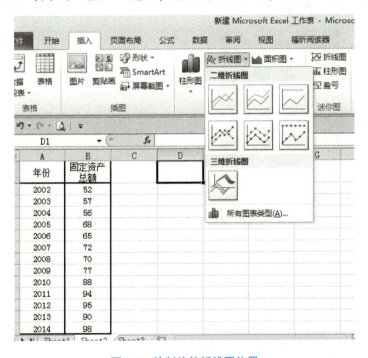

（2）在随后出现的"图表工具"的"设计"项下单击"选择数据"，弹出"选择数据源"对话框，如图5-6所示。

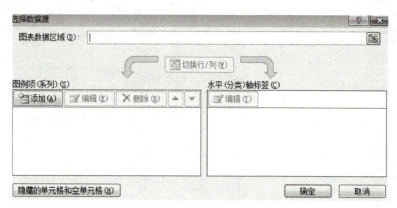

图5-6 "选择数据源"对话框

（3）在"图表数据区域"文本框中输入"=$A$1:$B$14"，将"年份"从左侧"图例项"中删除，在对话框右侧"水平（分类）轴标签"中单击"编辑"，选择表格中的A2～A14整个范围，单击"确定"按钮，结果如图5-7所示。

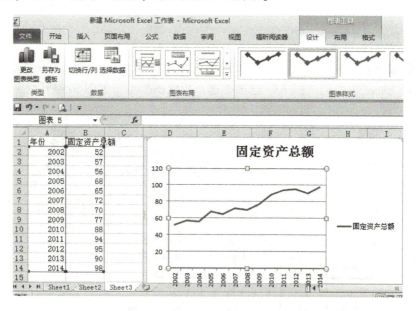

图5-7 折线图

思 考 题

1. 序时平均数与一般平均数有什么相同点和不同点？
2. 时期序列和时点序列有什么不同？
3. 编制时间序列的原则是什么？
4. 分析现象发展的长期趋势的方法有哪几种？
5. 什么是季节变动？为什么要研究季节变动？

练 习 题

一、判断题

1. 2021年年底按工业部门划分的国有企业职工人数属于时点数列。（ ）
2. 两个相邻环比增长速度的乘积等于相应的定基增长速度。（ ）
3. 两个相邻逐期增长量的和等于相应的累计增长量。（ ）
4. 累计增长量除以时间数列的项数等于平均增长量。（ ）
5. 任何时间数列都存在长期趋势、季节变动、循环变动和不规则变动。（ ）

二、单项选择题

1. 时间序列中，每个指标数值可以相加的是（   ）。
   A. 相对数序列　　B. 时期序列　　C. 间断时点序列　　D. 平均数序列
2. 银行年末存款余额时间数列属于（   ）。
   A. 时期数列　　B. 时点数列　　C. 相对数数列　　D. 平均数数列
3. 某地从2016年—2021年各年6月30日统计的人口资料如表5-22所示，则该地区2016年—2021年的年平均人数为（   ）。

表5-22 2016年—2021年各年6月30日统计的人口资料

年　份	2016年	2017年	2018年	2019年	2020年	2021年
6月30日人口数（万人）	23	23	24	25	25	26

A. $\dfrac{\dfrac{23}{2}+23+24+25+25+\dfrac{26}{2}}{5}$ 万人 = 24.3 万人

B. $\dfrac{23+24+25+25+26}{5}$ 万人 = $\dfrac{123}{5}$ 万人 = 24.6 万人

C. $\dfrac{\dfrac{23}{2}+24+25+25+\dfrac{26}{2}}{5}$ 万人 = $\dfrac{98.5}{5}$ 万人 = 19.7 万人

D. $\dfrac{\dfrac{23}{2}+23+24+25+25+\dfrac{26}{2}}{6}$ 万人 = $\dfrac{121.5}{6}$ 万人 = 20.25 万人

4. 按季平均法测定季节比率时，各季的季节比率之和应等于（   ）。
   A. 100%　　B. 400%　　C. 120%　　D. 1 200%
5. 以2000年a_0为最初水平，以2021年a_n为最末水平，计算年平均发展速度时，须开（   ）。
   A. 19次方　　B. 20次方　　C. 21次方　　D. 22次方
6. 增长1%水平绝对值的表达式是（   ）。
   A. 报告期发展水平/100　　　　B. 报告期增长量/增长速度
   C. 基期发展水平/100　　　　　D. 基期发展水平/1%
7. 已知某公司最近5年销售额的增长速度分别是5%，8%，10%，11%和12%，则平均增长速度是（   ）。

A. $\dfrac{5\%+8\%+10\%+11\%+12\%}{5}$　　　B. $\dfrac{105\%+108\%+110\%+111\%+112\%}{5}-100\%$

C. $\sqrt[5]{5\%\times8\%\times10\%\times11\%\times12\%}$　　　D. $\sqrt[5]{105\%\times108\%\times110\%\times111\%\times112\%}-100\%$

三、多项选择题

1. 时间序列中，各项指标数值不能直接相加的有（　　）。
   A. 时期序列　　　　B. 连续时点序列　　　　C. 间断时点序列
   D. 相对数时间序列　　E. 平均数时间序列

2. 某地区"十三五"期间有关小型汽车的统计资料中，属于时期序列的有（　　）。
   A. 各年汽车产量　　　　　　　　B. 各年汽车的销售量
   C. 各年年末汽车库存量　　　　　D. 各年年末城乡居民汽车拥有量
   E. 各年汽车出口数量

3. 时期序列的特点有（　　）。
   A. 各项指标数值可以相加
   B. 各项指标数值大小与时期长短有直接关系
   C. 各项指标数值大小与时间长短没有直接关系
   D. 各项指标数值都是通过连续不断登记而取得的
   E. 各项指标数值都是反映现象在某一时点上的状态

4. 时点序列的特点有（　　）。
   A. 序列中各个指标数值可以相加　　B. 序列中各个指标数值不具有可加性
   C. 指标数值是通过一次登记取得的　　D. 指标数值的大小与时期长短没有直接联系
   E. 指标数值是通过连续不断登记取得的

5. 用于分析现象发展水平的指标有（　　）。
   A. 发展速度　　　B. 发展水平　　　C. 平均发展水平
   D. 增长量　　　　E. 平均增长量

6. 时间序列按指标的表现形式不同可分为（　　）。
   A. 绝对数时间序列　　B. 时点序列　　　C. 相对数时间序列
   D. 时期序列　　　　　E. 平均数时间序列

四、计算题

1. 某工厂职工人数 4 月增减变动如下：1 日职工总数 500 人，其中非直接生产人员 100 人；15 日职工 10 人离厂，其中有 5 人为企业管理人员；22 日新来厂报到工人 5 人。
   试分别计算本月该厂非直接生产人员及全部职工的平均人数。

2. 某建筑工地水泥库存量资料如表 5-23 所示。

表 5-23　某建筑工地水泥库存量资料

日　期	1月1日	2月1日	3月1日	4月1日	6月1日	7月1日	10月1日	11月1日	次年1月1日
水泥库存量/t	8.14	7.83	7.25	8.28	10.12	9.76	9.82	10.04	9.56

试计算该工地各季度及全年的平均水泥库存量。

3. 2016 年—2021 年某企业职工人数和工程技术人员数如表 5-24 所示。

表 5-24　某企业职工人数和工程技术人员数

年　份	2016 年	2017 年	2018 年	2019 年	2020 年	2021 年
年末职工人数（人）	1 000	1 020	1 083	1 120	1 218	1 425
年末工程技术人员数（人）	50	50	52	60	78	82

试计算 2016 年—2021 年工程技术人员占全部职工人数的平均比重。

4. 某企业 2021 年第一季度职工人数及产值资料如表 5-25 所示。

表 5-25　某企业 2021 年第一季度职工人数及产值资料

月　份	1 月	2 月	3 月	4 月
产值（千元）	4 000	4 200	4 500	—
月初人数（人）	60	64	68	67

要求：
（1）编制第一季度每月劳动生产率的动态序列。
（2）计算第一季度的月平均劳动生产率。
（3）计算第一季度的劳动生产率。

5. 某炼钢厂连续 5 年的钢产量资料如表 5-26 所示。

表 5-26　某炼钢厂连续 5 年的钢产量资料

时　间	第 1 年	第 2 年	第 3 年	第 4 年	第 5 年
钢产量/千 t	200	240	360	540	756

要求：试编制统计表，列出下列各种分析指标：发展水平与平均发展水平；增长量（逐期、累计）与平均增长量；发展速度（定基、环比）与平均发展速度；增长速度（环比、定基）与平均增长速度；增长 1% 绝对值（环比、定基）（不必反映各指标的计算过程）。

6. 某煤矿某月每日原煤产量如表 5-27 所示。

表 5-27　某煤矿某月每日原煤产量　　　　　　　　　　　　（单位：t）

日　期	原煤产量	日　期	原煤产量	日　期	原煤产量
1 日	2 010	11 日	2 080	21 日	2 361
2 日	2 025	12 日	2 193	22 日	2 345
3 日	2 042	13 日	2 204	23 日	2 382
4 日	1 910	14 日	2 230	24 日	2 282
5 日	1 960	15 日	1 965	25 日	2 390
6 日	2 101	16 日	1 900	26 日	2 450
7 日	2 050	17 日	2 280	27 日	2 424
8 日	2 130	18 日	2 300	28 日	2 468
9 日	2 152	19 日	2 342	29 日	2 500
10 日	2 103	20 日	2 338	30 日	2 504

要求：
（1）用移动平均法（五项移动平均）求资料的长期趋势并作图。
（2）用最小二乘法为本题资料配合直线方程式。

7. 某地区 2016 年—2020 年各年年末人口数资料如表 5-28 所示。

表 5-28　某地区 2016 年—2020 年各年年末人口数资料

年　份	年末人口数（万人）	年　份	年末人口数（万人）
2016 年	25	2019 年	44
2017 年	30	2020 年	53
2018 年	36		

要求：
（1）判断人口数发展的趋势接近于哪一种类型。
（2）用最小二乘法配合适当的曲线方程。
（3）预测该地区 2021 年年末的人口数。

8. 某市汗衫、背心零售量资料如表 5-29 所示。

表 5-29　某市汗衫、背心零售量资料　　　　　　　　　　　　　（单位：万条）

年　份	月　份											
	1月	2月	3月	4月	5月	6月	7月	8月	9月	10月	11月	12月
2017 年	10	17	41	64	111	225	203	89	42	23	16	12
2018 年	16	20	58	90	139	235	198	96	53	28	16	17
2019 年	15	23	66	91	148	253	240	127	78	50	25	19
2020 年	16	23	69	96	155	265	250	132	81	52	26	20

要求：
（1）用月平均法计算汗衫、背心零售量的季节比率。
（2）用移动平均法计算剔除趋势影响的季节比率。

练习题参考答案

用微信扫描二维码，可以查看练习题参考答案。

第六章

统计指数

指数是经济统计中一种非常重要的研究方法,数百年来,吸引了众多统计学家和经济学家的关注和研究。指数在当今社会是出现频率较高的一个词。我们经常听到诸如居民消费价格指数、工业品出厂价格指数、房地产价格指数、固定资产投资价格指数、农副产品收购价格指数、上证指数(上海证券交易所指数)等。那么,指数是什么?指数是如何计算出来的?数据又代表怎样的含义?

本章主要介绍统计指数的基本理论,包括统计指数的概念、分类、作用,各类指数的编制原则和方法,以及利用指数对经济现象总变动中各影响因素的影响方向、影响程度、影响的增减值进行详细分析的方法等。

第一节 指数的概念和分类

指数理论和方法源于对物价变动的研究。在 18 世纪欧洲资本主义迅速发展时期,由于美洲新大陆的开发,大批金银源源不断流入,欧洲物价急剧上涨,引起社会普遍关注。经济学家为了测定物价的变动,开始探索编制物价指数。此后,指数的理论和应用不断深入发展。19 世纪中叶,经德国学者拉斯佩雷斯(E. Laspeyres)和派许(M. Paasche)等人的研究,统计指数理论有了较大的发展,基本奠定了现代统计指数理论的基础。20 世纪初,经过美国经济统计学家欧文·费雪(Irving Fisher)的进一步研究,形成了现代统计指数的理论和方法。指数的应用扩展到工业生产、进出口贸易、铁路运输、工资、成本、生活费用、股票证券等多个方面。其中有些指数,如零售商品价格指数、居民消费价格指数等,同人们的日常生活紧密相关;有些指数,如生产资料价格指数、股票价格指数等,则直接影响人们的投资活动。指数可以通过对比分析方式,概括地反映现实生活中各种复杂现象客观存在的一种数量对比关系,成为分析社会经济效益、生活质量、综合国力、社会发展水平的重要工具。

一、指数的概念和作用

1. 指数的概念

这里所说的指数与数学中的指数函数的概念完全不同。指数有广义的指数和狭义的指数两种。

广义的指数是指一切说明现象在不同时间或不同空间对比形成的相对数，如动态相对数、比较相对数、结构相对数、比例相对数、计划完成情况相对数、强度相对数在广义上都可称为指数。

狭义的指数是一种特殊的相对数，专指那些不能直接相加的复杂社会经济现象总量综合变动程度的相对数。例如，零售物价指数是说明全部零售商品价格总变动的相对数；工业产品产量指数是说明工业产品实物量总变动的相对数等。统计中的指数主要是指这种狭义的指数。

从指数的概念可知，指数是对现象量的变动的综合测定，它具有综合的性质。从数量上进行综合，无非是把个别的数量加总为一个总量，或者是对这些个别的量进行平均，表示总体的水平，它具有平均的性质。指数是通过对比的方法，用相对数形式来表现的，通常用百分数表示，它又具有相对的性质。例如，2019 年和 2020 年我国居民消费价格指数分别为 102.9% 和 102.5%，说明以上年的居民消费价格水平为 100%，则本年的居民消费价格水平分别比上年上涨了 2.9% 和 2.5%。

2. 指数的作用

（1）可以综合反映现象总体的变动方向和变动程度，这是总指数最基本的作用。统计研究社会经济现象的变动时，不仅要说明个别现象的变动情况，如说明某种产品产量的变动、某种商品价格的变动，还要说明由许多个别现象组成的总体的数量总变动情况，如说明多种产品产量的总变动情况、多种产品价格的总变动、多种产品单位成本的总变动等，而这些组成现象总体的个别事物不能直接相加或不能直接对比，通过编制统计指数可以使它们过渡到可以相加和对比，从而综合反映现象总体的变动方向和变动程度。

（2）可以进行因素分析，分析各个因素的变动对现象总变动的影响方向和影响程度。因为许多社会经济现象都是复杂现象，其变动受多种因素影响。例如，商品销售额的变动是商品价格和销售量两个因素共同变动的结果；产品总成本的变动是单位产品成本和产品产量两个因素共同作用的结果。通过编制各种因素指数，可以分析各因素影响的方向和影响的程度。例如，分别编制销售量和销售价格指数，分析它们对销售额的影响方向和影响程度；分别编制单位成本指数和产量指数，分析它们对总成本的影响方向和影响程度。在平均指标指数中，总平均数的变动，不仅受各组标志值的影响，而且还受总体结构变动的影响。运用指数法就可以分析各因素的变动对现象总平均变动的影响方向和影响程度。

（3）可以研究事物在长时间内的发展变化趋势。利用连续编制的动态指数形成的指数数列，可以分析事物发展变化的趋势。这种方法适用于对比分析有联系但性质不同的指数数列之间的变动关系。例如，工农业产品的综合比价指数数列，就是从农产品收购价格指数和工业品零售价格指数两个数列的联系中进行分析。

二、指数的分类

从不同角度划分，指数可进行以下分类：

（一）按指数所研究现象包括的范围划分

按指数所研究现象包括的范围划分，指数可分为个体指数和总指数。

1. 个体指数

个体指数是反映总体中单个项目数量变动的相对数。
其计算公式为

$$个体指数 = \frac{报告期水平}{基期水平}$$

例如，某产品 2020 年的产量是 1 600t，2019 年的产量是 1 200t，那么以 2019 年为基期的产量个体指数为 133.33%（1 600/1 200 × 100%），这就是生产量个体指数，还有销售量、价格、单位成本等个体指数。若用 K 表示个体指数，q 表示产品的生产量或销售量，p 表示价格，Z 表示单位产品成本，0 表示基期，1 表示报告期。那么，用符号具体表示为个体产量指数 $K_q = \frac{q_1}{q_0}$，个体价格指数 $K_p = \frac{p_1}{p_0}$。

2. 总指数

总指数是综合反映复杂经济现象总体数量变化情况的相对数，如零售商品物价指数等，属于狭义指数范畴，一般用符号 $\bar{K}$ 表示。个体指数和总指数从计算方法上来说也是不同的。

在总体分组的情况下，经常需要编制类指数，它介于总指数和个体指数之间，从方法上来说属于总指数，如消费价格指数中的食品价格指数、工业品出厂价格指数中的生产资料价格指数。

（二）按指数反映的内容划分

按指数反映的内容划分，指数可分为数量指标指数和质量指标指数。

1. 数量指标指数

数量指标反映总体规模、水平，即反映总体绝对量的多少。数量指标指数反映数量指标的综合变化，即总体绝对量在不同时间变动的相对数，如产量指数、销售量指数等，一般用 $\bar{K}_q$ 表示。

2. 质量指标指数

质量指标反映总体内部数量关系或总体一般水平。其表现形式一般是相对数或平均数。质量指标指数反映总体质量指标变化或一般水平在不同时间上变动的相对数，如物价指数、成本指数、劳动生产率指数等，一般用 $\bar{K}_p$ 表示。

这两种指数各有不同的编制原则，下一节将详细阐述。

（三）按指数所采用的基期不同划分

按指数所采用的基期不同划分，指数可分为定基指数和环比指数。

1. 定基指数

在一个指数数列中，如果各期的指数都以某一固定时期为基期，这样的指数叫作定基指数。

2. 环比指数

各期的指数都以它的前一期为基期，这样的指数叫作环比指数。按指数对比基期划分，环比指数有时间指数和空间指数

另外，上述各种分类也可以交叉进行。

第二节 综合指数

综合指数是总指数的基本形式。它是将不可同度量的各变量通过与其有关的称为同度量因素的变量而转换成可以相加的总量指标,然后把总量指标对比所得到相对数,用来说明复杂现象量的综合变动。

综合指数包括数量指标指数和质量指标指数两种。下面就分别说明这两种综合指数的编制方法。

一、数量指标指数的编制

数量指标指数,如产品产量指数、商品销售量指数、职工人数指数等,它们应以质量指标为同度量因素。现以商品销售量指数为例,来说明数量指标指数的编制方法。

【例 6-1】 某公司三种商品销售资料如表 6-1 所示。

表 6-1 某公司三种商品销售资料

商品名称	计量单位	商品销售量		价格(元)		商品销售额(元)		
		基期 q_0	报告期 q_1	基期 p_0	报告期 p_1	基期 p_0q_0	报告期 p_1q_1	假定 p_0q_1
甲	件	300	330	200	240	60 000	79 200	66 000
乙	双	80	100	120	192	9 600	19 200	12 000
丙	m	160	200	35	42	5 600	8 400	7 000
合计	—	—	—	—	—	75 200	106 800	85 000

表 6-1 中的资料反映了三种商品销售量从基期到报告期的变动。如果要分别说明三种商品销售量的变动程度,可计算销售量个体指数。其计算如下:

甲商品个体销售量指数 $K_q = \dfrac{q_1}{q_0} = \dfrac{330\ 件}{300\ 件} = 1.1 = 110\%$

乙商品个体销售量指数 $K_q = \dfrac{q_1}{q_0} = \dfrac{100\ 双}{80\ 双} = 1.25 = 125\%$

丙商品个体销售量指数 $K_q = \dfrac{q_1}{q_0} = \dfrac{200\text{m}}{160\text{m}} = 1.25 = 125\%$

计算结果说明,甲、乙、丙三种商品销售量指数分别增加了 10%、25%、25%。

以上个体指数无法说明该公司三种商品销售量总的变动情况,如果要说明该公司三种商品销售量总的变动情况,就要计算销售量综合指数。三种商品的计量单位不同、使用价值不同,所以不能直接相加求其总量,必须将它们化为同度量,才能反映三种商品销售量的总变动。本例选价格(p)作为同度量因素,那么,必须将它固定在同一时期(p_0 或 p_1),使两个时期销售额的对比只反映销售量这一个因素的变动,而不受商品价格变动的影响。由于同度量因素的时期不同,可得出两种编制销售量综合指数的计算公式,两种公式的经济内容不同,计算结果也不同。

（1）以基期价格为同度量因素，公式为

$$\bar{K}_q = \frac{\sum p_0 q_1}{\sum p_0 q_0} \tag{6-1}$$

式中，$\bar{K}_q$ 表示商品销售量综合指数。

此计算公式是德国统计学家拉斯佩雷斯于 1864 年提出的，简称拉氏数量指数公式。

这个公式的分子与分母之比，说明价格固定在基期销售量的综合变动程度；分子与分母的差额说明由于销售量的变动对销售额绝对值的影响。以表 6-1 中的资料为例：

$$\bar{K}_q = \frac{\sum p_0 q_1}{\sum p_0 q_0} = \frac{(200 \times 330 + 120 \times 100 + 35 \times 200)元}{(200 \times 300 + 120 \times 80 + 35 \times 160)元} = \frac{85\,000\,元}{75\,200\,元} \times 100\%$$

$$= 113.03\%$$

$$\sum p_0 q_1 - \sum p_0 q_0 = 85\,000\,元 - 75\,200\,元 = 9\,800\,元$$

计算结果表明，当价格固定在基期时，三种商品的销售量报告期比基期平均增长 13.03%，销售量的增长使销售额增加了 9 800 元。

（2）以报告期价格为同度量因素，公式为

$$\bar{K}_q = \frac{\sum p_1 q_1}{\sum p_1 q_0} \tag{6-2}$$

此计算公式是德国统计学家派许提出的，简称派氏数量指数公式。

这个公式的分子与分母之比，说明价格固定在报告期销售量的综合变动程度；分子与分母的差额说明由于销售量的变动对销售额绝对值的影响。以表 6-1 中的资料为例：

$$\bar{K}_q = \frac{\sum p_1 q_1}{\sum p_1 q_0} = \frac{(240 \times 330 + 192 \times 100 + 42 \times 200)元}{(240 \times 300 + 192 \times 80 + 42 \times 160)元} \times 100\% = \frac{106\,800\,元}{94\,080\,元} \times 100\%$$

$$= 113.52\%$$

$$\sum p_1 q_1 - \sum p_1 q_0 = 106\,800\,元 - 94\,080\,元 = 12\,720\,元$$

计算结果表明，当价格固定在报告期时，三种商品的销售量报告期比基期平均增长了 13.52%，销售量的增长使销售额增加了 12 720 元。

式（6-1）是以基期价格作为同度量因素销售量的综合指数；式（6-2）是以报告期价格作为同度量因素销售量的综合指数。两个公式哪个比较合理呢？从数学形式上来判断是很困难的。我们要根据销售量指数的经济意义加以分析。如果用式（6-1），即同度量因素固定在基期，这时得到的销售额指标的变动中只包含销售量这一个因素的影响；它的分母是基期三种商品的实际销售额，分子是报告期三种商品仍按基期价格计算得到的销售额。分子与分母之差说明报告期由于商品销售量增加而增加的销售额，不包括价格变动的影响，所以这一公式能通过两个时期销售额的对比，较为确切地反映销售量的综合变动，具有实际意义。如果用式（6-2），即同度量因素固定在报告期，这样计算得到的销售额指标，虽然用的是同一时期的价格，但因价格报告期比基期实际提高了，所以对式（6-2）来说，不仅包含了销售量的变动，也包含了价格的变动。它的分子是报告期三种商品的实际销售额，分母是基期三种商品按报告期提高了的价格计算所得的销售额，不符合销售量指数的经济意义。

根据以上分析，计算商品销售量综合指数时，采用拉氏数量指数公式 $\overline{K}_q = \dfrac{\sum p_0 q_1}{\sum p_0 q_0}$ 较合理，计算其他数量指标指数时，也应将同度量因素固定在基期。由此得出编制数量指标指数的一般原则：在编制数量指标指数时，应以基期的质量指标作为同度量因素。

二、质量指标指数的编制

质量指标指数，如价格指数、单位产品成本指数、工资指数等，它们应以数量指标为同度量因素。现以商品价格指数为例，来说明质量指标指数的编制方法。

编制商品价格指数，应以销售量为同度量因素，并将它固定在同一时期（q_0 或 q_1），使两个时期销售额的对比只反映价格的变动。那么，销售量固定在基期还是报告期呢？和数量指标指数的编制一样，由于选择的时期不同，可得出两个编制价格综合指数的公式，两种公式的经济内容不同，计算结果也不同。

（1）以基期销售量为同度量因素，拉氏质量指数公式为

$$\overline{K}_p = \frac{\sum p_1 q_0}{\sum p_0 q_0} \tag{6-3}$$

式中，$\overline{K}_p$ 表示商品价格综合指数。

这个公式的分子与分母之比，说明销售量固定在基期价格的综合变动程度；分子与分母的差值说明由于商品价格变动对销售额绝对值的影响。以表 6-1 中的资料为例：

$$\overline{K}_p = \frac{\sum p_1 q_0}{\sum p_0 q_0} = \frac{94\ 080\ 元}{75\ 200\ 元} \times 100\% = 125.11\%$$

$$\sum p_1 q_0 - \sum p_0 q_0 = 94\ 080\ 元 - 75\ 200\ 元 = 18\ 880\ 元$$

计算结果表明，当销售量固定在基期时，三种商品的价格报告期比基期平均上涨了 25.11%，价格的上涨使销售额增加了 18 880 元。分子与分母的差额也表明消费者在维持基期消费水平的情况下，由于价格上涨居民购买这三种商品要多支付 18 880 元。

（2）以报告期销售量为同度量因素，派氏质量指数公式为

$$\overline{K}_p = \frac{\sum p_1 q_1}{\sum p_0 q_1} \tag{6-4}$$

这个公式的分子与分母之比，说明销售量固定在报告期价格的综合变动程度；分子与分母的差值说明由于商品价格变动对销售额绝对值的影响。仍以表 6-1 中的资料为例：

$$\overline{K}_p = \frac{\sum p_1 q_1}{\sum p_0 q_1} = \frac{106\ 800\ 元}{85\ 000\ 元} \times 100\% = 125.65\%$$

$$\sum p_1 q_1 - \sum p_0 q_1 = 106\ 800\ 元 - 85\ 000\ 元 = 21\ 800\ 元$$

计算结果表明，当销售量固定在报告期时，三种商品的价格报告期比基期平均上涨了

25.65%,价格的上涨使销售额增加了 21 800 元。同时,这也说明消费者在维持报告期生活水平的情况下,购买这三种商品要多支付 21 800 元。

式(6-3)是以基期销售量作为同度量因素的价格综合指数;式(6-4)是以报告期销售量作为同度量因素的价格综合指数。究竟采用哪个时期的销售量作为同度量因素好呢?从理论上讲,用基期的销售量作为同度量因素计算的价格综合指数只反映了价格因素的变动,而用报告期销售量作为同度量因素计算的价格综合指数,不仅反映了价格因素的变动,同时也反映了销售量变动的影响。但式(6-3)计算的结果反映的是按过去的销售量计算的商品价格的变动程度。公式的分子与分母之差,说明由于物价的变动,居民按过去的购买量购买这三种商品支出金额的多少,这显然没有实际意义。式(6-4)计算的结果表明,按目前的销售量计算的商品价格的变动程度,分子与分母之差说明由于物价的变动,居民按目前的购买量购买这三种商品所支付金额的多少,有现实经济意义。

根据以上分析,计算商品物价指数时,采用派氏质量指数公式 $\overline{K}_p = \dfrac{\sum p_1 q_1}{\sum p_0 q_1}$ 比较符合物价指数的意义,由此得出编制质量指标指数的一般原则:在编制质量指标指数时,应以报告期的数量指标作为同度量因素。

三、加权的综合指数公式

在综合指数中,如何确定同度量因素是一个关键问题。选择同度量因素不仅要解决对不同度量的现象的综合,而且要能解释其实际意义。对于价格指数来说,以数量指标为同度量因素,同时也是权数,即不同价格的商品销售量对价格指数也具有权衡轻重的作用。因此,同度量的选择实际上也是权数的选择。历史上早期的价格指数曾用各种价格的总和进行对比和简单平均方法计算。这类指数由于不考虑各种商品的重要性,难以反映价格的真实变动及其影响而被淘汰了。后来逐渐出现了加权计算的总指数。影响较大并延续至今的加权的综合指数公式,有以下几种:

1. 拉斯佩雷斯指数与派许指数

统计指数中的权数问题(即同度量因素问题),在历来的指数理论中影响最大的有两大派别:一是拉斯佩雷斯指数理论;二是派许指数理论。前者简称拉氏指数,后者简称派氏指数。两者的销售指数和物价指数公式分别为

拉氏指数: $\overline{K}_q = \dfrac{\sum p_0 q_1}{\sum p_0 q_0}, \quad \overline{K}_p = \dfrac{\sum p_1 q_0}{\sum p_0 q_0}$

派氏指数: $\overline{K}_q = \dfrac{\sum p_1 q_1}{\sum p_1 q_0}, \quad \overline{K}_p = \dfrac{\sum p_1 q_1}{\sum p_0 q_1}$

现以价格指数的计算来分析。由于权数所属时期不同,拉氏指数和派氏指数的计算结果并不一致。以例 6-1 的结果看,采用拉氏指数计算的结果是三种商品价格平均上涨了 25.11%,采用派氏指数计算的结果是三种商品价格平均上涨了 25.65%,拉氏指数结果小于派氏指数。要想使拉氏指数和派氏指数的计算结果相等,只有出现以下几种情况:

(1)各种商品销售量报告期与基期相等,即 $q_1 = q_0$。

（2）各种商品销售量 q 的变动幅度相同，即

$$\frac{q_1'}{q_0'} = \frac{q_1''}{q_0''} = \frac{q_1'''}{q_0'''} = \cdots = \frac{q_1^n}{q_0^n}$$

此时，两个权数相对而言是相同的。

（3）各种商品价格 p 的变动幅度相同，即

$$\frac{p_1'}{p_0'} = \frac{p_1''}{p_0''} = \frac{p_1'''}{p_0'''} = \cdots = \frac{p_1^n}{p_0^n}$$

此时，与权数体系就不相干了。

然而，这些带有很大偶然性的情况几乎不可能出现，即拉氏价格指数与派氏价格指数的计算结果一般情况下是不相等的。另外，拉氏价格指数以基期物量为权数，出发点是想说明人们维持基期的消费水平在报告期因价格变动而要多支出（或少支出）的费用，却不能反映报告期实际消费结构在价格变动情况下的结果。而派氏价格指数恰恰弥补了这一缺陷，派氏价格指数以报告期物量为权数，反映价格和消费结构共同作用使消费者多支出（或少支出）的费用，这一点具有现实意义。因此，在计算物价总指数时，我们一般采用派氏价格指数，而不采用拉氏价格指数。

根据同一项资料计算的拉氏价格指数和派氏价格指数不同。同样，根据同一项资料计算的拉氏销售量指数和派氏销售量指数也不一样。例 6-1 中，拉氏销售量指数为 113.03%，派氏销售量指数为 113.52%。拉氏销售量指数小于派氏销售量指数。在实际反映销售量总变动中，为剔除其他因素的影响，我们采用基期价格为同度量因素计算销售量总指数，即采用拉氏销售量指数，而不采用派氏销售量指数。

综合以上分析可知，由于种种原因，拉氏指数与派氏指数的计算结果总是不相同的。从它们之间的差异出发，进一步分析社会经济现象，以及完善指数的编制，均有重要作用。

2. 马歇尔-艾奇沃斯公式

1887 年英国经济学家马歇尔提出了以基期与报告期的平均量作为权数的综合指数，其计算公式为

$$\overline{K}_p = \frac{\sum p_1 \left(\dfrac{q_0 + q_1}{2}\right)}{\sum p_0 \left(\dfrac{q_0 + q_1}{2}\right)}$$

$$\overline{K}_q = \frac{\sum q_1 \left(\dfrac{p_0 + p_1}{2}\right)}{\sum q_0 \left(\dfrac{p_0 + p_1}{2}\right)}$$

上述公式又为英国统计学家艾奇沃斯所推广，故被称为马歇尔-艾奇沃斯公式。不难看出，按此公式计算的价格指数在拉氏指数和派氏指数之间，虽然从数量上测定似乎不偏不倚，但却失去了拉氏公式和派氏公式的意义。

3. 几何平均公式

1911 年美国统计学家费雪提出了交叉计算的公式，即拉氏公式与派氏公式的几何平均公式为

$$\overline{K}_p = \sqrt{\frac{\sum p_1 q_0}{\sum p_0 q_0} \times \frac{\sum p_1 q_1}{\sum p_0 q_1}}, \quad \overline{K}_q = \sqrt{\frac{\sum q_1 p_0}{\sum q_0 p_0} \times \frac{\sum q_1 p_1}{\sum q_0 p_1}}$$

费雪系统地总结了各种指数公式的特点，提出了对指数优劣的三种测验方法（时间互换测验、因子互换测验和循环测验）。费雪对各种指数进行了检验，绝大多数指数公式不符合这三种检验，唯有他的公式通过了检验，故自称他的公式为"理想公式"。"理想公式"同马歇尔-艾奇沃斯公式一样，虽然"不偏不倚"，但同样缺乏明确的经济意义，而且所用资料更多，计算比较复杂。

4. 固定权数公式

除了上述各种以实际资料为权数的价格指数公式外，还有一种固定权数公式，即以某一年份的物量构成，延续多年用于编制价格指数；或以某一年份的价格作为固定的同度量因素，延续多年用于编制物量指数。其计算公式为

$$综合物价指数 = \frac{\sum p_1 q_n}{\sum p_0 q_n}$$

$$综合物量指数 = \frac{\sum q_1 p_n}{\sum q_0 p_n}$$

我国的工业产品产量指数曾长期采用这种形式。例如，20 世纪 80 年代各年的产量指数都是以 1980 年的产品价格作为固定的同度量因素。其优点是可以事先编制不变价格详细目录，查目录编制指数，操作方便，也便于前后动态比较。其缺点是编制不变价格目录的工作浩繁，而且固定的价格不能确切地反映日新月异的新产品出现的影响，特别是当市场价格变动很大时，固定价格背离实际，据此计算的动态指数就不能真实反映工业生产的增长。

上述各种加权方法的综合指数公式都有其特点和一定的适用条件，以马歇尔-艾奇沃斯公式为例，虽然用于动态指数计算，经济意义不明确，但当用于不同地区的价格综合比较时，却不失为一种公允的方法。社会经济现象极其复杂，任何一种指数形式都不可能完全满足需要。因此，当我们强调按编制指数的经济意义选择指数的权数或同度量因素时，还要注意根据具体的研究对象和条件选择指数公式。

第三节 平均指数

编制综合指数时需要全面的资料，如果研究的范围很大，包括商品种类很多时，要取得两个时期相互对应的物量（q）和价格（p）的全面资料是相当麻烦的，这给实际应用带来了困难。

因此，编制总指数往往采用平均指数。平均指数是个体指数的加权平均数，反映个体指数的一般水平。它可以根据抽样调查资料利用代表商品的物量或价格的个体指数计算。

平均指数与综合指数既有区别，又有联系。两者的联系在于：在一定的权数下，两类指数间有变形关系。但是，作为一种独立的指数形式，平均指数不只是作为综合指数的变形而使用，它本身也具有广泛的应用价值。

平均指数包括加权算术平均数指数和加权调和平均数指数两种。

一、加权算术平均数指数

加权算术平均数指数简称算术指数，它是根据算术平均数的计算方式编制的指数，当已知数量指标的个体指数 K_q（或 q_1、q_0）及基期的总量指标（产值或销售额等）$p_0 q_0$ 时，可采用以下加权算术平均法计算总指数：

$$\overline{K}_q = \frac{\sum K_q p_0 q_0}{\sum p_0 q_0} \tag{6-5}$$

式（6-5）称为加权算术平均数指数公式。

【例 6-2】 由表 6-2 中的资料，采用式（6-5）计算的销售量总指数为

$$\overline{K}_q = \frac{\sum K_q p_0 q_0}{\sum p_0 q_0} = \frac{436 \text{ 万元}}{382.5 \text{ 万元}} \times 100\% = 113.99\%$$

$$\sum K_q p_0 q_0 - \sum p_0 q_0 = 436 \text{ 万元} - 382.5 \text{ 万元} = 53.5 \text{ 万元}$$

表 6-2　三种商品的销售量资料

商品名称	计量单位	商品销售量			基期销售额 $p_0 q_0$（万元）	$K_q p_0 q_0$（万元）
		基期 q_0	报告期 q_1	个体指数 K_q		
甲	m	1 000	1 200	1.2	82.5	99
乙	件	2 000	2 500	1.25	110	137.5
丙	个	5 000	5 250	1.05	190	199.5
合计	—	—	—	—	382.5	436

计算结果表明，三种商品的销售量报告期比基期总的（或平均）增长了 13.99%，分子与分母之差说明销售量增加使销售额增加了 53.5 万元。

加权算术平均数指数公式是拉氏物量指数的变形。

因为由销售量指标个体指数 $K_q = \dfrac{q_1}{q_0}$，可得 $q_1 = K_q q_0$，将 $q_1 = K_q q_0$ 代入拉氏物量指数公式得

$$\overline{K}_q = \frac{\sum p_0 q_1}{\sum p_0 q_0} = \frac{\sum K_q p_0 q_0}{\sum p_0 q_0}$$

即

$$\overline{K}_q = \frac{\sum K_q p_0 q_0}{\sum p_0 q_0}$$

用拉氏数量指数公式计算销售量总指数时，必须掌握基期和报告期各种商品的销售量和价格资料，但在实践中，按基期价格与报告期销售量所计算的销售额（$p_0 q_1$）资料不易取得，而基期的销售额（$p_0 q_0$）与个体指数常常容易获得，所以，加权算术平均数指数公式在计算数量指标综合指数时比较常用。

二、加权调和平均数指数

加权调和平均数指数简称调和指数，它是根据调和平均数的计算方式编制的指数，适用于质量指标指数的编制。例如，销售价格指数是以价格个体指数为变量值，以报告期销售额为权数计算的加权调和平均数，所以称为加权调和平均数指数。

【例 6-3】 根据表 6-3 中的资料，说明加权调和平均数的计算和意义。

表 6-3 三种商品的价格资料

商品名称	计量单位	商品价格/元 基期 p_0	商品价格/元 报告期 p_1	个体指数 $K_p = \dfrac{p_1}{p_0}$	报告期销售额 p_1q_1（元）	$\dfrac{1}{K_p}p_1q_1$（元）
甲	件	50	60	1.2	15 000	12 500
乙	m	110	110	1.0	60 500	60 500
丙	双	200	210	1.05	37 800	36 000
合计	—	—	—	—	113 300	109 000

由已知的价格个体指数 $K_p = \dfrac{p_1}{p_0}$ 得 $p_0 = \dfrac{1}{K_p}p_1$，代入派氏物价指数的计算公式得

$$\overline{K}_p = \dfrac{\sum p_1q_1}{\sum p_0q_1} = \dfrac{\sum p_1q_1}{\sum \dfrac{1}{K_p}p_1q_1}$$

即

$$\overline{K}_p = \dfrac{\sum p_1q_1}{\sum \dfrac{1}{K_p}p_1q_1} \tag{6-6}$$

由表 6-3 中的资料求得价格总指数为

$$\overline{K}_p = \dfrac{\sum p_1q_1}{\sum \dfrac{1}{K_p}p_1q_1} = \dfrac{113\ 300\ \text{元}}{109\ 000\ \text{元}} \times 100\% = 103.94\%$$

$$\sum p_1q_1 - \sum \dfrac{1}{K_p}p_1q_1 = 113\ 300\ \text{元} - 109\ 000\ \text{元} = 4\ 300\ \text{元}$$

计算结果表明，三种商品的价格报告期与基期相比平均上涨了 3.94%，价格上涨使销售额增加了 4 300 元。

式（6-6）说明加权调和平均数指数公式是派氏质量指数公式的变形。

加权调和平均数指数主要用来编制质量指标指数，在只有个体价格指数 K_p 和各种产品或商品的报告期价值量指标 p_1q_1 时可采用加权调和平均数指数计算总指数。

综合指数和平均指数都是常用的编制总指数的方法。综合指数主要适用于根据全面资料编制，而平均指数既可以根据全面资料编制，也可以选择少数有代表性的个体指数加权平均计算。同时，在权数的应用上，平均指数比综合指数灵活，它可以使用固定权数编制。

三、固定权数加权算术平均数指数

平均指数的权数，可以是综合指数变形权数，也可以是固定权数。固定权数是指用某一时期经过调整后的权数资料，以比重的形式固定下来作为权数，通常用 W 表示。

固定权数加权算术平均数指数的计算公式为

$$价格指数\ \overline{K}_p = \frac{\sum K_p W}{\sum W}$$

$$数量指数\ \overline{K}_q = \frac{\sum K_q W}{\sum W}$$

式中，$\overline{K}_p$ 表示个体或分类价格指数；$\overline{K}_q$ 表示个体或分类数量指数。

在统计工作中，有时由于报告期资料较难获取，而采用固定权数来计算平均指数，这样比较简便迅速，有很大的灵活性。目前在绝大多数西方国家，消费品价格指数是最重要的指数之一，由于缺乏全面统计资料，无法用综合指数的方法进行计算，所以一般都是用固定权数来统计计算消费品价格指数，有的工业品出厂价格指数、工业原材料购进价格指数等也都采用这种方法。这种方法要分别计算个体指数、类指数和总指数，因此也要分层确定比重权数，各层权数之和都等于 100。权数一经固定下来，一般 5 年左右更换一次，在使用期限内可做个别调整。

【例 6-4】 依据表 6-4 中的资料，计算零售物价指数。

表 6-4 商品零售物价指数

商品类别	个体指数 K'（%）	商品权数 W'	大类指数 $K=\dfrac{\sum K'W'}{\sum W'}$（%）	大类权数 W	KW（%）
一、粮食类			102.4	24	2 457.6
大米	108	80			
面粉	80	20			
二、食品类			110	29	3 190
三、服装类			108	23	2 484
四、日用品类			104	13	1 352
五、医药类			101	6	606
六、燃料类			102	5	510
合计	—	—	—	100	10 599.6

$$\overline{K}_p = \frac{\sum KW}{\sum W} = \frac{10\ 599.6\%}{100} = 105.996\%$$

第四节 指数体系与因素分析

指数不仅可以反映社会经济现象数量的变动程度，而且可以用于分析复杂经济总体的总变动以及总变动受各因素的影响，说明各因素影响的程度和绝对差额，即利用指数方法进行因素分析。指数因素分析要借助于指数体系，通过指数体系中各指数之间的关系对复杂总体的总量变动和总平均指标变动进行因素分析。

一、指数体系

指数体系是反映各种经济现象之间相互联系或经济关系的若干个指数所组成的整体。

社会经济现象是复杂的，它的发展变化往往受很多因素的影响和制约。例如，销售额的多少受商品销售单价和销售量的影响，工业总成本的变动受产量和单位产品成本的影响，月劳动生产率水平的高低取决于平均工作月长度、平均工作日长度和时劳动生产率三个因素的影响。这些社会经济现象之间的相互依存关系可用下列公式表示：

销售额＝商品销售单价×销售量

总成本＝产量×单位产品成本

月劳动生产率＝平均工作月长度×平均工作日长度×时劳动生产率

上述社会经济现象之间客观的经济联系，在进行动态分析时也必然存在指数关系，即

销售额指数＝价格指数×销售量指数

总成本指数＝产量指数×单位成本指数

月劳动生产率指数＝平均工作月长度指数×平均工作日长度指数×时劳动生产率指数

二、因素分析

利用统计指数对社会经济现象的总变动及各个构成因素的变动方向和变动程度进行分析，在统计中叫作因素分析法。指数体系与因素分析之间存在着密切的关系，这是由指数体系中的对等关系决定的，以销售额指数体系为例：

销售额指数＝价格指数×销售量指数

$$\frac{\sum p_1 q_1}{\sum p_0 q_0} = \frac{\sum p_0 q_1}{\sum p_0 q_0} \cdot \frac{\sum p_1 q_1}{\sum p_0 q_1}$$

即相对数分析中的对等关系是总变动指数等于各因素指数之积。

$$\sum p_1 q_1 - \sum p_0 q_0 = \left(\sum p_0 q_1 - \sum p_0 q_0 \right) + \left(\sum p_1 q_1 - \sum p_0 q_1 \right)$$

绝对数分析中的对等关系是总变动指数的分子与分母之差等于各因素指数分子与分母之差的总和。

因素分析是以指数体系为依据的，它是从相对数和绝对数两方面研究经济现象总变动中各因素的变动对现象总变动的影响方向和程度及影响的绝对量，所以因素分析的结果可以用相对数表示，也可以用绝对数表示。本小节主要讨论总量指标变动的因素分析。

1. 总量指标指数的两因素分析

分析的对象是总量指标，它受两个因素影响。因素分析的目的是测定两个因素的变动对

现象总变动的影响方向和程度。

【例 6-5】 根据表 6-1 中的资料，计算销售额的总变动及各因素变动对销售额的影响。

首先，计算销售额总指数及绝对量。

$$\overline{K}_{pq} = \frac{\sum p_1 q_1}{\sum p_0 q_0} = \frac{106\ 800\ 元}{75\ 200\ 元} \times 100\% = 142.02\%$$

$$\sum p_1 q_1 - \sum p_0 q_0 = 106\ 800\ 元 - 75\ 200\ 元 = 31\ 600\ 元$$

其次，计算两个影响因素指数及绝对量，这两个指数前面已经计算过了，它们是

$$销售量指数 = \frac{\sum p_0 q_1}{\sum p_0 q_0} = \frac{85\ 000\ 元}{75\ 200\ 元} \times 100\% = 113.03\%$$

$$\sum p_0 q_1 - \sum p_0 q_0 = 85\ 000\ 元 - 75\ 200\ 元 = 9\ 800\ 元$$

$$价格指数 = \frac{\sum p_1 q_1}{\sum p_0 q_1} = \frac{106\ 800\ 元}{85\ 000\ 元} \times 100\% = 125.65\%$$

$$\sum p_1 q_1 - \sum p_0 q_1 = 106\ 800\ 元 - 8\ 500\ 元 = 21\ 800\ 元$$

再次，建立销售额、销售量和销售价格三种指数的指数体系：

$$\frac{\sum p_1 q_1}{\sum p_0 q_0} = \frac{\sum p_0 q_1}{\sum p_0 q_0} \frac{\sum p_1 q_1}{\sum p_0 q_1}$$

$$142.02\% = 113.03\% \times 125.65\%$$

最后，由于商品销售量和价格两因素的变动所影响的商品销售额变动的绝对量为

$$\sum p_1 q_1 - \sum p_0 q_0 = \left(\sum p_0 q_1 - \sum p_0 q_0\right) + \left(\sum p_1 q_1 - \sum p_0 q_1\right)$$

$$31\ 600\ 元 = 9\ 800\ 元 + 21\ 800\ 元$$

计算结果表明，三种商品的销售额报告期比基期增长 42.02%，增加的绝对额是 31 600 元。这是报告期销售量增长 13.03% 使得销售额增加 9 800 元，以及价格上涨 25.65% 使得销售额增加 21 800 元，两个因素共同作用的结果。

编制指数体系既可以对现象的变动进行因素分析，也可以根据指数间的相互关系，由已知指数求未知指数的值。

例如，已知某企业产品产量增长 15%，产品出厂价格上涨 8%，那么可知总产值增长 24.20%。因为：总产值指数 = 产品产量指数 × 价格指数 = 115% × 108% = 124.20%。

2. 总量指标指数的多因素分析

许多社会经济现象是很复杂的，它们的总量指标往往是由多个因素构成的，这就需要分析多因素变动对现象总变动的影响。例如，分析总产值的变动受职工人数和全员劳动生产率两个因素变动的影响。这样，对总产值的变动分析就可以分解为职工人数、工人数占职工人数的比重和工人劳动生产率三个因素进行变动的影响分析。

进行多因素分析的依据，仍然是其指数体系。但多因素现象的指数体系所包括的因素较多，一般包括三个或三个以上因素。指数的编制过程比较复杂，以下两点是进行多因素分析要加以注意的问题：

（1）多因素现象的变动分析中，为了测定某一因素的变动影响，要把其他两个或两个以上因素固定不变，这里仍然可利用编制综合指数的一般原则。具体确定原则为：当先分析数量指标变动时，除所分析的指标外，其他指标都固定在基期上，在依次分析其余指标的变动时，将分析完的指标都固定在报告期上；当先分析质量指标时，除所分析的指标外，其他指标都固定在报告期上，在依次分析其余指标时，将分析完的指标都固定在基期上。

（2）确定多因素的排列顺序问题。各因素的排列顺序应根据经济现象的内在联系而定，一般是先数量指标、后质量指标排列。相同性质指标以先大后小的原则。同时，一个合理的排列顺序要求前后因素都能形成具有一定经济意义的关系。

根据以上两点要求，合理地排列现象多因素的先后顺序，就可以逐步地测定各个因素变动对现象总变动的影响。现以原材料支出额为例说明如下：

$$原材料支出额 = 产量 \times 单位产品原材料消耗量 \times 单位原材料购进价格$$

设 q 表示产量，m 表示单位产品原材料消耗量，p 表示单位原材料购进价格。qmp 为原材料支出额，根据原材料支出额与产量、单位产品原材料消耗量、单位原材料购进价格间的内在联系及综合指数的编制原则，得到指数体系计算公式为

$$\frac{\sum q_1 m_1 p_1}{\sum q_0 m_0 p_0} = \frac{\sum q_1 m_0 p_0}{\sum q_0 m_0 p_0} \cdot \frac{\sum q_1 m_1 p_0}{\sum q_1 m_0 p_0} \cdot \frac{\sum q_1 m_1 p_1}{\sum q_1 m_1 p_0}$$

【例 6-6】根据表 6-5 中的资料，通过各因素变动对原材料支出额总变动的影响进行具体分析。

表 6-5　原材料支出额变动分析计算表

产品名称	产量/t		单位产品原材料消耗量/t		材料价格（万元/t）		原材料支出额（万元）			
	基期 q_0	报告期 q_1	基期 m_0	报告期 m_1	基期 p_0	报告期 p_1	基期 $q_0 m_0 p_0$	报告期 $q_1 m_1 p_1$	假定 $q_1 m_0 p_0$	假定 $q_1 m_1 p_0$
甲	10	12	0.85	0.84	25.0	25.0	212.5	252	255	252
乙	9	10	2.00	2.00	8.0	7.8	144.0	156	160	160
合计	—	—	—	—	—	—	356.5	408	415	412

分析步骤如下：

（1）原材料支出额的总变动为

$$原材料支出额指数 = \frac{\sum q_1 m_1 p_1}{\sum q_0 m_0 p_0} = \frac{408\ 万元}{356.5\ 万元} \times 100\% = 114.45\%$$

原材料支出额增加为

$$\sum q_1 m_1 p_1 - \sum q_0 m_0 p_0 = 408\ 万元 - 356.5\ 万元 = 51.5\ 万元$$

（2）各影响因素指数及绝对量。

1）产品产量变动影响为

$$产量指数 = \frac{\sum q_1 m_0 p_0}{\sum q_0 m_0 p_0} = \frac{415\ 万元}{356.5\ 万元} \times 100\% = 116.41\%$$

由于产量增长而增加的原材料支出额为

$$\sum q_1 m_0 p_0 - \sum q_0 m_0 p_0 = 415 \text{ 万元} - 356.5 \text{ 万元} = 58.5 \text{ 万元}$$

2）单位产品原材料消耗量变动影响为

$$\text{单位产品原材料消耗量指数} = \frac{\sum q_1 m_1 p_0}{\sum q_1 m_0 p_0} = \frac{412 \text{ 万元}}{415 \text{ 万元}} \times 100\% = 99.28\%$$

由于单位产品原材料消耗量降低而减少的原材料支出额为

$$\overline{K} = \sum q_1 m_1 p_0 - \sum q_1 m_0 p_0 = 412 \text{ 万元} - 415 \text{ 万元} = -3 \text{ 万元}$$

3）单位原材料价格变动影响为

$$\text{价格指数} = \frac{\sum q_1 m_1 p_1}{\sum q_1 m_1 p_0} = \frac{408 \text{ 万元}}{412 \text{ 万元}} \times 100\% = 99.03\%$$

由于价格降低而减少的原材料支出额为

$$\sum q_1 m_1 p_1 - \sum q_1 m_1 p_0 = 408 \text{ 万元} - 412 \text{ 万元} = -4 \text{ 万元}$$

（3）原材料支出额指数和三个因素指数的关系为

$$114.45\% = 116.41\% \times 99.28\% \times 99.03\%$$

绝对值之间的关系为

$$51.5 \text{ 万元} = 58.5 \text{ 万元} + (-3 \text{ 万元}) + (-4 \text{ 万元})$$

（4）经济意义分析。该企业两种产品原材料支出额报告期比基期增长了14.45%，增加支出额为51.5万元，这是产量增长16.41%使得支出额增加58.5万元，原材料单耗下降0.72%使得支出额减少3万元，以及原材料单价下降0.97%使得支出额减少4万元，三个因素共同作用的结果。

第五节　平均指标指数

一、平均指标指数的概念

平均指标指数是用两个不同时期的同一经济内容的平均指标值对比而形成的，用来反映两个时期总平均水平的变动程度和方向，用公式表示为

$$\overline{K} = \frac{\overline{x}_1}{\overline{x}_0}$$

式中，$\overline{x}_1$表示报告期某一经济量的平均数；$\overline{x}_0$表示基期同一经济量的平均数。

从平均指标指数的计算公式可以看到：平均指标指数不是两个总量指标对比，而是两个总量指标的平均值对比。因此，此平均指标指数可以使不能直接对比的指标找到共同比较的基础，以说明变动的总情况。

在分组条件下平均指标可分解为变量和比重两个因素，即

$$\overline{x}_1 = \frac{\sum x_1 f_1}{\sum f_1} = \sum x_1 \frac{f_1}{\sum f_1}$$

$$\bar{x}_0 = \frac{\sum x_0 f_0}{\sum f_0} = \sum x_0 \frac{f_0}{\sum f_0}$$

可见，平均指标的变动一方面受变量值变动的影响，另一方面受各组单位数在总体中所占比重变动的影响。因此，分析这两个因素对平均指标变动的影响方向和程度，可采用平均指标指数两因素分析法。

二、平均指标指数两因素分析

平均指标指数两因素分析一般要计算三个指数，即可变构成指数、固定构成指数、结构影响指数。

三个指数构成的指数体系为

$$可变构成指数 = 固定构成指数 \times 结构影响指数$$

1. 可变构成指数

可变构成指数是总体平均水平指标对比的相对数，用来反映总体平均指标总的变动情况。这种变动既包含总体各组水平的变动，也包含总体各组结构的变动。可变构成指数简称可变指数。其计算公式为

$$\bar{K}_{可变} = \frac{\bar{x}_1}{\bar{x}_0} = \frac{\sum x_1 \dfrac{f_1}{\sum f_1}}{\sum x_0 \dfrac{f_0}{\sum f_0}}$$

如以平均工资为例，则上式可写成

$$平均工资可变指数 = \frac{\bar{x}_1}{\bar{x}_0} = \frac{\sum x_1 f_1 / \sum f_1}{\sum x_0 f_0 / \sum f_0}$$

从平均工资可变指数 $\bar{K} = \sum x_1 \dfrac{f_1}{\sum f_1} / \sum x_0 \dfrac{f_0}{\sum f_0}$ 来看，平均工资可变指数受两个因素影响：①基期、报告期工资水平（x）；②基期、报告期两期各类工人数所占比重（$f/\sum f$）。如要测定其中一个因素的变动对总平均工资的影响，就要把另一个因素固定下来。

2. 固定构成指数

固定构成指数又称固定组成指数。它是在总体平均水平的变动中，为了单纯反映各组水平变动的影响，而将总体内部结构加以固定计算的平均指标指数，所以又称固定结构指数。

例如，要测定各类职工工资水平的变动情况，应将职工人数固定，即以职工人数的结构作为同度量因素，因为反映工资水平变动的指数是质量指标指数，与之相对应的职工人数的结构是数量指标，所以将其固定在报告期。其公式为

$$固定构成指数 = \frac{\sum x_1 f_1 / \sum f_1}{\sum x_0 f_1 / \sum f_1}$$

各组工资水平变动对总平均工资影响的绝对额为

$$\frac{\sum x_1 f_1}{\sum f_1} - \frac{\sum x_0 f_1}{\sum f_1}$$

3. 结构影响指数

结构影响指数就是结构变动影响的指数。它是在总体平均水平的变动中将各组水平固定，只反映各组结构变动影响的相对数。例如，要测定职工人数结构变化对总平均工资的影响程度，应将各类职工工资水平固定在基期，即以基期的各类职工工资水平作为同度量因素。其公式为

$$结构影响指数 = \frac{\sum x_0 f_1 / \sum f_1}{\sum x_0 f_0 / \sum f_0}$$

各组工人结构变动对总平均工资影响的绝对额为

$$\frac{\sum x_0 f_1}{\sum f_1} - \frac{\sum x_0 f_0}{\sum f_0}$$

【例 6-7】 根据表 6-6 中的资料，说明可变构成指数、固定构成指数和结构影响指数的计算及意义。

表 6-6 工人工资水平资料

人员构成	日工资水平（元）		职工人数（人）		日工资总额（元）		
	基期 x_0	报告期 x_1	基期 f_0	报告期 f_1	基期 $x_0 f_0$	报告期 $x_1 f_1$	按基期工资计算 $x_0 f_1$
新工人	100	150	400	330	40 000	49 500	33 000
老工人	160	288	600	770	96 000	221 760	123 200
合计			1 000	1 100	136 000	271 260	156 200

$$基期总平均工资 \ \bar{x}_0 = \frac{\sum x_0 f_0}{\sum f_0} = \frac{136\,000}{1\,000} 元 = 136 \ 元$$

$$报告期总平均工资 \ \bar{x}_1 = \frac{\sum x_1 f_1}{\sum f_1} = \frac{271\,260}{1\,100} 元 = 246.6 \ 元$$

（1）总平均工资变动。

$$平均工资可变构成指数 = \frac{\bar{x}_1}{\bar{x}_0} = \frac{246.6 \ 元}{136 \ 元} \times 100\% = 181.32\%$$

$$绝对额 = \bar{x}_1 - \bar{x}_0 = 246.6 \ 元 - 136 \ 元 = 110.6 \ 元$$

（2）两个影响因素指数的变动。

1）固定构成指数 $= \dfrac{\sum x_1 f_1 / \sum f_1}{\sum x_0 f_1 / \sum f_1} = \dfrac{246.6 \ 元}{142 \ 元} \times 100\% = 173.66\%$

各组工资水平变动使总平均工资增加的绝对额为

$$\frac{\sum x_1 f_1}{\sum f_1} - \frac{\sum x_0 f_1}{\sum f_1} = 246.6 \text{元} - 142 \text{元} = 104.6 \text{元}$$

2) 结构影响指数 $= \dfrac{\sum x_0 f_1 / \sum f_1}{\sum x_0 f_0 / \sum f_0} = \dfrac{142 \text{元}}{136 \text{元}} \times 100\% = 104.41\%$

工人结构变动使总平均工资增加的绝对额为

$$\frac{\sum x_0 f_1}{\sum f_1} - \frac{\sum x_0 f_0}{\sum f_0} = 142 \text{元} - 136 \text{元} = 6 \text{元}$$

(3) 由三个指数构成的指数体系。

可变构成指数＝固定构成指数×结构影响指数

$$\frac{\sum x_1 f_1 / \sum f_1}{\sum x_0 f_0 / \sum f_0} = \frac{\sum x_1 f_1 / \sum f_1}{\sum x_0 f_1 / \sum f_1} \times \frac{\sum x_0 f_1 / \sum f_1}{\sum x_0 f_0 / \sum f_0}$$

$$181.32\% = 173.66\% \times 104.41\%$$

绝对数之间的联系为

$$\frac{\sum x_1 f_1}{\sum f_1} - \frac{\sum x_0 f_0}{\sum f_0} = \left(\frac{\sum x_1 f_1}{\sum f_1} - \frac{\sum x_0 f_1}{\sum f_1}\right) + \left(\frac{\sum x_0 f_1}{\sum f_1} - \frac{\sum x_0 f_0}{\sum f_0}\right)$$

$$110.6 \text{元} = 104.6 \text{元} + 6 \text{元}$$

(4) 分析。计算结果说明，报告期和基期相比，工人总平均工资增长了81.32%，增加的绝对额是110.6元。这是新老工人的工资都有所增长使全部职工的平均工资增长了73.66%，增加的绝对额是104.6元，以及新老工人结构的变动（报告期工资水平较高的老工人比重上升）使全部职工的平均工资增长4.41%，增加的绝对额是6元，两因素共同作用的结果。

以上是对平均工资变动的分析。平均工资的变动常常引起工资总额的变动，所以也可以对工资总额等进行因素分析。例如：

工资总额指数＝工资可变指数×职工人数指数

分析的原理是一样的，研究一个因素的变动就要把另一个因素固定下来。这里不再论述。

第六节 常用的经济指数

作为重要经济分析指标和分析方法，指数在社会经济统计中应用很广泛。在不同的场合，需要运用不同的指数形式。这一节介绍最常见的三种经济指数，即居民消费价格指数、股票价格指数和工业经济效益综合指数，进一步说明指数的编制方法及其在社会经济问题研究中的应用。

一、居民消费价格指数

居民消费价格指数也称CPI，是英文"Consumer Price Index"的缩写。它同人民生活休戚相关，可用于分析居民实际生活水平的变化，是国民经济核算和宏观经济分析与决策的重要指标。居民消费价格指数按研究的范围不同区分，有市县级、省（区）级居民消费价格指数和全国范围的居民消费价格指数；同时，还分别按农村和城市编制，反映各地和全国城乡不同经济条件下居民消费价格的变动情况。

（一）居民消费价格指数的编制方法

居民消费价格指数所包含的内容，是居民日常消费的全部商品和服务项目。日常生活中，我国城乡居民消费的商品和服务种类繁多，小到针线，大到汽车，有数百万种，由于人力和财力的限制，不可能采用普查方式调查全部商品和服务项目的价格，世界各国都采用抽样调查方法。

1. 消费品、服务项目的分类和代表规格品的选择

目前，我国计算居民消费价格指数的商品和服务项目由国家统计局和地方统计部门分级确定。国家统计局根据全国 12 万户城乡居民家庭消费支出的抽样调查资料，统一确定商品和服务项目的类别，设置食品、烟酒及用品、衣着、家庭设备用品及维修服务、医疗保健及个人用品、交通和通信、娱乐教育文化用品及服务、居住等 8 大类，各大类又划分至 262 个基本分类，涵盖了城乡居民的全部消费内容。

我国地域辽阔，各地居民消费习惯和消费水平存在一定差异，具体的代表规格品由各地确定后报国家统计局审定。规格品是指具有特定产地、规格、等级、牌号、花色等特征的具体商品。例如，粮食制品是国家统一确定的一个基本分类，各地以代表性为原则，根据当地实际情况抽选与其他地区可能不相同的地方特色粮食制品，如北京选择的是馒头、火烧和大饼等规格品，贵阳选择的是米粉、卷粉和宽粉等规格品。考虑到大、小城市和县之间人口数量的巨大差异，在 600 种调查商品和服务项目的最低要求基础上，对大城市的要求要多一些，如北京实际调查 1 429 种，贵阳实际调查 647 种。如果把各地不同的规格品加总起来，全国居民消费价格指数包括的规格品就有成千上万种。目前美国的居民消费价格指数分为 8 大类 211 个基本分类、加拿大分为 8 大类 169 个基本分类、日本分为 10 大类 585 个代表规格品。

对于升级换代较快的工业品，代表规格品一年一定。如果该规格品年中失去代表性或从市场上消失，就必须进行更换。在充分听取相关生产企业意见的基础上，及时选取另一种有代表性的规格品替代。

2. 价格调查地点的选择及价格的采集

目前，计算我国居民消费价格指数的价格资料来源于全国 500 个调查市县的 5 万个商业业态、农贸市场，以及医院、电影院等提供服务消费的单位，统称价格调查点。这些调查点主要是依据经济普查获得的企业名录库以及有关部门的行政记录资料，以零售额或经营规模为标志，从高到低排队随机等距抽选出来的，同时按照各种商业业态兼顾、大小兼顾以及区域分布合理的原则进行适当调整。

由于在人口和市场建设等方面存在差距，500 个市县各自抽选的调查点数量差别也比较大。大中城市明显多一些，小城市和县相对少一些。例如，北京抽选了 1 454 个价格调查点，其中各种商业业态 621 个、农贸市场 41 个、服务类单位 792 个。贵阳抽选了 136 个价格调查点，其中各种商业业态 68 个、农贸市场 9 个、服务类单位 59 个。

目前，世界各国根据本国实际通常采用派人直接调查、电话调查、企业报表、网上收集等方式相结合收集计算居民消费价格指数所需的原始价格资料。我国 1984 年以来一直采用派人直接调查方式收集原始价格资料，目前分布在全国 500 个调查市县的价格调查员有 4 000 人左右。

例如，某市某月大米（基本分类）中的特粳散装大米这种规格品平均价格的计算如表 6-7 所示。

表 6-7　特粳散装大米（规格品）价格采集表　　　　　　（单位：元）

大　　米	单　位	规 格 等 级	第一次调查	第二次调查	第三次调查
南湖粮油商店	kg	一等	2.60	2.60	2.60
二道农贸市场	kg	二等	2.13	2.20	2.20
铁北集市贸易	kg	二等	2.20	2.20	2.20
平均价格	元	—	—	—	—

将报告期平均价格除以基期平均价格便是代表规格的单项指数（即个体指数）。例如，已知该地上月特粳散装大米为 2.22 元/kg，则这种规格大米的单项指数为（2.33÷2.22）×100% = 105%。

3. 指数计算方法和权数

由于调查成本以及基础资料来源的局限性，目前世界上大多数国家都采用每五年调整一次"商品篮子"。我国价格指数编制也是五年调整一次"商品篮子"，每年则根据城乡居民 12 万户消费调查资料及相关资料调整一次权数。

居民消费价格指数计算的程序是先基本分类指数，再中类、大类，最终由各大类指数加权平均为城市（或农村）居民消费价格总指数。基本分类指数是用简单几何平均法对若干种代表规格品的个体指数进行平均；中类和大类指数及总指数则是用加权算术平均法逐层计算的。

居民消费价格指数的权数是居民家庭用于各种商品和服务的支出额占所有消费品和服务支出总额的比重，反映调查商品和服务项目的价格变动在总指数形成中的影响程度，其资料来自城镇和农村居民住户的抽样调查，权数一经确定，一年内固定不变。

现举例说明居民消费价格指数计算的步骤（见表 6-8）。

表 6-8　居民消费价格食品类指数计算表

类别及用品	规 格 等 级	计量单位	权　　数	指　　数	指数×权数/1 000
食品大类指数			1 000	105.6	
1. 粮食中类			60	101.8	6.11
大米基本分类			600	102.5	61.50
	万昌散装大米	kg		105.1	
	九台 10kg 袋装	kg		100.0	
	新大米 10kg 袋装	kg		102.5	
面粉基本分类			50	103.1	5.16

（续）

类别及用品	规格等级	计量单位	权 数	指 数	指数×权数/1 000
	富强粉	kg		106.3	
	精制粉	kg		100.0	
粮食制品基本分类			322	100.8	32.46
其他			28	95.5	2.67
2. 淀粉及薯类中类			7	91.0	0.64
3. 干豆类及豆制品中类			20	91.0	1.82
4. 油脂中类			25	113.4	2.84
5. 肉禽及其制品中类			178	105.2	18.73
6. 蛋中类			20	103.2	2.06
7. 水产品中类			160	115.5	18.48
8. 菜中类			80	122.1	9.77
9. 调味品中类			15	102.4	1.54
10. 糖中类			10	98.4	0.98
11. 茶及饮料中类			35	100.1	3.50
12. 干鲜瓜果中类			80	106.3	8.50
13. 糕点饼干面包中类			40	100.0	4.00
14. 奶及奶制品中类			50	91.0	4.55
15. 在外用餐食品中类			190	100.6	19.11
16. 其他食品及食品加工服务中类			30	100.0	3.00

表 6-8 列出了食品大类包括的 16 个中类。其中，粮食中类包括大米、面粉、粮食制品和其他 4 个基本分类；大米和面粉的 2 个基本分类中又分别包括 3 种和 2 种代表规格品。

第一步，由各代表规格品的单项指数计算基本分类指数。

例如，大米这一基本分类指数为

$$I_{大米} = \sqrt[3]{1.051 \times 1.00 \times 1.025} \times 100\% = 102.5\%$$

第二步，根据基本分类指数计算中类指数。例如，粮食中类指数为

$$I_{粮食} = \frac{\sum I_{基} W}{总权数}$$

$$= \frac{1.025 \times 600 + 1.031 \times 50 + 1.008 \times 322 + 0.955 \times 28}{1\ 000} \times 100\%$$

$$= 101.8\%$$

第三步，各中类指数乘以相应的权数，便得到大类指数。例如，食品大类指数便是该大类所含 16 个中类指数与相应权数乘数之和，为 105.6%。

第四步，将 8 个大类指数分别乘以相应的权数，便得到总指数。该市某月居民消费价格环比总指数为 101.4%（见表 6-9）。

表 6-9　居民消费价格总指数计算表

类别及品名	规格等级	计量单位	权　　数	指　　数	指数×权数/1 000
居民消费价格指数			1 000	101.4	
一、食品类			390	106.3	41.46
二、烟酒及用品类			30	100.7	3.02
三、衣着类			70	103.8	7.27
四、家庭设备用品及维修服务类			80	100.9	8.07
五、医疗保健和个人用品类			90	91.0	8.19
六、交通和通信类			75	91.0	6.83
七、娱乐教育文化用品及服务类			152	101.2	15.38
八、居住类			113	98.5	11.13

(二) 居民消费价格指数的应用

居民消费价格指数包含着丰富的社会经济内容，除直接测定不同范围商品和服务价格变动程度和变动趋势外，还可派生出其他指数，是研究社会经济问题，制定有关政策的重要依据。现列举几个重要方面来论述。

1. 测定通货膨胀

通货膨胀是货币发行过多，超过商品流通正常需要，引起物价上涨、货币贬值的一种经济现象。它干扰正常的经济秩序，加剧经济周期波动，扩大财政赤字规模，增加居民负担，特别是对低收入居民生活影响大，给社会带来不稳定因素。因此，各国政府都把抑制和克服通货膨胀作为一种政策目标。对通货膨胀程度的测定是计算通货膨胀率。计算通货膨胀率的方法很多，最常见的是用价格指数的增长率表示。其计算公式为

$$通货膨胀率（\%）=\frac{计算期居民消费价格指数}{基期居民消费价格指数}\times100-100$$

计算结果若为正值，则表明存在通货膨胀；若为负值，则表明出现通货紧缩，即价格下跌、币值提高。通货膨胀率通常为环比指数，即选择上一年为基期。我国 2007 年—2020 年通货膨胀率如表 6-10 所示。

表 6-10　我国 2007 年—2020 年通货膨胀率

年　　份	通货膨胀率（%）	年　　份	通货膨胀率（%）
2007 年	3.25	2014 年	-0.58
2008 年	1.05	2015 年	-0.59
2009 年	-6.23	2016 年	0.59
2010 年	4.03	2017 年	-0.39
2011 年	2.03	2018 年	0.49
2012 年	-2.66	2019 年	0.78
2013 年	0.00	2020 年	-0.39

2. 测定货币购买力和职工实际工资（或居民实际收入）**的变动**

（1）货币购买力指数。所谓货币购买力，是指单位货币所能购买到的消费品和服务。货币购买力的变动直接由价格的变动所决定，而且呈反方向变动，即价格上涨，货币购买力下降；价格下降，货币购买力提高。因此，货币购买力指数可以由价格指数的倒数表示。其计算公式为

$$货币购买力指数 = \frac{1}{居民消费价格指数}$$

例如，某市 2020 年居民消费价格指数为 102.5%，则同期货币购买力指数为 97.56%，表明该市 2020 年人民币的币值相当于 2019 年的 97.56%。

（2）职工实际工资指数。职工领得的货币工资能够买到多少消费品和服务，直接受价格变动的影响。为了更确切地反映职工实际生活水平的变动，可以用价格指数来推算职工货币工资实际能够购买到的消费品和服务数量的变动，即计算职工实际工资指数。其计算公式为

$$职工实际工资指数 = \frac{职工平均工资指数}{居民消费价格指数}$$

或

$$职工实际工资指数 = 职工平均工资指数 \times 货币购买力指数$$

例如，某市 2020 年职工年平均工资为 85 000 元，比上年增长 10%，同期居民消费价格指数为 102.5%，则职工的实际工资指数为 107.32%（110%/102.5%）。

二、股票价格指数

股票作为一种特殊的金融商品，也有价格。广义的股票价格包括票面价格、发行价格、账面价格、清算价格、内在价格、市场价格等。狭义的股票价格，即通常所说的市场价格，也称股票行市。它完全随股市供求行情的变化而涨落。股票价格指数是根据精心选择的具有代表性和敏感性强的样本股票的某时点平均市场价格计算的动态相对数，用以反映某一股市股票价格总的变动趋势。股票价格指数的单位习惯上用"点"表示，即以基期为 100（或 1 000），每上升或下降 1 个单位称为 1 点。股票价格指数计算的方法很多，但一般以发行量为权数进行加权综合。其公式为

$$I = \frac{\sum p_{1i} q_i}{\sum p_{0i} q_i}$$

式中，p_{1i} 和 p_{0i} 分别表示报告期和基期样本股的平均价格；q_i 表示第 i 种股票的报告期发行量（也有采用基期的）。

（一）股票价格指数的编制

股票价格指数的编制通常采用加权综合法。其基本公式为

$$股票价格指数 = \frac{报告期股票市价总值}{基期股票市价总值} \times 100$$

遇到新增股票或上市股票新增扩股时，须对这一公式进行相应修正。其公式调整为

$$股票价格指数 = \frac{报告期股票市价总值}{新基准股票市价总值} \times 100$$

为方便日常计算，指数采用每日连锁方法计算。其计算公式为

$$I = I_0 \frac{Q_1}{Q_0} = I_0 \frac{\sum_{i=1}^{N} p_{1i} W_i}{\sum_{i=1}^{N} p_{0i} W_i}$$

式中，I 表示今日现价股票价格指数；I_0 表示上一日收盘股票价格指数；Q_1 表示今日当前市场市价总值；Q_0 表示上一日收盘市价总值；W_i 表示第 i 只股票基期发行（或流通）量；N 表示样本总数。

股票价格指数的编制过程中，经常会发生增发新股、配股、停牌、复牌、除权等事件，这些因素使股票价格指数不能反映正常的股市变化，更影响股票价格指数的连续性。因此，要对股票价格指数进行必要的调整。不同的情况对应不同的调整方法。

（1）样本中第 j 种股票送股，送股率为 R_{1j}，则修正公式为

$$I = I_0 \frac{p_{11} W_1 + p_{12} W_2 + \cdots + p_{1j} W_j (1 + R_{1j}) + \cdots + p_{1N} W_N}{\sum_{i=1}^{N} p_{0i} W_i}$$

（2）样本中第 j 种股票配股，配股率为 R_{2j}，配股价为 A_j，则修正公式为

$$I = I_0 \frac{p_{11} W_1 + p_{12} W_2 + \cdots + p_{1j} W_j (1 + R_{2j}) + \cdots + p_{1N} W_N}{\sum_{i=1}^{N} p_{0i} W_i + A_j R_{2j} W_j}$$

股票价格指数是反映证券市场行情变化的重要指标，不仅是广大证券投资者进行投资决策分析的依据，而且也被视为一个地区或国家宏观经济态势的"晴雨表"。世界各地的股票市场都有自己的股票价格指数，下面介绍几种常见的股票价格指数。

（二）道-琼斯股价平均数

道-琼斯股价平均数（Dow-Jones's Average Index）由美国的道-琼斯公司计算并发布。自1884年第一次发布，迄今已有一个多世纪。它是久负盛名、影响广泛的一种股票价格指数。

道-琼斯股价平均数以在纽约证券交易所挂牌上市交易的一些著名大公司的股票为编制对象。最初采用简单算术平均法计算，将采样股票价格总额除以公司数，反映的是每一公司的平均股票价格总额。为了反映每一单位平均股票价格，应将采样股票价格总和除以总股数，但考虑到增资和折股等各种非市场因素对股票总股数的影响，后来采用除数修正法，即将各种采样股票价格总和除以一个修正后的除数来计算道-琼斯股价平均数。除数修正公式为

$$\text{修正后的新除法} = \frac{\text{非市场因素影响后的各种采取股票理论价格之和}}{\text{非市场因素影响前各种采样股票收盘价之和}} \times \text{原先除数}$$

$$\text{道-琼斯股价平均数} = \frac{\text{采样股票价格总和}}{\text{修正后的新除法}}$$

人们通常引用的道-琼斯股价平均数实际是一组平均数，包括：

1. 道-琼斯工业股价平均数

它由美国30家著名工商业公司股票组成采样股，主要用以反映整个工商业股票的价格

水平。在许多场合，也被用作道-琼斯股价平均数的代表。

2. 道-琼斯交通运输业股价平均数

它以美国 20 家著名的交通运输公司的股票为采样，其中有 8 家铁路公司、8 家航空公司和 4 家公路货运公司。

3. 道-琼斯公用事业股价平均数

它以美国 15 家最大公用事业公司的股票为采样股，反映公用事业类股票的价格水平。

4. 道-琼斯股价综合平均数

以上述三种股价平均数所涉及的共 65 家公司的股票为采样股综合得到的股价平均数，反映整个股票市场价格的变化趋势。

（三）标准·普尔股价指数

标准·普尔公司是美国最大的证券研究机构之一，于 1923 年起开始编制标准·普尔股价指数（Standard & Poor's Index），1957 年起至今，标准·普尔股价指数的采样股一直保持在 500 种之多，其中工业股票 400 种、公用事业股票 40 种、金融业股票 40 种、运输业股票 20 种。

标准·普尔股价指数以 1941 年—1943 年为基期，以股票发行量为权数对所有采样股票价格加权计算而成。其权数根据发行量变化调整。由于它包括的股票市价总值约占纽约证券交易所上市股票的 75%，因此代表性强，能较全面地反映股票市场价格的变动，在国际金融市场上的影响也较大。

（四）香港恒生指数

1969 年 11 月 24 日，香港恒生银行编制并首次公开发表香港恒生指数（Heng Seng Index，HSI）。它是香港证券市场上最有代表性的股票价格指数。香港恒生指数共选择了 33 种具有代表性的股票（成分股）为指数计算对象。其中，金融业 4 种，公用事业 6 种，地产业 9 种，其他行业 14 种。

香港恒生指数以 1964 年 7 月 31 日为基期，基日指数定为 100。其计算公式为

$$即时指数 = \frac{现时成分股的总市值}{上日收市时成分股的总市值} \times 上日收市指数$$

成分股的市值是按股价乘以发行股数计算的。因此，香港恒生指数也是以股票发行量为权数的加权综合指数。

（五）上海证券交易所股价指数

上海证券交易所股价指数主要有上证综合指数。上证综合指数是以 1990 年 12 月 19 日为基日（该日为上海证券交易所正式营业之日），基日指数定为 100，以所有在上海证券交易所上市的股票为编制范围，采用以股票发行量为权数的综合股价指数。其计算公式为

$$上证综合指数 = \frac{报告期市价总值}{基日市价总值} \times 100$$

式中，市价总值表示股票市价乘以发行股数；基日市价总值也称除数。

当市价总值出现非交易因素（增股、配股、汇率等）变动时，原除数需修正，以维持指数的连续可比。其修正公式为

$$修正后的除数 = \frac{修正后的市价总值}{修正前的市价总值} \times 原除数$$

(六) 深圳证券交易所股价指数

深圳证券交易所股价指数有深证综合指数和深证成分股指数。

1. 深证综合指数

它是以在深圳证券交易所上市的所有股票为对象编制的指数。1991年4月3日为指数的基日，1991年4月4日公布。深证综合指数是以发行量为权数，纳入指数计算范围的股票称为指数股。指数计算的基本公式为

$$指数 = \frac{现时指数股总市值}{基日指数股总市值} \times 100$$

若遇股市结构有所变动，其修正是用"连锁"方法计算得到的指数，以维持指数的连续性。每日连锁方法的计算公式为

$$今日即时指数 = 上日收市指数 \times \frac{今日即时指数股总市值}{经调整的上日指数股收市总市值}$$

2. 深证成分股指数

它以1994年7月20日为基日，基日指数定为1 000，于1995年1月23日开始发布。深证成分股指数采用流通量为权数，计算公式同深证综合指数。深证成分股指数是从上市公司中挑选出40家具有代表性的成分股计算的。成分股选择的一般原则是：①有一定上市交易日期；②有一定上市规模；③交易活跃。此外，成分股的选择还要考虑公司股份的市盈率，公司的行业代表性，地区、板块代表性，公司的财务状况、管理素质等。

三、工业经济效益综合指数

工业经济效益综合指数是衡量工业经济效益各方面总体水平，对企业、地区和全国工业经济效益进行监测和综合评价的一种特殊的相对数，是指数法在多指标综合评价中的一种具体应用。

(一) 多指标综合评价的概念和方法

实际工作中，对一个统计总体用一个指标往往不足以概括其基本特征，而需要用多个指标构成的指标体系从各个方面予以说明，才能做出比较全面的描述和评价。同样，总体中的每个个体也具有多个方面的特征。综合评价就是对各个个体多方面的特征进行综合比较，但是由于各个指标的计量单位不同，也就是量纲不同，属于不同质的量，不具备统一度量的同度量因素，因而需要用某种方法消除指标的量纲，将它们合成为一个综合数值，以便对各个单位（部门）进行比较或对同一单位（部门）的前后变化做出评价。这种将多个指标合成为一个综合数值的方法就称为多指标综合评价法。

进行综合评价，首先要确定一个科学合理的评价指标体系，此外还必须解决各个指标的无量纲化和综合计算中的权数问题。

1. 指标无量纲处理方法

消除指标量纲的常用方法主要有以下几种：

（1）单项动态指数法。将各指标报告期的数值与基期数值比较，计算各指标的单项动

态指数，表示它们进一步或改善的程度；或者将各指标的实际值与根据实际情况合情合理地确定的标准值比较，表示各指标相对于某一标准的差异程度。

（2）阈值法。对各指标分别确定阈值，运用多目标规划中的"功效系数"方法计算单项指数。其计算公式为

$$I_i = \frac{X_i - X_s}{X_h - X_s}$$

式中，I_i 表示某指标的单项指数；X_i 表示指标实际值；X_h 和 X_s 分别表示该指标的满意值和不允许值。

满意值是指应该和可能达到的最佳值；不允许值是指同样条件下不应当出现的最差值。I_i 的取值一般为 0~1，但也有可能超出这个范围。此外，如果所有参评单位同一指标的实际值近似服从正态分布，且没有反常的奇异值，也可用实际的最大值和最小值代替满意值和不允许值。不过，这时的逆指标要按反方向处理。其计算公式为

$$I_i = \frac{X_i - \min}{\max - \min} \quad （正指标）$$

$$I_i = \frac{X_i - \max}{\min - \max} \quad （逆指标）$$

或者，将逆指标的实际值定为负值，计算单项指数 I_i 时，乘以 -1，再按正指标公式计算。这样，只改变符号的方向，其绝对值和评价结果不变。

实际应用中，为了使计算的单项指数不至于取值为"0"，而且符合习惯的百分制评价尺度，通常可以对单项指数做如下处理：

$$I_i = \frac{X_i - \min}{\max - \min} \times 40 + 60$$

这样，I_i 的取值一般为 60~100。

（3）标准分法。将各指标的实际值进行标准化，转换为标准分，再加以扩值处理。其计算公式为

$$I_i = \frac{X_i - \overline{X_i}}{\sigma_i} \times 40 + 60$$

式中，$\overline{X_i}$ 和 σ_i 分别表示各指标的均值和标准差。

需要注意的是，在上述三种消除指标量纲的方法中，阈值法和标准分法计算得到的 I_i 不是指数，而是一个分值。

2. 权数的确定

对各单项指数（或分值）进行合成时的权数，表示各单项指标在综合指数形成中的地位。权数的确定按综合评价的方法不同而有多种，大致分为两类：一类是多元统计中的主成分法、聚类分析法、因子分析法以及以模糊数学理论为依据的模糊综合评价法等，通常称为客观权数方法；另一类称为主观权数法，即采用专家调查，根据专家们的理论分析和对实践经验的概括，充分考虑各指标之间相关性强弱和各指标在综合中的重要程度来确定它们的权数。主观权数法具有价值判断的直接性和较强的规范性，计算方便，易于理解，应用较广。

（二）工业经济效益综合指数的计算

现行的工业经济效益综合指数一般包括以下七个指标：

(1) 总资产贡献率 = $\dfrac{\text{利润总额} + \text{税金总额} + \text{利息支出}}{\text{平均资金总额}} \times 100\%$

(2) 资本保值增值率 = $\dfrac{\text{报告期期末所有者权益}}{\text{上年同期期末所有者权益}} \times 100\%$

(3) 资产负债率 = $\dfrac{\text{负债总额}}{\text{资产总额}} \times 100\%$

(4) 流动资金周转率 = $\dfrac{\text{产品销售收入}}{\text{全部流动资产平均余额}}$

(5) 成本费用利润率 = $\dfrac{\text{利润总额}}{\text{成本费用总额}} \times 100\%$

(6) 工业全员劳动生产率 = $\dfrac{\text{工业增加值}}{\text{全部从业人员平均人数}}$

(7) 产品销售率 = $\dfrac{\text{工业销售产值}}{\text{现价工业总产值}} \times 100\%$

将上述指标报告期实际值分别除以各指标的标准值,得到各指标的单项指数,然后用加权算术平均法计算综合指数。其计算公式为

$$\text{工业经济效益综合指数} = \sum \dfrac{\left(\dfrac{\text{某项指标报告期数值}}{\text{该指标全国标准值}} \times \text{该指标权数} \right)}{\text{总权数}}$$

式中的标准值,一般采用某一个时期的平均数,或根据实际情况加以适当的调整。

某地 2020 年工业经济效益综合指数的计算与变动分析如表 6-11 所示。

表 6-11 某地 2020 年工业经济效益综合指数的计算与变动分析表

指标	标准值	权数	本年		上年		增减
			指标值	指标值/标准值 ×权数	指标值	指标值/标准值 ×权数	
综合指数		100		100.65		99.36	1.29
总资产贡献率	10.7	20	10.8	20.19	10.0	18.69	1.50
资本保值增值率	120	16	126.94	16.93	121.23	16.16	0.77
资产负债率	60	12	65.16	13.03	65.19	13.04	−0.01
流动资金周转率	1.32	15	1.52	17.27	1.57	17.84	−0.57
成本费用利润率	3.71	14	2.73	10.30	2.98	11.25	−0.95
全员劳动生产率	16 500	10	16 414	9.95	15 751	9.55	0.40
产品销售率	96	13	95.86	12.98	94.78	12.83	0.15

其中的资产负债率单项指数若采用阈值法计算,则根据当前情况,资产负债率过大或过小都属不正常,一般认为保持在 40%~60% 为宜。故而将不允许值定为 100%,满意值定为 60%,权数为 12。表 6-11 中该指标的计算如下:

$$\text{本年资产负债率} = \dfrac{65.16 - 100}{60 - 100} \times 12 = 10.45$$

$$上年资产负债率 = \frac{65.19-100}{60-100} \times 12 = 10.44$$

该项指标报告期比基期增加 0.01，说明该地资产负债情况略有好转。由表 6-11 可知，该地工业经济效益综合指数报告期比基期上升 1.29 个百分点；从各单项指数的变动还可以进一步分析总指数上升的原因。

思 考 题

1. 什么是综合指数？它有什么特点？
2. 综合指数和平均指数有何联系和区别？
3. 什么是同度量因素？其作用是什么？
4. 什么是指数体系？指数体系有什么作用？

练 习 题

一、判断题

1. 统计指数可以用于反映现象的长期发展趋势。（   ）
2. 综合指数和平均指数具有不同特点，两者之间不能互相转换。（   ）
3. 在实际应用中，平均指数可以作为综合指数的变形。（   ）
4. 物价指数是实际的商品价格变动。（   ）
5. 如果价格指数上涨，销售量指数下降，则销售额指数不变。（   ）

二、单项选择题

1. 数量指标综合指数一般采用（   ）形式。
   A. 派氏指数　　B. 拉氏指数　　C. 马埃指数　　D. 费雪指数
2. 编制综合数量指标指数（数量指标指数化）时，其同度量因素最好固定在（   ）。
   A. 报告期　　B. 基期　　C. 计划期　　D. 任意时期
3. 平均价格可变构成指数的公式是（   ）。

   A. $\dfrac{\sum q_1 p_1 / \sum q_1}{\sum q_0 p_1 / \sum q_1}$　　　　B. $\dfrac{\sum q_0 p_1 / \sum q_1}{\sum q_0 p_0 / \sum q_0}$

   C. $\dfrac{\sum q_1 p_1 / \sum q_1}{\sum q_0 p_0 / \sum q_0}$　　　　D. $\dfrac{\sum q_0 p_1 / \sum q_1}{\sum q_1 p_0 / \sum q_0}$

4. 平均指标指数可以分解为两个指数，所以（   ）。
   A. 任何平均指标都能分解
   B. 加权算术平均指标和加权调和平均指标才能分解
   C. 只有加权算术平均指标才能分解
   D. 按加权算术平均法计算的平均指标，并有变量数值和权数资料时才能进行分解
5. 某企业报告期产量比基期增长了 10%，生产费用增长了 8%，则其产品单位成本降低了（   ）。
   A. 1.8%　　B. 2%　　C. 20%　　D. 18%
6. 狭义的指数是反映（   ）数量综合变动的方法。
   A. 有限总体　　B. 无限总体　　C. 复杂总体　　D. 简单总体
7. 数量指标综合指数 $\dfrac{\sum q_1 p_0}{\sum q_0 p_0}$ 变形为加权算术平均数时的权数是（   ）。

A. q_1p_1　　　　B. q_0p_0　　　　C. q_1p_0　　　　D. q_0p_1

8. 在由 3 个指数所组成的指数体系中，两个因素指数的同度量因素通常（　　）。
   A. 都固定在基期
   B. 都固定在报告期
   C. 一个固定在基期，一个固定在报告期
   D. 采用基期和报告期的平均数

9. 固定权数的加权算术平均数价格指数的计算公式是（　　）。

   A. $\dfrac{\sum \dfrac{p_1}{p_0}W}{\sum W}$　　B. $\dfrac{\sum \dfrac{q_1}{q_0}W}{\sum W}$　　C. $\dfrac{\sum W}{\sum \dfrac{1}{k}}$　　D. $\dfrac{\sum W}{\sum \dfrac{p_1}{p_0}W}$

10. 如果生活费用指数上涨了 20%，则现在 1 元钱（　　）。
    A. 只值原来的 0.8 元
    B. 只值原来的 0.83 元
    C. 与原来 1 元钱等值
    D. 无法与原来比较

三、多项选择题

1. 某企业 2020 年三种不同产品的实际产量为计划产量的 105%，这个指数是（　　）。
   A. 个体指数　　B. 总指数　　C. 数量指标指数
   D. 质量指标指数　　E. 静态指数

2. 如果用 p 表示商品价格，用 q 表示商品零售量，则公式 $\sum p_1q_1 - \sum p_0q_1$ 的意义是（　　）。
   A. 综合反映价格变动和销售量变动的绝对额
   B. 综合反映多种商品价格变动而增减的销售额
   C. 综合反映总销售额变动的绝对额
   D. 综合反映多种商品销售量变动的绝对额
   E. 综合反映由于价格变动而使消费者增减的货币支出额

3. 同度量因素的作用有（　　）。
   A. 平衡作用　　B. 比较作用　　C. 权数作用
   D. 稳定作用　　E. 同度量作用

4. 某农户的小麦播种面积报告期为基期的 120%，这个指数是（　　）。
   A. 个体指数　　B. 总指数　　C. 数量指标指数
   D. 质量指标指数　　E. 动态指数

5. 下列属于质量指标指数的有（　　）。
   A. 劳动生产率指数　　B. 商品销售量指数　　C. 价格指数
   D. 产品成本指数　　E. 职工人数指数

6. 指数体系中，指数之间的数量对等关系表现在（　　）。
   A. 总量指数等于它的因素指数的乘积
   B. 总量指数等于它的因素指数的代数和
   C. 总量指数等于它的因素指数之间的比例
   D. 与总量指数相应的绝对增长额等于它的各因素指数所引起的绝对增长额的代数和
   E. 与总量指数相应的绝对增长额等于它的各因素指数所引起的绝对增长额的乘积

7. 已知某商场报告期价格综合指数为 115%，绝对影响额为 50 万元，则（　　）。
   A. 商品价格平均增长了 15%
   B. 价格变动使销售额增长了 15%
   C. 价格变动使销售额增长了 50 万元
   D. 居民购买同样多的商品比基期多支付了 50 万元

E. 商品价格上涨了 50 万元

8. 指数的作用有（　　）。
A. 综合反映现象的变动方向　　　　　　　　B. 综合反映现象的变动程度
C. 分析现象总变动中各因素的影响方向和程度　　D. 研究现象在长时期内的变动趋势
E. 解决不同性质数列之间不能对比的问题

四、综合题

1. 某厂产品成本资料如表 6-12 所示。

表 6-12　某厂产品成本资料

产品名称	计量单位	单位成本（元）		产品产量	
		基期	报告期	基期	报告期
甲	件	10	9	1 000	1 100
乙	个	9	9	400	500
丙	m	8	7	700	800

要求：
（1）计算成本个体指数和产量个体指数。
（2）计算综合成本指数。
（3）计算总生产费用指数。

2. 某印染厂产量资料如表 6-13 所示。

表 6-13　某印染厂产量资料

产品名称	上年实际产值（万元）	本年实际产值（万元）	产量本年比上年增长（%）
甲	200	240	25
乙	450	485	10
丙	350	480	40
合计	1 000	1 205	—

依据表 6-13 中的资料计算加权算术平均指数，以及产量增长使产值增加了多少？

3. 某厂所有产品的生产费用 2020 年为 12.9 万元，比上年多 0.9 万元，单位产品成本平均比上年降低 3%。

要求：
（1）计算生产费用总指数。
（2）计算由于单位成本降低而节约的生产费用。

4. 某工业企业甲、乙、丙三种产品的产量及价格资料如表 6-14 所示。

表 6-14　某工业企业甲、乙、丙三种产品的产量及价格资料

产品名称	计量单位	产量		价格（元）	
		基期	报告期	基期	报告期
甲	套	30	32	340	360
乙	t	46	54	120	130
丙	台	60	60	620	680

要求：
（1）计算三种产品的产值指数、产量指数和价格指数。
（2）计算该企业产品报告期产值增长的绝对额。
（3）从相对数和绝对数上简要分析产量及价格变动对总产值变动的影响。
5. 某工厂工人和工资情况如表 6-15 所示。

表 6-15 某工厂工人和工资情况

	平均人数（人）		平均工资（元）	
	基期	报告期	基期	报告期
技术工人	20	30	8 000	10 000
一般工人	40	90	5 000	6 000
合计	60	120	—	—

试计算平均工资的可变构成指数、固定构成指数和结构影响指数，并进行因素分析。

练习题参考答案

用微信扫描二维码，可以查看练习题参考答案。

第七章

抽样与参数估计

第一节 抽样推断的基本问题

20世纪以来，科学和技术迅猛发展，人类的经济和社会生活以及其他活动都发生了巨大的变化。大规模的专业化生产、产品的标准化和劳动的综合利用，一切活动都以追求最大经济效益为目标。从事活动的规模越大，就越需要对发展计划进行周密的安排，而计划的设计、实施以及对未来成效的评估，不论工业、商业或其他经济活动，都不可缺少地要以客观资料作为依据。当总体较大，或者当调查具有破坏性的实验活动时，使用抽样推断的方法比较科学。抽样推断已成为当今最重要的统计调查和分析方法之一，它广泛应用于社会、经济、科技、自然等各个领域。

一、抽样推断的概念及其特点

（一）抽样推断的概念

抽样推断是按照随机原则，从研究总体的所有单位中，抽取部分单位作为样本，然后以样本的观测或调查结果对总体的数量特征做出具有一定可靠程度和精度的估计方法。例如，从某地消费者中，通过随机抽样抽取若干消费者进行消费水平的实测，以此来推断该地区居民的平均消费水平；工厂在生产过程中以及商家在进货验收过程中常抽取一定数量的产品，检验其质量并以此推断全部产品质量的优劣；商家抽取一部分消费者，了解其消费需求及爱好；网站对中央电视台春节联欢晚会的观众进行调查，了解广大群众对春节联欢晚会的评价等。可见，抽样推断既是搜集统计资料的方法，也是对调查对象进行科学估计和推断的方法。

（二）抽样推断的基本特点

1. 在调查单位的选取上遵循随机原则

遵循随机原则从总体中抽取样本单位，是抽样调查的基本要求，也是抽样推断的基础。

所谓随机原则，就是在抽选样本时排除主观上有意识地抽选调查单位，使总体中每个单位都有相同的机会被抽中。这里需要说明的是，随机并不是"随便"，随机是有严格的科学含义的，可用概率来描述；而"随便"带有一定人为或主观的因素，它不是一个科学的概念。随机原则一般要求总体中每个单位均有一个相等的概率被抽中。

坚持随机原则是因为，如果总体中每个单位都有一定机会被抽中，那么就有较大的可能性使所抽选的样本保持与总体有相类似的结构，这样样本的代表性就比较大，抽样的误差也就小了。而且，只有在随机原则下，抽样误差的分布才有可能加以描述，因而抽样误差的范围便可以事先加以计算和控制。

2. 以样本的数量特征去推断总体的数量特征

抽样推断的目的是要达到对总体数量特征的认识，在资料的获取上不同于全面调查，也与其他非全面调查有着显著区别。全面调查如普查、全面统计报表制度，虽可以达到对总体的认识，但却没有非全面调查省时、省力的优点；除抽样调查外的其他非全面调查，如重点调查、典型调查，虽然具有省时、省力的特点，但却又未必能在数量上推断总体，达到对总体认识的效果。抽样调查不仅具有省时、省力的特点，而且还能认识总体的数量特征，因此就奠定了抽样调查是一种科学的、行之有效的调查方法。

3. 抽样误差可以事先计算并加以控制

抽样推断是用样本的数量特征去估计总体的数量特征，由于样本单位的分布不能完全接近总体单位的分布，因此，在抽样推断过程中会产生一定的由随机因素引起的代表性误差，即抽样误差。抽样误差是不能避免的，但我们事先可以通过一定的统计方法估计和计算出抽样误差，并且能通过各种有效的办法把抽样误差控制在某一最低限度或控制在某一需要的范围内。抽样调查的科学性，也正体现在对抽样估计和推断的结论能够提出客观的、可以控制的精确度和可靠程度。

（三）抽样推断的作用

1. 适宜无限总体或总体单位特别多的总体

有些现象无法进行全面调查，但为了测算总体情况，必须进行抽样调查，如对无限总体的调查、破坏性调查以及在理论上可以全面调查但实际上很难实现的调查等。

2. 可以对全面调查的结果进行检查和修正

全面调查涉及面广、工作量大、参加人员多，调查结果容易出现各种差错。因此，应在全面调查（如人口普查）之后进行抽样复查，根据复查结果计算差错率，并以此为依据检查和修正全面调查结果，从而提高全面调查的质量。

3. 可用于生产过程的质量控制

在产品成批或大量连续生产的过程中，利用抽样调查可以及时提供产品质量信息，进行质量控制，保证生产质量稳定。

二、抽样推断中的基本概念

1. 总体

总体又称全及总体或母体，是指所要调查研究的对象的全体。在抽样调查中，总体是唯一确定的。总体内包含的单位多少称为总体单位数，一般用符号 N 表示。

根据被研究变量的性质不同，总体还可分为数量总体和属性总体两种。被研究的是数量变量的总体为数量总体，如研究学习成绩水平的学生总体；被研究的是属性变量的总体为属性总体，如研究文化程度的居民总体。对于同一总体，有时是数量总体，有时是属性总体，有时则两者皆是。例如，居民住户总体，当研究的是居民住户的收入水平、消费水平等数量变量时，它是数量总体；当研究的是拥有计算机、汽车户数比重等属性变量时，它是属性总体；当对以上变量都进行研究时，则它既是数量总体，又是属性总体。

反映总体数量特征的指标为总体指标或总体参数。从理论上说，它是由被抽样总体各单位的变量值或变量特征计算而成的。对于数量总体，设某单位的变量值为 x_i（$i=1,2,\cdots,N$），则总体指标有

总体均值：
$$\overline{X} = \frac{\sum_{i=1}^{N} x_i}{N} \tag{7-1}$$

总体方差：
$$\sigma^2 = \frac{\sum_{i=1}^{N}(x_i - \overline{X})^2}{N} \tag{7-2}$$

总体标准差：
$$\sigma = \sqrt{\frac{\sum_{i=1}^{N}(x_i - \overline{X})^2}{N}} \tag{7-3}$$

对于属性总体，设总体中具有某种属性特征的单位数为 N_1，其他单位数为 N_0，总体单位数 $N = N_1 + N_0$，则总体指标有

总体成数：
$$P = \frac{N_1}{N}, \quad Q = \frac{N_0}{N} \tag{7-4}$$

总体方差：
$$\sigma^2 = P(1-P) \tag{7-5}$$

总体标准差：
$$\sigma = \sqrt{P(1-P)} \tag{7-6}$$

很显然，对于某个固定总体而言，总体指标的值是唯一确定的，是不变的量。但在抽样调查中，上述总体指标的值都是未知的，需要经过抽样调查进行估计和推断。

2. 样本

样本也称子样，是指从被调查的总体中按照随机原则抽取，并要对其进行调查或观察的部分单位所组成的集合体。样本是总体的缩影，是总体的代表。以样本的调查或观察结果来推断总体的数量特征，是抽样调查的目的。

一个样本所包含的单位数称为样本容量，用符号 n 表示。从总体中可能抽取的全部样本数目称为可能样本个数。对于一个总体，从中所抽取的样本是随机的，不是唯一的。

来自总体的样本，自然包含了有关总体分布的信息。适当而有效地利用这些信息，就能对总体分布做出尽可能好的推断。在统计推断理论中，常采用对不同的问题构造不同的样本函数的方法，来汇集（浓缩）样本中与总体分布有关的各种信息，以用于对总体分布做出分析推断。这种样本的函数就称为统计量，统计量中不能含有未知参数。

与总体相对应，表示样本数量特征的指标称为样本指标或样本统计量，它是由样本各单位的标志值或标志特征计算而成的。对于数量样本，设 $(x_1, x_2, \cdots, x_n)$ 是来自总体的样本，则样本指标有：

（1）样本均值。

在未分组情况下
$$\overline{x} = \frac{\sum_{i=1}^{n} x_i}{n} \tag{7-7}$$

在分组情况下
$$\bar{x} = \frac{\sum_{i=1}^{n} x_i f_i}{\sum_{i=1}^{n} f_i} \tag{7-8}$$

式中，f_i 表示权数。

（2）样本方差。

在未分组情况下
$$S^2 = \frac{\sum_{i=1}^{n}(x_i - \bar{x})^2}{n-1} \tag{7-9}$$

在分组情况下
$$S^2 = \frac{\sum_{i=1}^{n}(x_i - \bar{x})^2 f_i}{\sum_{i=1}^{n} f_i - 1} \tag{7-10}$$

（3）样本标准差。

在未分组情况下
$$S = \sqrt{\frac{\sum_{i=1}^{n}(x_i - \bar{x})^2}{n-1}} \tag{7-11}$$

在分组情况下
$$S = \sqrt{\frac{\sum_{i=1}^{n}(x_i - \bar{x})^2 f_i}{\sum_{i=1}^{n} f_i - 1}} \tag{7-12}$$

对于属性样本，设样本中具有某种属性特征的单位数为 n_1，其他单位数为 n_2，样本单位数 $n = n_1 + n_2$，则样本指标有：

（1）样本成数。
$$p = \frac{n_1}{n}, \quad q = \frac{n_0}{n} \tag{7-13}$$

（2）样本方差。
$$S^2 = p(1-p) \tag{7-14}$$

（3）样本标准差。
$$S = \sqrt{p(1-p)} \tag{7-15}$$

由于样本非唯一确定，不同样本的样本指标值不同，因而样本统计量是随机变量，其取值随样本的不同而不同。

三、抽取样本的方法

抽取样本的目的是对总体情况进行推断，我们自然希望抽取出来的样本尽可能好地反映总体的情况，这就要对抽样方法提出一定的要求。根据抽样的原则不同，抽样方法可以划分为概率抽样和非概率抽样两大类。概率抽样是根据一个已知概率来抽取样本单位，也就是说，哪个单位被抽中与否完全是随机的，不取决于研究人员的主观意愿，而取决于客观机会，即概率。非概率抽样则是研究人员有意识地选取样本单位，样本单位的选取不是随机的，一般的抽样推断都是建立在概率抽样的基础上。因此，本节主要介绍一些常用的概率抽样方法。

（一）简单随机抽样

如果总体中每个个体被抽到的机会是均等的，并且在每次抽取一个个体之后总体的成分不改变，这样抽取出的个体所构成的样本就能很好地反映总体的情况，基于这种想法抽取的样本称为简单随机样本。取得简单随机样本的过程称为简单随机抽样，也称纯随机抽样。它是抽样调查应用最多的方法之一，也是最基本的抽样方法。

根据样本单位是否可以重复抽取，抽样方法可以分为重复抽样与不重复抽样。

1. 重复抽样

重复抽样也称重置抽样。它从总体 N 中随机抽取一个容量为 n 的样本，每次从总体中抽取一个样本单位，连续进行 n 次抽取，构成一个样本。而对每次抽取的一个样本单位，经过调查观测后，将该单位重新放回总体，这样在下一次的抽样中仍有可能再次被抽中。因而，对于含有 N 个单位的总体，每个单位被抽中的概率均为 $\frac{1}{N}$。

2. 不重复抽样

不重复抽样也称不重置抽样。它从总体 N 中抽取一个容量为 n 的样本，也是由连续 n 次抽取的结果构成的，但每次抽中的样本单位经调查观测后搁置一边，不再放回总体，因此在下一次抽取样本单位时不会再抽到前面已抽中的样本单位。每抽取一次，总体单位就减少一个，每次抽取结果都影响着下一次的抽取情况，每个单位被抽中的概率在各次抽取时是不同的。

（二）分层抽样

分层抽样也称类型抽样或分类抽样。它是先将总体单位按某一标志分成若干层，然后从每层随机抽取一定单位组成样本，以样本的观测结果推断各层的数量特征和总体数量特征的一种抽样组织形式。

分层抽样的特点表现在：

（1）由于分层抽样是在各层中进行的，因此各层样本除汇总后可用于总体参数的估计外，还可用来对层的参数进行估计。例如全国人口抽样调查，若以省为层，那么调查以后既可得到全国的有关数据，也可同时获得有关省的数据。

（2）分层抽样对层而言是全面调查，对层内单位而言是非全面调查。因此，分层抽样的样本的代表性高低，取决于层内被抽取单位对层的代表性如何，而与层间差异无关。

（3）分层样本分别来自各层，因此与简单随机样本比较，分层样本在总体中的分布更为均匀，不会出现偏于某一部分的不平衡情况，因此抽样效果较好。

（4）分层抽样适合于调查标志在各单位间的分布差异大的总体。实际中有许多社会经济现象总体的抽样都适合采用分层抽样。例如，居民生活水平调查按城、乡分层，市场调查按规模分类或内容分类，消费者调查则可按年龄、性别等标志分层等。

（三）整群抽样

整群抽样也称集团抽样。它是在当总体的所有基本单位自然组合为或被划分为若干个群后，从中随机抽取部分群并对抽中群内的全部基本单位进行调查的一种抽样组织形式。例如全部居民住户按楼号划分为若干个群，被抽中的楼为样本群，对样本群的住户进行全面调查，然后根据观测结果对总体全部住户进行估计和推断，即为整群抽样。

在实际中整群抽样是一种常用的抽样方法。它的特点表现为：

1. 随机性体现在群与群之间不重叠

整群抽样的随机性体现在群与群之间不重叠，总体的任何一个基本单位都必须且只能归于某一群的抽选按概率确定，可以按等概率或不等概率进行抽选。上例中的每一住户只属于某一幢楼，如各幢楼居民收入差异较大，则可考虑按不等概率抽取样本群。

2. 整群抽样是以群为单位的简单随机抽样

如果把每一群看作一个单位，那么整群抽样就是以群为单位的简单随机抽样。

3. 对总体中各个群而言是非全面调查，对被抽中的群而言是全面调查

这一点与分层抽样正好相反。分层抽样对划分的各个层而言是全面调查，即对所有层都进行抽取；而整群抽样对各层内的所有基本单位而言是非全面调查，即抽取各层内的一部分基本单位进行调查。

4. 便于组织实施，节省人力、财力和时间

上例中采用的对居民楼的整群抽样，不需要所有住户的抽样框，而且由于样本相对集中，可以节省调查时间和费用。

（四）系统抽样

在抽样中先将总体各单位按某种顺序排列，并按某种规则确定一个随机起点，然后每隔一定的间隔抽取一个单位，直至抽取 n 个单位形成一个样本。这样的抽样方式称为系统抽样，也称等距抽样或机械抽样。

系统抽样具有以下优点：

（1）简便易行。当样本量很大时，简单随机抽样要逐个使用随机数字表抽选也是相当麻烦的，而系统抽样有了总体单位的排序，只要确定出抽样的随机起点和间隔后，样本单位也就随之确定，而且可以利用现有的排列顺序，方便操作。例如，抽选学生时可利用学校的学生名册，抽选居民时可利用居委会的居民登记册，等等。因此，系统抽样常用来代替简单随机抽样。

（2）系统抽样的样本在总体中的分布一般比较均匀，由此抽样误差通常要小于简单随机抽样。如果掌握了总体的有关信息，将总体各单位按有关标志排列，就可以提高估计的精度。

（五）多阶段抽样

前面所述的抽样方式都是从总体中进行一次抽样就可产生一个完整的样本。但实际工作中，总体包括的单位很多，而且分布很广，要通过一次抽样抽选出样本是很困难的。在这种情况下，可将整个抽样程序分成若干阶段，然后逐阶段进行抽样，以完成整个抽样过程。这种抽样方式称为多阶段抽样。

以调查某省粮食作物平均亩产量来推算总产量为例，可以按行政区域划分层次，以省为总体，以县为抽样单位。其步骤为：

（1）从省抽县，中选的县作为第一阶段抽取的样本。

（2）从中选的县中抽乡或村，中选的乡或村作为第二阶段抽取的样本。

(3) 从中选的乡或村中抽农户,中选的农户作为第三阶段抽取的样本。

(4) 从中选的农户中抽地块,对抽中的地块进行实割实测,作为最基层阶段的样本,计算其样本平均亩产量,然后逐级往上综合估算平均亩产量,并推算总产量。

在多阶段抽样中,前几个阶段的抽样都类似于整群抽样。每个阶段都会存在抽样误差。为提高抽样结果的代表性,抽取的群数和抽样方式都应注意样本单位的均匀分布。为达到此要求,通常应适当多抽一些第一阶段的群数。对于群间方差大的阶段,应适当多抽一些,反之,则可以少抽一些。

每阶段的抽样方式可用简单随机抽样或等距抽样。各阶段可用同一种抽样方式,也可用不同的抽样方式,要视具体的情况和要求而定。在各阶段中,抽样单位的调查变量,其数值有较大的共同性,因而不宜采用分层抽样方式。另外,除最后阶段需要进行直接调查的基本单位外,其他各阶段因尚需进一步抽样,所以不宜采用整群抽样方式。

四、抽样推断的理论基础

抽样推断是建立在概率论的大数定律和中心极限定理基础上的。大数定律是阐明大量随机现象平均结果稳定性的一系列定理的总称。它说明如果被研究的总体是由大量的相互独立的随机因素所构成的,而且每个因素对总体的影响都较小,那么对这些大量因素加以综合平均的结果是,单一因素的个别影响将相互抵消,而呈现出共同作用的影响,使总体具有稳定的性质。

大数定律证明:随着样本容量 n 的增加,样本均值 $\bar{X}$ 接近于总体均值 μ 的趋势,几乎是具有实际必然性的。大数定律论证了样本均值趋于总体均值的趋势,这为抽样调查提供了重要的理论依据。但是,样本均值和总体均值的离差究竟有多大?离差不超过一定范围的概率(把握程度或可靠程度)有多大?这些问题要用概率论中的中心极限定理来研究。

中心极限定理论证:如果总体变量存在有限的平均数和方差,那么,不论这个总体的分布如何,随着样本容量 n 的增加,样本均值的分布便趋近正态分布。在现实生活中,一个随机变量服从正态分布未必很多,但是多个随机变量和的分布趋于正态分布则是普遍存在的。样本均值也是一种随机变量和的分布,因此在样本容量 n 充分大的条件下,样本均值也趋近于正态分布,这为抽样误差的概率估计理论提供了理论基础。

第二节　抽 样 误 差

一、抽样误差的概念及影响因素

(一) 抽样误差的概念

抽样误差是指样本指标和总体指标之间的差数,具体来说,就是样本平均数和总体平均数之间的差数,或是样本成数和总体成数之间的差数。因为抽样调查只是从总体中抽取一部分单位进行调查,即使做到严格遵守随机原则,要使样本的结构与总体的结构完全一致也是不可能的,只要样本的结构与总体的结构稍有不同,计算出来的样本指标就不会与总体指标完全一致,而是存在一定的差异。

在抽样调查过程中会发生许多种误差。一种是登记性误差，这是由没有如实登记，或者登记、汇总错了等造成的，这种登记性误差可以通过提高调查人员的思想和业务水平，改进调查方法和组织工作，建立严格的工作责任制加以避免。另一种是代表性误差，它又分为两种情况：一是抽样过程中，没有按照随机原则取样，存在人为的主观因素，破坏了随机原则所造成的，这种误差叫作偏差，是应该避免的；二是在抽样过程中，严格按照随机原则取样（消除登记性误差和偏差的情况下），由于用样本指标代替总体指标所引起的误差，这种误差是不可避免的，而且是按随机原则产生的，称为随机误差。抽样误差一般指的就是随机误差。

抽样误差是衡量抽样调查准确性的指标。抽样误差越大，表明样本对总体的代表性越小，抽样调查的结果越不可靠；反之，抽样误差越小，表明样本对总体的代表性越大，抽样调查结果越准确可靠。

（二）影响抽样误差大小的因素

1. 样本单位数的多少

在其他条件不变的情况下，样本单位数越多，抽样误差越小；反之，样本单位数越少，抽样误差越大。这是因为随着样本单位数的增加，样本结构就越接近总体结构。

2. 总体标志变异程度的大小

在其他条件不变的情况下，总体被研究标志的变异程度越大，抽样误差越大；反之，总体被研究标志的变异程度越小，抽样误差也越小。这是因为总体标志变异程度小，表示总体各单位标志值之间的差异小，则抽样指标与总体指标之间的差异可能也小。如果总体各单位标志值相等，即标志变异程度等于零，这时抽样指标就完全等于总体指标，抽样误差也就不存在了。所以，抽样误差的大小是同总体被研究标志的变异程度成正比的。

3. 抽样调查的组织方式

不同的组织方式产生的误差不同，一般来说，机械抽样和分类抽样由于先把总体各单位分组排队，因而较其他抽样组织方式更能保证样本单位在总体中分布均匀，从而提高样本的代表性，因此，这种抽样组织方式比其他方式的抽样误差小。

4. 抽样方法

抽样方法不同，抽样误差也不同，一般来说，重复抽样比不重复抽样的误差要大些。

二、抽样平均误差

抽样平均误差是抽样误差的一般水平，它的数值随着可能抽取的样本不同而或大或小，所以是随机变量。为了总体衡量样本代表性的高低，就需要计算抽样误差的一般水平，抽样平均误差就是反映抽样误差一般水平的指标。

通常是用抽样平均数的标准差或抽样成数的标准差来作为衡量误差一般水平的尺度。这是因为抽样平均数的平均数等于总体平均数，而抽样成数的平均数等于总体成数，所以抽样标准差恰好反映了抽样指标的平均离差程度。

设 $\mu_{\bar{x}}$ 表示抽样平均数的平均误差，$\bar{x}$ 表示样本平均数，$\bar{X}$ 表示总体平均数，M 表示样本可能数目，则

$$\mu_{\bar{x}} = \sqrt{\frac{\sum (\bar{x} - \bar{X})^2}{M}}$$

设 μ_p 为抽样成数的平均误差，p 为样本成数，P 为总体成数，则

$$\mu_p = \sqrt{\frac{\sum (p-P)^2}{M}}$$

以上公式表明了抽样平均误差的意义。但是由于样本可能数目很多，总体指标 $\overline{X}$ 与 P 也是未知的，故按上述公式来计算抽样平均误差实际上是不可行的，在实际应用上要推导出其他公式来计算，下面直接给出这些公式并加以讨论。

（一）抽样平均数的平均误差

1. 重复抽样

数理统计证明：在纯随机重复抽样条件下，抽样平均误差与总体的标准差成正比，而与样本单位数的二次方根成反比。根据这个关系可得出纯随机重复抽样平均数的平均误差的计算公式为

$$\mu_{\bar{x}} = \frac{\sigma}{\sqrt{n}} = \sqrt{\frac{\sigma^2}{n}}$$

式中，σ 表示总体的标准差；σ^2 表示总体方差；n 表示样本单位数。

【例 7-1】 设有 4 个工人的总体，他们的日工资是：甲 140 元、乙 150 元、丙 170 元、丁 180 元，其平均工资 $\overline{X}$ 和工资标准差 σ 为

$$\overline{X} = \frac{\sum x}{n} = \frac{(140+150+170+180)\text{元}}{4} = 160 \text{元}$$

$$\sigma = \sqrt{\frac{\sum (x-\overline{X})^2}{N}}$$

$$= \sqrt{\frac{(140-160)^2+(150-160)^2+(170-160)^2+(180-160)^2}{4}} \text{元}$$

$$= 15.81 \text{元}$$

现以重复抽样方法从 4 人总体中随机抽取 2 人组成样本，计算样本平均工资用以代表 4 人总体的工资水平，共可组成 16 个样本。每个样本都可算出平均收入（$\bar{x}$），它们与总体平均收入（$\overline{X}$）都有离差，如表 7-1 所示。

表 7-1 重复抽样误差计算表　　　　　　　　　　（单位：元）

样　　本	工资收入 x		样本平均数 $\bar{x}$	离差 $\bar{x}-\overline{X}$	离差二次方 $(\bar{x}-\overline{X})^2$
甲甲	140	140	140	−20	400
甲乙	140	150	145	−15	225
甲丙	140	170	155	−5	25
甲丁	140	180	160	0	0
乙甲	150	140	145	−15	225
乙乙	150	150	150	−10	100
乙丙	150	170	160	0	0
乙丁	150	180	165	5	25

(续)

样　本	工资收入 x		样本平均数 $\bar{x}$	离差 $\bar{x}-\overline{X}$	离差二次方 $(\bar{x}-\overline{X})^2$
丙甲	170	140	155	-5	25
丙乙	170	150	160	0	0
丙丙	170	170	170	10	100
丙丁	170	180	175	15	225
丁甲	180	140	160	0	0
丁乙	180	150	165	5	25
丁丙	180	170	175	15	225
丁丁	180	180	180	20	400
合计	—		2 560	—	2 000

16个样本平均数的平均数为

$$E(\bar{x}) = \frac{\sum \bar{x}}{M} = \frac{2\,560}{16} 元 = 160 元$$

按定义：

$$抽样平均误差 \mu_{\bar{x}} = \sqrt{\frac{\sum(\bar{x}-\overline{X})^2}{M}} = \sqrt{\frac{2\,000}{16}} 元 = 11.18 元$$

按公式：

$$抽样平均误差 \mu_{\bar{x}} = \frac{\sigma}{\sqrt{n}} = \frac{15.81}{\sqrt{2}} 元 = 11.18 元$$

按定义和按公式计算的抽样平均误差完全相同。

从以上计算过程，可以得出以下几个基本关系：

(1) 抽样平均数的平均数等于总体平均数 $[E(\bar{x}) = \overline{X}]$。

(2) 抽样平均误差小于总体标准差（$\mu_{\bar{x}} < \sigma$），重复抽样时仅为总体标准差的 $\frac{1}{\sqrt{n}}$，所以抽样平均数作为估计量是更有效的。

(3) 抽样平均误差和总体标准差是成正比的，与样本单位数的二次方根成反比。因此，要想减少抽样平均误差以提高抽样指标的代表性，只能增大样本单位数 n，因为总体标准差 σ 是不能改变的（它是客观存在的）。例如，抽样平均误差要减少1/2，则样本单位数必须增大到4倍；抽样平均误差要减少到原来的1/3，则样本的单位数就要扩大到9倍。

2. 不重复抽样

在不重复抽样条件下，抽样平均数的平均误差不但和总体变异程度、样本单位数有关，而且和总体单位数 N 的多少有关，其计算公式为

$$\mu_{\bar{x}} = \sqrt{\frac{\sigma^2}{n}\left(\frac{N-n}{N-1}\right)}$$

当总体单位数 N 很大时，公式中的 $N-1$ 可以用 N 代替。所以，在实际计算时，不重复抽样的抽样平均数的平均误差可用下式计算：

$$\mu_{\bar{x}} = \sqrt{\frac{\sigma^2}{n}\left(1 - \frac{n}{N}\right)}$$

将上面重复抽样和不重复抽样的平均误差公式相比,两者相差一个修正系数 $(1 - n/N)$,这个修正系数是大于 0 而小于 1 的正数。可见,在同样条件下,不重复抽样的平均误差永远小于重复抽样的平均误差。在不重复抽样情况下,如果总体单位数很多,样本单位数又很少,则 n/N 的数值接近于零,$(1 - n/N)$ 接近于 1,于是修正系数的作用就不大。又因为许多社会经济现象不能进行重复抽样,所以在实际抽样调查中,一般都采用不重复抽样方法抽样,而采用重复抽样的公式计算抽样平均误差,这样计算的结果偏大。

现仍以例 7-1 为例,用不重复抽样方法从总体中随机抽取 2 人组成样本,则可能出现的样本情况如表 7-2 所示。

表 7-2　不重复抽样误差计算表　　　　　　　　　　(单位:元)

样本	工资收入 x		样本平均数 $\bar{x}$	离差 $\bar{x} - \bar{X}$	离差二次方 $(\bar{x} - \bar{X})^2$
甲乙	140	150	145	-15	225
甲丙	140	170	155	-5	25
甲丁	140	180	160	0	0
乙甲	150	140	145	-15	225
乙丙	150	170	160	0	0
乙丁	150	180	165	5	25
丙甲	170	140	155	-5	25
丙乙	170	150	160	0	0
丙丁	170	180	175	15	225
丁甲	180	140	160	0	0
丁乙	180	150	165	5	25
丁丙	180	170	175	15	225
合计	—		1 920	—	1 000

12 个样本平均数的平均数为

$$E(\bar{x}) = \frac{\sum \bar{x}}{M} = \frac{1\,920}{12}\text{元} = 160\text{元}$$

按定义:

$$\text{抽样平均误差 } \mu_{\bar{x}} = \sqrt{\frac{\sum(\bar{x} - \bar{X})^2}{M}} = \sqrt{\frac{1\,000}{12}}\text{元} = 9.13\text{元}$$

按公式:

$$\text{抽样平均误差 } \mu_{\bar{x}} = \sqrt{\frac{\sigma^2}{n}\left(\frac{N-n}{N-1}\right)} = \sqrt{\frac{15.81^2}{2} \times \left(\frac{4-2}{4-1}\right)}\text{元} = 9.13\text{元}$$

两者计算结果完全相同。

由上可知,在不重复抽样的条件下,抽样平均数的平均数仍然等于总体平均数,而它的抽样平均误差9.13元则比重复抽样的平均误差11.18元小。

3. 总体标准差 σ 的确定方法

上面介绍的重复或不重复抽样条件下的抽样平均误差公式,都要掌握总体标准差的数值才能计算,但是总体标准差一般是未知的。

实际工作中常用以下方法来确定:

(1) 用样本标准差代替总体标准差,即用 S 代替 σ。理论和实践都证明,只要样本单位数量多($n>30$),样本的标准差与总体的标准差是相当接近的。所以,这种方法是可行的,但是只能在抽样调查之后方能计算。

(2) 用过去调查资料的标准差。如果历史上做过同类型的全面调查或抽样调查,则用过去所掌握的总体标准差或样本标准差。

(3) 抽取一个小样本进行估计。如果既没有历史资料,又需要在调查之前就计算抽样平均误差,则可组织一次小规模的试验性抽样调查,计算出抽样标准差作为总体标准差的估计值。

【例7-2】 一批新灯泡共500只,用纯随机抽样方式从中抽取25只进行灯泡寿命的检验,经计算,灯泡的平均寿命为1 500h,样本标准差为60h,求抽样平均误差。

重复抽样:$\mu_{\bar{x}} = \dfrac{S}{\sqrt{n}} = \dfrac{60}{\sqrt{25}} \text{h} = 12\text{h}$

不重复抽样:$\mu_{\bar{x}} = \sqrt{\dfrac{S^2}{n}\left(1 - \dfrac{n}{N}\right)} = \sqrt{\dfrac{60^2}{25} \times \left(1 - \dfrac{25}{500}\right)} \text{h} = 11.70\text{h}$

计算结果表明,样本平均寿命为1 500h,它与总体平均寿命的抽样平均误差在重复抽样时为12h,不重复抽样时为11.70h。

(二) 抽样成数的平均误差

抽样成数平均误差的计算方法与抽样平均数平均误差的计算方法基本上是一样的,首先要求出成数的总体方差。要计算成数的总体方差,须先求出成数的平均数。怎样求成数的平均数呢? 前面讲过,某一现象有两种表现时,如合格或不合格,用 N_1 代表具有某种表现的总体单位数,N_0 代表不具有某种表现的总体单位数;假定 N_1 的变量值为1,N_0 的变量值为0,则它们的平均数为

$$\bar{X} = \dfrac{\sum xf}{\sum f} = \dfrac{1 \times N_1 + 0 \times N_0}{N_1 + N_0} = \dfrac{N_1}{N} = P$$

由此可见,成数的平均数是成数本身,即成数是一种最简单的平均数,是只取0和1两个变量值的变量的平均数。根据标准差的计算公式,成数的标准差为

$$\sigma = \sqrt{\dfrac{\sum (x - \bar{X})^2 f}{\sum f}}$$

$$= \sqrt{Q^2 P + P^2 Q} = \sqrt{PQ(P + Q)}$$

$$= \sqrt{PQ} = \sqrt{P(1 - P)}$$

由此可见,成数的标准差就是具有某一标志表现的单位在总体中的成数和不具有这一标

志表现的单位在总体中的成数两者乘积的二次方根。因此，可以从抽样平均数的平均误差和总体标准差的关系推出抽样成数平均误差的计算公式如下：

1. 重复抽样

$$\mu_p = \sqrt{\frac{\sigma^2}{n}} = \sqrt{\frac{P(1-P)}{n}}$$

2. 不重复抽样

$$\mu_p = \sqrt{\frac{\sigma^2}{n}\left(\frac{N-n}{N-1}\right)} = \sqrt{\frac{P(1-P)}{n}\left(\frac{N-n}{N-1}\right)}$$

在总体单位数 N 较大的情况下，μ_p 近似地为

$$\mu_p = \sqrt{\frac{P(1-P)}{n}\left(1-\frac{n}{N}\right)}$$

抽样成数平均误差公式中的 P 是总体的成数，一般也是无法知道的。这时我们也可以用实际抽样的样本成数来代替，或用已掌握的历史同类现象的相应成数来代替。

【例 7-3】 从 10 000 件产品中随机抽取 200 件进行质量检查，发现其中有 10 件不合格，则合格率的抽样平均误差是多少？

先求样本产品的合格率，即抽样成数：

$$p = \frac{\text{样本合格品数}}{\text{样本单位数}} = \frac{(200-10)\text{件}}{200\text{件}} \times 100\% = 95\%$$

用重复抽样计算成数抽样平均误差：

$$\mu_p = \sqrt{\frac{p(1-p)}{n}} = \sqrt{\frac{0.95 \times (1-0.95)}{200}} \times 100\% = 1.54\%$$

用不重复抽样计算成数抽样平均误差：

$$\mu_p = \sqrt{\frac{p(1-p)}{n}\left(1-\frac{n}{N}\right)}$$

$$= \sqrt{\frac{0.95 \times (1-0.95)}{200} \times \left(1-\frac{200}{10\ 000}\right)} \times 100\% = 1.53\%$$

计算结果表明，样本的合格率为 95%，它与总体合格率之间的抽样平均误差为 1.53%。

三、抽样极限误差

（一）抽样极限误差的意义

抽样极限误差是指抽样指标与总体指标之间抽样误差的可能范围，又叫抽样误差范围。用样本指标来估计总体指标，总是要产生误差的，两者完全相等几乎是不可能的。由于样本是随机抽取的，样本指标是随机变量，所以要确切地指出某一抽样指标究竟误差有多大，也几乎是不可能的，我们只能把抽样误差控制在一定的范围内，这就需要研究抽样极限误差。由于总体指标是一个确定的数，而抽样指标则围绕着总体指标左右变动，它与总体指标可能产生正离差，也可能产生负离差，抽样指标变动的上限或下限与总体指标之差的绝对值就可以表示抽样误差的可能范围，我们将这个抽样误差的可能范围称为抽样极限误差。

设 $\Delta_{\bar{x}}$ 与 Δ_p 分别表示抽样平均数与抽样成数的误差范围，则有

$$\Delta_{\bar{x}} = |\bar{x} - \bar{X}|$$
$$\Delta_p = |p - P|$$

将上列等式变成相应不等式为

$$\bar{X} - \Delta_{\bar{x}} \leq \bar{x} \leq \bar{X} + \Delta_{\bar{x}}$$
$$P - \Delta_p \leq p \leq P + \Delta_p$$

上式表明抽样平均数 $\bar{x}$ 是以总体平均数 $\bar{X}$ 为中心,在 $\bar{X} \pm \Delta_{\bar{x}}$ 之间变动,区间 ($\bar{X} - \Delta_{\bar{x}}$, $\bar{X} + \Delta_{\bar{x}}$) 称为平均数的估计区间,区间总长度为 $2\Delta_{\bar{x}}$;同样,抽样成数 p 是以总体成数 P 为中心,在 $P \pm \Delta_p$ 之间变动,区间 ($P - \Delta_p$, $P + \Delta_p$) 称为成数的估计区间,区间总长度为 $2\Delta_p$。

由于总体平均数和成数是未知的,它需要靠实测的抽样平均数和成数来估计,因而抽样极限误差的实际意义是希望总体平均数 $\bar{X}$ 落在抽样平均数 $\bar{x} \pm \Delta_{\bar{x}}$ 的范围内,总体成数 P 落在抽样成数 $p \pm \Delta_p$ 的范围内,因此上述不等式应该变换为

$$\bar{x} - \Delta_{\bar{x}} \leq \bar{X} \leq \bar{x} + \Delta_{\bar{x}}$$
$$p - \Delta_p \leq P \leq p + \Delta_p$$

容易验证后面两个不等式和前面两个不等式是完全等价的,前面两个不等式成立,后面的两个不等式也同样成立。例如,前面列举的 25 只样本灯泡的平均寿命为 1 500h,抽样平均误差为 12h,用这个误差来推断全部 500 只灯泡的平均寿命为 $1\ 500-12 \leq \bar{X} \leq 1\ 500+12$,即总体的平均寿命在 1 488~1 512h 之间。

（二）抽样误差的可靠程度

抽样极限误差的估计总是要和一定的概率保证程度联系在一起的。因为既然抽样误差是一个随机变量,就不能期望抽样平均数（或成数）落在一定区间内是一个必然事件,而只是给予一定的概率保证而已。所以我们在进行抽样估计时,不但要考虑抽样误差的可能范围有多大,而且还必须考虑落到这一范围的概率有多大。数理统计证明,在抽样单位数达到足够多的条件下,抽样误差范围的变化和抽样的可靠程度之间具有密切联系,抽样误差范围越大,抽样的可靠程度也越高;反之,抽样误差范围越小,抽样的可靠程度也越低。数理统计还证明,在大样本条件下,抽样平均数服从正态分布。

因此,抽样误差范围与概率的关系是这样的:当误差范围为一倍平均误差 μ 时,其概率为 0.682 7,即 68.27%;当误差范围扩大为 2μ 时,其概率为 0.954 5,即 95.45%;当误差范围扩大为 3μ 时,其概率为 0.997 3,即 99.73%（见图 7-1）。

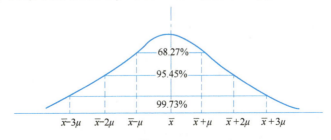

图 7-1　抽样误差范围与概率的关系

上面列举的抽样误差扩大的倍数,叫作概率度,它是用符号 t 表示的。而扩大或缩小后的误差就是极限误差(或允许误差),是用符号 Δ 表示的。前面500只灯泡平均寿命的估计中,当概率度 $t=1$ 时,允许误差为 $\Delta=1\times 12\text{h}=12\text{h}$,估计的概率为 68.27%,当 $t=2$ 时,允许误差 $\Delta=\mu=2\times 12\text{h}=24\text{h}$,估计的概率为 95.45%。由此得出,允许误差、概率度和抽样平均误差三者之间的关系式为

$$\Delta = t\mu$$

仍用 $\Delta_{\bar{x}}$ 表示平均数抽样极限误差,用 Δ_p 表示成数抽样极限误差,那么其计算公式为

$$\Delta_{\bar{x}} = t\mu_{\bar{x}} \text{ 或 } t = \frac{\Delta_{\bar{x}}}{\mu_{\bar{x}}}$$

$$\Delta_p = t\mu_p \text{ 或 } t = \frac{\Delta_p}{\mu_p}$$

从公式中可以看出,抽样极限误差 Δ 就是在一定概率 t 保证下的最大可能误差,它等于 t 倍的抽样平均误差。概率度 t 是抽样平均误差扩大或缩小的倍数或以抽样平均误差为标准单位来衡量抽样极限误差所得到的相对数。

常用的概率度及其相应的概率如表7-3所示。

表7-3 常用的概率度及其相应的概率

概率度 t	概率 $F(t)$(%)
1	68.27
1.64	90.00
1.96	95.00
2	95.45
2.58	99.01
3	99.73

(三)抽样极限误差的计算

1. 平均数的抽样极限误差

重复抽样:

$$\Delta_{\bar{x}} = t\mu_{\bar{x}} = t\sqrt{\frac{\sigma^2}{n}}$$

不重复抽样:

$$\Delta_{\bar{x}} = t\mu_{\bar{x}} = t\sqrt{\frac{\sigma^2}{n}\left(1-\frac{n}{N}\right)}$$

2. 成数的抽样极限误差

重复抽样:

$$\Delta_p = t\mu_p = t\sqrt{\frac{p(1-p)}{n}}$$

不重复抽样:

$$\Delta_p = t\mu_p = t\sqrt{\frac{p(1-p)}{n}\left(1-\frac{n}{N}\right)}$$

【例 7-4】 某灯泡厂检查一批灯泡,按随机原则抽取 100 只进行寿命检验,查得平均使用寿命为 1 600h,标准差为 50h,在概率为 95% 的保证下,求抽样极限误差。

根据题意,$S=50\text{h}$,$n=100$ 只,$F(t)=95\%$,查表 7-3 得 $t=1.96$,按重复抽样公式计算:

$$\Delta_{\bar{x}} = t\sqrt{\frac{S^2}{n}} = 1.96 \times \sqrt{\frac{50^2}{100}}\text{h} = 1.96 \times 5\text{h} = 9.8\text{h}$$

【例 7-5】 从 6 000 件产品中,随机抽查 300 件,发现 45 件不合格,在概率为 95.45% 时,求抽样极限误差。

根据题意,$N=6\,000$ 件,$n=300$ 件,$n_0=45$ 件,$F(t)=95.45\%$,查表 7-3 得 $t=2$,于是样本合格率为

$$p = \frac{n_1}{n} = \frac{n-n_0}{n} = \frac{(300-45)\text{件}}{300\text{件}} \times 100\% = 85\%$$

按不重复抽样公式计算:

$$\Delta_p = t\sqrt{\frac{p(1-p)}{n}\left(1-\frac{n}{N}\right)}$$

$$= 2 \times \sqrt{\frac{0.85 \times 0.15}{300} \times \left(1-\frac{300}{6\,000}\right)} \times 100\% = 4\%$$

第三节 参数估计

参数估计是抽样推断的基本方法之一,是按照随机原则从总体中抽取一部分个体单位作为样本,通过样本统计量对总体指标进行估计的抽样推断方法。参数估计有两种方法,即点估计和区间估计。

一、点估计

点估计就是直接用样本指标推断总体指标的方法,即用样本平均数的值($\bar{x}$)推断总体平均数的值($\bar{X}$),或用样本成数的值(p)推断总体成数的值(P)。其推断形式如下:

$$\bar{x} \rightarrow \bar{X}$$
$$p \rightarrow P$$

例如,从 4 000 人中抽取 500 人进行工资收入的调查,得 500 人样本的平均工资是 5 720.5 元,于是就推断 4 000 人的平均工资是 5 720.5 元;从 10 000 件产品中抽查 200 件,发现有 30 件不合格,则样本合格率是 85%,于是也推断 10 000 件产品的合格率是 85%。

点估计简单明了,但是没有考虑抽样误差的影响,不能说明估计的准确性和可靠性,只有在要求推断总体的一般的数量特征且抽取的样本单位数较多时才使用。

二、区间估计

区间估计是抽样推断的主要方法,它是在考虑抽样误差的前提下,用样本指标估计总体

指标。在估计时不仅要考虑抽样误差的可能范围有多大,而且还必须考虑落到这一范围的概率是多少。前者取决于极限误差(Δ),后者可由 t 值查概率表求得。

(一) 区间估计的公式

1. 平均数的区间估计

$$\bar{x} - \Delta_{\bar{x}} \leq \bar{X} \leq \bar{x} + \Delta_{\bar{x}}$$

$$\bar{x} - t\mu_{\bar{x}} \leq \bar{X} \leq \bar{x} + t\mu_{\bar{x}}$$

式中,$\Delta_{\bar{x}}$ 表示平均数的抽样极限误差(允许误差);t 表示概率度;$t\mu_{\bar{x}}$ 表示平均数的抽样平均误差;$\bar{x}$ 表示样本平均数;$\bar{X}$ 表示总体平均数;$\bar{x} - \Delta_{\bar{x}}$ 表示区间估计的下限;$\bar{x} + \Delta_{\bar{x}}$ 表示区间估计的上限。

2. 成数的区间估计

$$p - \Delta_p \leq P \leq p + \Delta_p$$

$$p - t\mu_p \leq P \leq p + t\mu_p$$

式中,Δ_p 表示成数的抽样极限误差(允许误差);μ_p 表示成数的抽样平均误差;p 表示样本成数;P 表示总体成数;$p + \Delta_p$ 表示区间估计的上限;$p - \Delta_p$ 表示区间估计的下限。

(二) 区间估计的方法与步骤

以样本平均数(或样本成数)估计总体平均数(或总体成数)时,总是希望估计的准确度尽量高一些,同时也希望估计的可靠性尽量大一些。但这两种要求是相互矛盾的,因为由极限误差公式 $\Delta = t\mu$ 可知,当样本确定之后,μ 是根据样本值计算得到的,所以 μ 也是确定的。如果要缩小抽样误差 Δ,只能缩小 t 值,但概率保证程度 $F(t) = P(|\bar{x} - \bar{X}| < t\mu)$ 又是 t 的递增函数,如果 t 值缩小,必然会降低概率保证程度 $F(t)$,即估计的可靠性降低。相反,如果要提高估计的可靠性,即增加 $F(t)$ 的值,则必须增加 t 值,而这样做的结果又会使 Δ 增大,即估计的准确度降低了。因此,在估计时,只能照顾一边,或给定可信度的要求,去估计误差的可能范围,或给定允许极限误差的要求,进一步推算概率保证程度。所以,对总体平均数(或总体成数)的估计就相应地有以下两套模式:

(1) 第一套模式是根据已经给定的抽样极限误差范围 Δ,求概率保证程度 $F(t)$,具体步骤如下:

1) 抽取样本,计算样本平均数(或样本成数),作为总体平均数(或总体成数)的估计值,并计算样本标准差 S,以此推算抽样平均误差 μ。

2) 根据给定的抽样极限误差范围 Δ,估计总体平均数(或总体成数)的下限 $\bar{x} - \Delta_{\bar{x}}$(或 $p - \Delta_p$)和 $\bar{x} + \Delta_{\bar{x}}$(或 $p + \Delta_p$)。

3) 将抽样极限误差 Δ 除以抽样平均误差 μ,求出概率度 t 值,再根据 t 值查概率表求出相应的可信度 $F(t)$。

【例 7-6】 某电池厂要检查某型号蓄电池的耐用性能,随机抽取 100 只蓄电池检验,资料整理如表 7-4 所示,要求耐用时数的极限误差不超过 2.6h,试估计该厂蓄电池的耐用时数及可靠程度。

表 7-4 某电池厂蓄电池耐用性能资料

耐用时数/h	个数 f(只)	组中值 x/h	xf	$x-\bar{x}$ ($\bar{x}=551.4$h)	$(x-\bar{x})^2$	$(x-\bar{x})^2 f$
520~530	4	525	2 100	−26.4	696.96	2 787.84
530~540	18	535	9 630	−16.4	268.96	4 841.28
540~550	24	545	13 080	−6.4	40.96	983.04
550~560	28	555	15 540	3.6	12.96	362.88
560~570	16	565	9 040	13.6	184.96	2 959.36
570~580	10	575	5 750	23.6	556.96	5 569.60
合计	100	—	55 140	—	—	17 504.00

首先，计算样本平均数和标准差，并推算平均误差 μ。

$$\bar{x}=\frac{\sum xf}{\sum f}=\frac{55\ 140}{100}\text{h}=551.4\text{h}$$

$$S=\sqrt{\frac{\sum(x-\bar{x})^2 f}{\sum f-1}}=\sqrt{\frac{17\ 504}{99}}\text{h}=13.2\text{h}$$

$$\mu_{\bar{x}}=\frac{S}{\sqrt{n}}=\frac{13.2}{\sqrt{100}}\text{h}=1.32\text{h}$$

其次，根据给定的极限误差 $\Delta_{\bar{x}}=2.6$h，计算总体平均数的上限和下限。

$$\text{下限}=\bar{x}-\Delta_{\bar{x}}=551.4\text{h}-2.6\text{h}=548.8\text{h}$$
$$\text{上限}=\bar{x}+\Delta_{\bar{x}}=551.4\text{h}+2.6\text{h}=554\text{h}$$

最后，根据 $t=\Delta_{\bar{x}}/\mu_{\bar{x}}=2.6/1.32\approx 1.96$，查表 7-3 得 $F(t)=F(1.96)=0.95$，据此可以进行以下两种估计：

1) 点估计：该厂蓄电池平均耐用时数为 551.4h，误差不超过 2.6h 的可靠程度为 95%。或该厂蓄电池平均耐用时数为 551.4h，精确度为 $1-\Delta_{\bar{x}}/\bar{x}$，即 $1-2.6/551.4=99.5\%$，可靠程度为 95%。

2) 区间估计：该厂蓄电池耐用时数在 548.8~554h 之间，可靠程度为 95%。

【例 7-7】 为了解某市居民住户拥有电视机的普及率，随机抽取 350 户居民；其中有 280 户居民有电视机，要求抽样极限误差范围不超过 3.5%，试对该市居民住户电视机普及率进行估计。

首先，抽取样本，并计算样本成数及抽样平均误差。

$$p=\frac{n_1}{n}=\frac{280\text{ 户}}{350\text{ 户}}\times 100\%=80\%$$

$$\mu_p=\sqrt{\frac{p(1-p)}{n}}=\sqrt{\frac{0.8\times 0.2}{350}}\times 100\%=2.14\%$$

其次，根据给定的极限误差范围 $\Delta_p=3.5\%$，计算总体成数的上限和下限。

$$\text{下限}=p-\Delta_p=80\%-3.5\%=76.5\%$$
$$\text{上限}=p+\Delta_p=80\%+3.5\%=83.5\%$$

最后，根据 $t = \Delta_p/\mu_p = 3.5\%/2.14\% = 1.64$，查表 7-3 得 $F(1.64) = 90\%$。

点估计：估计该市居民住户电视机普及率为 80%，其误差不超过 3.5% 的可靠程度为 90%。或估计该市居民住户电视机普及率为 80%，精确度为 $1 - \Delta_p/p = 1 - 3.5\%/80\% = 95.6\%$，可靠程度为 90%。

区间估计：该市居民住户电视机普及率在 76.5% ~ 83.5% 之间，可靠程度为 90%。

(2) 第二套模式是根据给定可信度 $F(t)$ 的要求来估计抽样极限误差的可能范围 Δ，具体步骤如下：

1) 抽取样本，计算样本平均数（或样本成数）作为总体平均数（或总体成数）的估计值，并计算样本标准差 S，以此推算抽样平均误差 μ。

2) 根据给定的可信度 $F(t)$，查概率表求得概率度 t 值。

3) 根据概率度和抽样平均误差计算抽样极限误差的可能范围，并据以计算被估计的总体平均数（或总体成数）的上限和下限。

【例 7-8】 某乡水稻总面积为 25 000 亩，以不重复抽样方法从中随机抽取 500 亩实割实测，求得样本平均亩产 640kg，标准差 71.5kg，试以 95.45% 的概率保证程度，对该乡水稻亩产量做出估计。

首先，抽取样本，计算样本平均亩产量和抽样平均误差。

$$\bar{x} = 640\text{kg}$$
$$S = 71.5\text{kg}$$
$$\mu_{\bar{x}} = \sqrt{\frac{S^2}{n}\left(1 - \frac{n}{N}\right)} = \sqrt{\frac{71.5^2}{500} \times \left(1 - \frac{500}{25\,000}\right)} \text{kg} = 3.2\text{kg}$$

其次，根据给定的概率可信度 $F(t) = 0.9545$，查表 7-3 得 $t = 2$。

最后，计算极限误差 $\Delta_{\bar{x}}$，据此计算粮食平均亩产量的上、下限。

$$\Delta_{\bar{x}} = t\mu_{\bar{x}} = 2 \times 3.2\text{kg} = 6.4\text{kg}$$
$$\text{平均亩产下限} = \bar{x} - \Delta_{\bar{x}} = 640\text{kg} - 6.4\text{kg} = 633.6\text{kg}$$
$$\text{平均亩产上限} = \bar{x} + \Delta_{\bar{x}} = 640\text{kg} + 6.4\text{kg} = 646.4\text{kg}$$

点估计：在可靠程度为 95.45% 的条件下，该乡水稻亩产量为 640kg。

区间估计：在 95.45% 的概率保证之下，该乡水稻亩产量在 633.6 ~ 646.4kg 之间。

【例 7-9】 从 10 000 件产品中，用不重复抽样的方法随机抽取 200 件进行质量检查，发现有 30 件不合格，若以 0.9545 的概率保证，试估计全部产品合格率的范围有多大。

首先，求样本合格率 p 和抽样平均误差。

$$p = \frac{\text{样本合格品数}}{\text{样本单位}} = \frac{200 \text{ 件} - 30 \text{ 件}}{200 \text{ 件}} \times 100\% = 85\%$$

$$\mu_p = \sqrt{\frac{p(1-p)}{n}\left(1 - \frac{n}{N}\right)}$$
$$= \sqrt{\frac{0.85 \times 0.15}{200} \times \left(1 - \frac{200}{10\,000}\right)} \times 100\% = 2.5\%$$

其次，根据 $F(t) = 0.9545$，查表 7-3 得 $t = 2$。

最后，计算极限误差 Δ_p 计算总体指标的上、下限，估计总体指标的范围。

$$\Delta_p = t\mu_p = 2 \times 2.5\% = 5\%$$
$$\text{合格率的下限} = p - \Delta_p = 85\% - 5\% = 80\%$$
$$\text{合格率的上限} = p + \Delta_p = 85\% + 5\% = 90\%$$
$$80\% \leq p \leq 90\%$$

点估计：在 95.45% 的概率保证下，该批产品的合格率为 85%。

区间估计：在可靠程度为 95.45% 的条件下，该批产品的合格率在 80%～90%之间。

第四节　样本容量的确定

一、确定抽样数量应该考虑的因素

进行抽样调查时，确定抽取多大容量的样本，是一个非常重要的问题。如果抽取数目过多，则会造成人力、物力和财力的浪费；抽取数目过少，则会使抽样调查误差很大。那么，如何确定样本单位数 n 的大小呢？

首先，我们以简单随机重复抽样为例说明影响样本单位数的因素。由简单随机重复抽样的抽样平均数极限误差公式

$$\Delta_{\bar{x}} = t\mu_{\bar{x}} = t\sqrt{\frac{\sigma^2}{n}}$$

可解得

$$n = \frac{t^2 \sigma^2}{\Delta_{\bar{x}}^2}$$

由此式可以看出，当误差范围固定不变时，样本数目 n 与概率度 t 的二次方成正比，与总体方差成正比。在总体方差和概率度确定的条件下，样本数目 n 与极限误差的二次方成反比。因此，确定样本单位数时应考虑下列因素：

（1）标志变异的大小。如果被研究总体标志变异较大时，为反映总体的特征，要相应地多抽一些样本单位；反之则可少些。

（2）误差范围的大小。要求误差范围越小，抽样数目要越多；反之则可少些，但两者并不是按比例变化的。以重复抽样来说，当允许误差缩小一半时，样本单位数是原来的 4 倍，当允许误差扩大 1 倍时，样本单位数只需原来的 1/4（在其他条件不变的情况下）。

（3）概率度的大小。当概率度增大时，要求可靠程度提高，抽样数目要多；反之则可少些。

（4）抽样组织方式和方法。一般情况下，类型抽样和等距抽样比简单随机抽样需要的样本单位数少；不重复抽样比重复抽样需要的样本单位数少。

二、样本单位数计算公式

（一）简单随机抽样样本单位数的确定

1. 平均数的抽样单位数

（1）重复抽样。由 $\Delta_{\bar{x}} = t\mu_{\bar{x}} = t\sqrt{\frac{\sigma^2}{n}}$，得

$$n = \frac{t^2 \sigma^2}{\Delta_{\bar{x}}^2}$$

(2) 不重复抽样。由 $\Delta_{\bar{x}} = t\sqrt{\frac{\sigma^2}{n}\left(1 - \frac{n}{N}\right)}$，得

$$n = \frac{t^2 \sigma^2 N}{\Delta_{\bar{x}}^2 N + t^2 \sigma^2}$$

上述公式中的 σ^2 为总体方差，当总体方差未知时，σ^2 的确定方法参见本章第二节中关于总体方差 σ^2 的确定方法的讨论，以下同。

【例7-10】 设某厂生产某零件5 000件，根据过去的资料，生产该零件的标准差是10mm。当概率为0.95，允许误差不超过1.5mm时，应抽查多少件？

已知 $N = 5\,000$ 件，$\sigma = 10$mm，$\Delta_{\bar{x}} = 1.5$mm。

根据 $F(t) = 0.95$，查表7-3得 $t = 1.96$。

重复抽样下：

$$n = \frac{t^2 \sigma^2}{\Delta_{\bar{x}}^2} = \frac{1.96^2 \times 10^2}{1.5^2} \text{件} = 170 \text{件}$$

不重复抽样下：

$$n = \frac{t^2 \sigma^2 N}{\Delta_{\bar{x}}^2 N + t^2 \sigma^2}$$

$$= \frac{1.96^2 \times 10^2 \times 5\,000}{1.5^2 \times 5\,000 + 1.96^2 \times 10^2} \text{件} = 165 \text{件}$$

从计算结果可以看出，采用重复抽样所需要的抽样数目比不重复抽样的稍大，但十分接近。所以一般都可以采用重复抽样公式来计算抽样数目，这样计算过程较为简便。

2. 成数的抽样单位数

(1) 重复抽样。由 $\Delta_p = t\mu_p = t\sqrt{\frac{p(1-p)}{n}}$，得

$$n = \frac{t^2 p(1-p)}{\Delta_p^2}$$

(2) 不重复抽样。由 $\Delta_p = t\sqrt{\frac{p(1-p)}{n}\left(1 - \frac{n}{N}\right)}$，得

$$n = \frac{t^2 p(1-p) N}{\Delta_p^2 N + t^2 p(1-p)}$$

上述公式中，成数 p 为总体成数，当 p 未知时，用样本成数代替或用历史资料代替。

【例7-11】 某灯泡厂日产灯泡15 000只，根据以往抽样资料，一等品率为90%。现要求极限误差为2%，概率为95.45%，则抽样单位数是多少？

已知 $N = 15\,000$ 件，$p = 90\%$，$\Delta_p = 2\%$，$t = 2$。

重复抽样下：

$$n = \frac{t^2 p(1-p)}{\Delta_p^2}$$

$$= \frac{2^2 \times 0.9 \times 0.1}{0.02^2} 只 = 900 只$$

不重复抽样下:

$$n = \frac{t^2 p(1-p)N}{\Delta_p^2 N + t^2 p(1-p)}$$

$$= \frac{2^2 \times 0.9 \times 0.1 \times 15\,000}{0.02^2 \times 15\,000 + 2^2 \times 0.9 \times 0.1} 只 = 849 只$$

(二) 分层抽样样本单位数的确定

1. 平均数的抽样单位数

(1) 重复抽样。

$$n = \frac{t^2 \sigma^2}{\Delta_{\bar{x}}^2}$$

(2) 不重复抽样。

$$n = \frac{t^2 \sigma^2 N}{\Delta_{\bar{x}}^2 N + t^2 \sigma^2}$$

2. 成数的抽样单位数

(1) 重复抽样。

$$n = \frac{t^2 p(1-p)}{\Delta_p^2}$$

(2) 不重复抽样。

$$n = \frac{t^2 p(1-p)N}{\Delta_p^2 N + t^2 p(1-p)}$$

(三) 整群抽样样本单位数的确定

整群抽样样本单位数的确定,主要是第一阶段从全部 R 群中抽取 r 群作为样本群时,r 大小的确定。

1. 平均数的抽样群数

$$r = \frac{t^2 \sigma_x^2 R}{\Delta_{\bar{x}}^2 R + t^2 \sigma_x^2}$$

2. 成数的抽样群数

$$r = \frac{t^2 \sigma_p^2 R}{\Delta_{\bar{x}}^2 R + t^2 \sigma_p^2}$$

思 考 题

1. 什么是抽样推断?它有什么特点?
2. 什么是抽样误差?抽样误差的大小受哪些因素的影响?
3. 点估计和区间估计有什么区别和联系?
4. 抽样的组织形式有哪些?它们分别有什么特点?

练 习 题

一、判断题

1. 抽样推断的目的是说明样本的数量特征。( )
2. 抽样极限误差越大,用以包含总体参数的区间就越大,估计的把握程度也就越大,因此极限误差越大越好。( )
3. 如果要以一定的把握程度估计总体参数,则要用区间估计。( )
4. 进行重复抽样,要使极限误差减少50%,在其他条件不变的情况下,则样本容量应增加一倍。( )
5. 采用重复抽样和不重复抽样,对样本容量的要求是不同的。( )

二、单项选择题

1. 纯随机抽样(重复)的平均误差取决于( )。
   A. 样本单位数　　　　　　　　　B. 总体方差
   C. 样本单位数和样本单位数占总体的比重　D. 样本单位数和总体方差

2. 在其他条件不变的情况下,抽样单位数和抽样误差的关系是( )。
   A. 抽样单位数越大,抽样误差越大
   B. 抽样单位数越大,抽样误差越小
   C. 抽样单位数的变化与抽样误差的数值无关
   D. 抽样误差的变化程度是抽样单位数的变动程度决定的

3. 抽样调查的主要目的是( )。
   A. 计算和控制抽样误差
   B. 应用概率论
   C. 根据样本指标的数值来估计总体指标的数值
   D. 深入开展调查研究

4. 从纯理论出发,在直观上最符合随机原则的抽样方式是( )。
   A. 简单随机抽样　　B. 类型抽样　　C. 等距抽样　　D. 整群抽样

5. 根据城市电话网100次通话情况调查,得知每次通话平均持续时间为4min,标准差为2min,在概率保证为95.45%的要求下,估计该市每次通话时间为( )。
   A. 3.9~4.1min　　B. 3.8~4.2min　　C. 3.7~4.3min　　D. 3.6~4.4min

6. 用简单随机重复抽样方法抽取样本单位,如果要使抽样平均误差降低50%,则样本容量需要扩大到原来的( )。
   A. 2倍　　　　　B. 3倍　　　　　C. 4倍　　　　　D. 5倍

7. 抽样调查中( )。
   A. 既有登记性误差,也有代表性误差
   B. 只有登记性误差,没有代表性误差
   C. 没有登记性误差,只有代表性误差
   D. 既没有登记性误差,也没有代表性误差

8. 抽样平均误差公式中,$\frac{N-n}{N-1}$ 这个因子总是( )。
   A. 大于1　　　　B. 小于1　　　　C. 等于1　　　　D. 唯一确定值

9. 抽样调查中计算样本的方差的方法为 $\dfrac{\sum\limits_{i=1}^{n}(x_i-\bar{x})^2}{n-1}$,这是( )。

A. 为了估计总体的方差　　　　　　　B. 只限于小样本应用
C. 当数值大于 5% 时应用的　　　　　D. 为了计算精确一些

三、多项选择题

1. 搞好抽样方案设计应遵循的基本原则为（　　）。
   A. 任何场合下，样本单位数尽量多些
   B. 任何场合下，抽样误差尽可能少些
   C. 保证实现抽样的随机性
   D. 在一定的误差和可靠性要求下选择费用最少的样本设计
   E. 保证实现最大的抽样效果

2. 影响抽样误差的因素有（　　）。
   A. 是有限总体还是无限总体　　　　　B. 是重复抽样还是不重复抽样
   C. 总体被研究标志的变异程度　　　　D. 抽样单位数的多少
   E. 抽样组织方式不同

3. 抽样推断中的抽样误差（　　）。
   A. 是不可避免要产生的　　　　　　　B. 是可以通过改进调查方法来消除的
   C. 是可以事先计算出来的　　　　　　D. 只能在调查结束后才能计算
   E. 其大小是可以控制的

4. 抽样平均误差（　　）。
   A. 是抽样平均数（或抽样成数）的平均数
   B. 是抽样平均数（或抽样成数）的平均差
   C. 是抽样平均数（或抽样成数）的标准差
   D. 反映抽样平均数（或抽样成数）与总体平均数（或总体成数）的平均误差程度
   E. 是计算抽样极限误差的衡量尺度

5. 要增大抽样推断的概率保证程度，可以（　　）。
   A. 缩小概率度　　　　　　　　　　　B. 增大抽样误差范围
   C. 缩小抽样误差范围　　　　　　　　D. 增加抽样数目
   E. 增大概率度

6. 在一定误差范围的要求下，（　　）。
   A. 概率度大，要求可靠性低，抽样数目相应要多
   B. 概率度大，要求可靠性高，抽样数目相应要多
   C. 概率度小，要求可靠性低，抽样数目相应要少
   D. 概率度小，要求可靠性高，抽样数目相应要少
   E. 概率度小，要求可靠性低，抽样数目相应要多

四、计算题

1. 从一批电子元件中随机抽查 100 件进行耐用时数的检查。测度结果得平均耐用时数为 1 100h，标准差为 96h，试求电子元件耐用时数的抽样平均误差。

2. 某批发站有食品罐头 60 000 桶，随机抽查 300 桶，发现有 15 桶不合格，求合格率的抽样平均误差。

3. 从某厂生产的一批灯泡中随机重复抽取 100 只，检查结果是 100 只灯泡的平均使用寿命为 1 000h，标准差为 15h，要求以 99.73% 的概率保证程度计算抽样极限误差。

4. 采用简单随机重复抽样的方法在 2 000 件产品中抽查 200 件，其中合格品 190 件，在概率为 95.45% 时，求抽样极限误差。

5. 在一批产品中抽查 500 件，发现有 25 件不合格，若以 0.95 的概率保证程度，试估计全部产品合格率的范围有多大。

6. 为了测定某批灯泡的平均使用时数，抽验了其中 25 个灯泡，查得其平均使用时数为 1 500h，标准差为 20h。

要求：

（1）如要以 0.954 5 的概率保证程度，试估计该批灯泡平均使用时数的范围。

（2）假定其他条件不变，极限误差减少一半，那么应抽选多少个灯泡？

7. 某村小麦面积 200 亩，随机抽样调查 10 亩，实割实测得平均亩产 275kg，标准差 15kg。在概率 0.95 的保证下，估计 200 亩小麦总产量的可能范围。

8. 某电子元件厂日产 10 000 只元件，多次测试的一等品率稳定在 92% 左右，用简单随机抽样形式进行抽检，如要求误差范围在 2% 以内，可靠程度为 95.45%，在重复抽样下，必要的样本单位数是多少？

练习题参考答案

用微信扫描二维码，可以查看练习题参考答案。

第八章

假设检验

假设检验问题是除参数估计问题之外的另一种重要的统计推断问题。假设检验分为参数假设检验和非参数假设检验。参数假设检验是研究如何运用样本所提供的信息来对有关总体参数事先所做的某种假设的真伪性进行检验。本章仅讨论参数假设检验问题。参数假设检验简称假设检验。

第一节 假设检验的基本原理

在实际工作或生活中，我们常常会遇到需要对总体的某种假设进行判断的情况。比如，假定总体均值 μ 为某数值，为了检验所做假设的正确性，必须收集样本数据，计算出假设值与样本均值之间的差距，进一步判断两者的差距是否显著。差距越小，我们为总体均值所假设的这个数值是准确的可靠性就越大；差距越大，准确的可靠性就越小。然而，在大多数情况下，假设的总体参数值与所获得的样本统计量的值之间的差距往往既不是大到足以使我们显而易见地应该拒绝这个假设，也不是小到足以使我们完全可以肯定应该接受这个假设。所以，在大多数情况下，我们难以做出判断。

例如，某大型企业的管理人员称，全体职工的平均工作效率已达90%，怎样检验他的这个假设是有效的呢？采用抽样的方法，从全体职工中抽出一个样本，计算这个样本的平均效率。如果这个样本的平均效率是93%，显然人们会接受管理人员的这种假设。但是，如果样本的平均效率是46%，那么人们会拒绝这种不真实的假设。一般来说，人们可以通过常识处理93%和46%这两种结果。现在假如抽出的样本得到的平均效率是81%，这个数值比较接近90%，但对接受这个假设还有一定的距离。那么，人们是接受还是拒绝？任何人都不能肯定哪种决定是对的。所以，我们必须学习如何处理这种决策上的不肯定性。不能只凭感觉简单地决定接受或拒绝总体参数的某个假设，而应该学会如何在样本信息的基础上，客观地决定接受还是拒绝关于总体参数的假设。

一、假设检验的基本思想

假设检验的基本思想和方法就是所谓概率性质的反证法。下面通过例子来说明。

【例8-1】 某种产品按国家规定次品率不超过3%才能出厂。现从一批这种产品中抽查10件，发现有2件次品，试问这批产品能否出厂？

这里的问题是，如何根据抽样的结果来判断这批产品的次品率（记为 p）是否不超过

3%，即"$p \leq 3\%$"是否成立？

先假设这批产品的次品率 $p = 3\%$，看看由此推出什么结果。

若 $p = 3\%$，那么"抽取10件之中有2件次品"这一事件的概率为

$$P_{10}(2) = C_{10}^2 p^2 (1-p)^8 = 0.03$$

这个概率很小，显然若 $p < 3\%$，则"抽取10件之中有2件次品"这一事件发生的概率会更小。这就是说，若 $p \leq 3\%$，则在一次抽样中"10件中有2件次品"这一事件很难发生，然而现在的事实是在这一次抽样中就发生了"10件中有2件次品"这样的事件，这是"不合理"的，产生这种不合理现象的根源在于我们假设 $p \leq 0.03$ 有问题。因此 $p \leq 0.03$ 的假设不能成立，故按照相关规定，这批产品不能出厂。

在上面的推断过程中，我们运用了"小概率原理"，即小概率事件（小概率事件是相对性的概念，通常把概率不超过 0.05 或 0.01 的事件当作小概率事件，但如果事件的发生会影响生命、财产的安全，p 就要取得小些，甚至很小，如 $p = 0.0001$ 时才可称为小概率事件）在一次试验中实际上是不可能发生的。同时，我们还运用了反证法的思想，即为了检验一个假设（如 $p \leq 0.03$）是否成立，就先假定这个"假设"是成立的，然后依此出发进行推理，看看产生什么后果。若小概率事件在一次试验中发生了，则认为这个"假设"不正确，故拒绝原假设（$p \leq 0.03$）；若没有导致小概率事件在一次抽样中发生，则没有产生不合理，故不能拒绝原假设。

这里做出判断的主要依据及推理的思想方法归纳如下：

（1）判断的理论依据。假设检验的理论依据是小概率事件原理。小概率事件原理是指小概率事件（即概率很小的事件）在一次试验中几乎是不可能发生的。

（2）推理的思想方法。当对总体所做的某一假设成立时，事件 A 是一个小概率事件，则按小概率事件原理在一次试验中事件 A 几乎是不可能发生的。现在进行一次试验，如果在这一试验中事件 A 发生了，则按小概率事件原理是"不合理"的，于是拒绝原来的假设。如果在这一试验中事件 A 没有发生，即没有出现不合理现象，就不能拒绝原来的假设。这就是假设检验方法的基本思想。

以上关于假设检验的原理和方法称为概率性质的反证法。以下各节我们将这个原理和方法运用到各种类型的检验问题中去。

二、参数检验的一般步骤

已知总体的分布形式，要检验其中某个参数是否小（大）于或等于某个给定值的问题，称为参数检验；若总体分布未知，则要检验总体服从某种指定分布的问题，称为非参数检验。参数检验和非参数检验统称假设检验。首先让我们通过例子来介绍参数检验的基本概念。

【例8-2】某味精厂用一台包装机包装味精，每袋味精重量 x 服从正态分布 $N(\mu, \sigma^2)$，根据质量要求每袋重量为 100g。由以往的经验知道 x 的均方差 $\sigma = 0.5$g，现从某天包装的味精中抽取9袋，测得它们的重量为（单位：g）：

99.3　　100.0　　99.4　　99.3　　99.7　　99.4　　99.8　　100.2　　99.5

问这天包装机的工作是否正常？

回答包装机工作是否正常的问题相当于检验假设 $H_0: \mu = 100$ 是否正确。

按假设检验的原理和方法，我们先提出假设：
$$H_0: \mu = 100 (= \mu_0)$$

在 H_0 成立的条件下，让我们看看会不会推出不合理的结果。

我们知道样本均值 $\bar{x}$ 是总体均值 $\mu_0 = 100$ 的无偏估计，它应该与总体均值相差不多。因此，我们有理由以 $|\bar{x} - \mu_0|$ 的大小来判断假设 H_0 是否正确。为此，可以确定一个常数 k 作为界限，若 $|\bar{x} - \mu_0| > k$，则拒绝假设 H_0；若 $|\bar{x} - \mu_0| \leq k$，则接受假设 H_0。这样，问题归结为如何确定常数 k。

我们还知道，在 H_0 成立的前提下，$\bar{x} \sim N(100, 0.5^2)$，从而统计量

$$Z = \frac{\bar{x} - 100}{0.5/\sqrt{n}} \sim N(0, 1) \tag{8-1}$$

若把概率不超过 $\alpha = 0.05$ 的事件当作小概率事件 α（称为显著性水平），则可通过查标准正态分布表来求 $Z_{\alpha/2}$，使

$$\left\{ \left|\frac{\bar{x} - 100}{0.5/\sqrt{n}}\right| > Z_{\alpha/2} \right\} = \alpha = 0.05 \tag{8-2}$$

$$p\left\{ |\bar{x} - 100| > Z_{\alpha/2} \frac{0.5}{\sqrt{n}} \right\} = \alpha = 0.05 \tag{8-3}$$

式（8-3）表明事件 $p\left\{ |\bar{x} - 100| > Z_{\alpha/2} \frac{0.5}{\sqrt{n}} \right\}$ 是小概率事件，根据小概率原理，若 $H_0: \mu = 100$ 为真，则观测均值 $\bar{x}$ 满足

$$|\bar{x} - 100| > Z_{\alpha/2} \frac{0.5}{\sqrt{n}} \tag{8-4}$$

几乎是不可能的，如果在一次抽样中出现了满足式（8-4）的 $\bar{x}$，就表明假设 H_0 与抽样的结果不符合，或者说 $\bar{x}$ 与 $\mu_0 = 100$ 有显著差异。所以，我们有理由认为原来的假设不成立，从而拒绝原假设 H_0，否则，即 $\bar{x}$ 满足

$$|\bar{x} - 100| \leq Z_{\alpha/2} \frac{0.5}{\sqrt{n}} \tag{8-5}$$

则没有理由拒绝 H_0，因而接受 H_0。

由式（8-4）和式（8-5）可知，我们可以取常数 $k = Z_{\alpha/2} \frac{0.5}{\sqrt{n}}$ 作为判断的临界值，因为事件 $\left\{ \left|\frac{\bar{x} - 100}{0.5/\sqrt{n}}\right| > Z_{\alpha/2} \right\}$ 与事件 $\left\{ |\bar{x} - 100| > Z_{\alpha/2} \frac{0.5}{\sqrt{n}} \right\}$ 是等价的，所以在应用中往往取 $Z_{\alpha/2}$ 作为判断的临界值，即若样本观测值的均值 $\bar{x}$ 满足

$$|Z| = \left|\frac{\bar{x} - \mu_0}{\sigma/\sqrt{n}}\right| > Z_{\alpha/2} \tag{8-6}$$

则拒绝假设 H_0；否则，若

$$|Z| = \left|\frac{\bar{x} - \mu_0}{\sigma/\sqrt{n}}\right| \leq Z_{\alpha/2} \tag{8-7}$$

则接受 H_0，并称 $|Z| > Z_{\alpha/2}$ 为拒绝域（见图 8-1）。

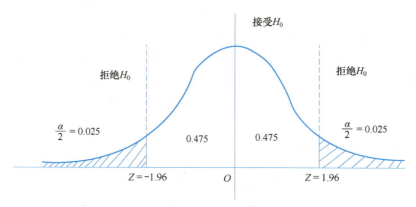

图 8-1　拒绝域

本例中对给定的显著性水平 $\alpha = 0.05$，查正态分布分位数表（见附录 B），得 $Z_{\alpha/2} = 1.96$，根据样本观测值算得 $\bar{x} = 99.62$，于是

$$|Z| = \left|\frac{\bar{x} - 100}{0.5/\sqrt{9}}\right| = 2.28 > 1.96$$

所以，我们拒绝 H_0，即认为包装机工作不正常。

假设检验的一般步骤归纳如下：

（1）根据实际问题提出原假设 H_0 和备选假设 H_1。

（2）根据 H_0 的内容，选取适当的统计量，并在 H_0 成立的条件下确定该统计量的分布。

（3）根据实际要求选取合适的显著性水平 α，一般取 α 为 0.05、0.01、0.1 等，在显著水平下，根据统计量的分布查表，找出临界值，从而确定拒绝域。

（4）由样本观测值算出统计量的值记为 Z_0，若 Z_0 属于拒绝域，则拒绝 H_0，否则，接受 H_0。

三、假设检验的两类错误

假设检验是通过对样本数据的分析来进行的，由于有抽样误差的风险，因此会产生两种类型的错误。

我们知道，小概率事件在一次试验中几乎不可能发生，但却不是绝对不可能发生。因此，当 H_0 本来是正确的，而这时我们却由于小概率事件的发生而拒绝了 H_0，这就犯了一种错误。我们把这种"弃真"的错误称为第一类错误。正是由于小概率事件的发生使我们犯了第一类错误，因而犯第一类错误的概率为 α，即

$$P(拒绝 H_0 / H_0 \text{ 正确}) = \alpha$$

所以 α 是用来控制犯第一类错误的。显然，如果 α 取值越大，犯第一类错误的可能性就越大。

另一类错误是，当 H_0 不正确时，我们也可能接受 H_0，这同样是犯了错误，我们称这种"取伪"的错误为第二类错误。通常把犯第二类错误的概率为 β，即

$$P(接受 H_0 / H_0 \text{ 不正确}) = \beta$$

自然,人们希望犯两类错误的概率越小越好。但对于一定的样本容量,不能同时做到使犯这两类错误的概率都很小。如果减小第一类错误的概率 α,就必然增大第二类错误的概率 β。当然,使 α 和 β 同时变小的办法也有,这就是增大样本容量,但样本容量不可能没有限制,否则就会使抽样调查失去意义。通常人们只对犯第一类错误的概率 α 加以限制。

四、双边检验与单边检验

假设检验有双边检验和单边检验两种类型。

(一)双边检验(双尾检验)

一个假设检验问题的双边检验是指如果样本统计量的值显著大于或小于假设的总体参数值都将拒绝原假设。在双边检验中有两个拒绝区域,如图 8-1 所示。

双边检验适用于担心样本统计量与假设总体参数值显著不同的情况,即适用于备择假设中总体参数不等于某给定值的情况。一般地,如果假设是 $H_0: \mu = \mu_0$,$H_1: \mu \neq \mu_0$,就必须用双边检验。

例如,一个灯泡厂生产平均寿命 $\mu = 1\,000\text{h}$ 的灯泡,如果寿命过短,它将失去市场的销路,如果寿命过长,灯丝就要加粗,从而要提高产品的成本。为了观察生产过程是否正常,他们在产品中抽取一个样本,以便检验假设 $H_0: \mu = 1\,000$。由于他们不希望在 1 000h 任何一边超越太多,所以合适的备择假设是 $H_1: \mu \neq 1\,000$。这就应该使用双边检验,即如果样本的灯泡平均寿命高于 1 000h 过多或低于 1 000h 过多,就拒绝原假设。

(二)单边检验(单尾检验)

在实际问题中,我们关心的假设问题常常带有方向性。例如,某一建筑公司从上述灯泡厂购买一批灯泡,数量很大。该批货到达时,这个公司抽取一个样本以便决定是否接受这批货。只有当该公司感到灯泡平均寿命在 1 000h 以下时,它才会拒绝这批货。如果灯泡平均寿命在 1 000h 以上,该公司当然不会拒绝这批货,因为用已定的价格(灯泡寿命为 1 000h 的价格)购进了更高质量的产品。因此,这时需检验的假设是 $H_0: \mu = 1\,000\text{h}$,$H_1: \mu < 1\,000\text{h}$。只有当所抽取的灯泡平均寿命低于 1 000h 很多时,才会拒绝 H_0。一般地,单边检验适用于担心样本统计量的值与假设的总体参数值在某一方向上显著偏离的情况,即适用于备择假设中总体参数大于某一给定值或小于某一给定值。单边检验只有一个拒绝域。

单边检验又分为左边检验和右边检验两种。

1. 左边检验(左尾检验)

左边检验适用于担心样本统计量的值会显著低于假设的总体参数值的情况,即适用于备择假设中总体参数小于某给定值。一般地,如果假设是 $H_0: \mu = \mu_0$,$H_1: \mu < \mu_0$,或 $H_0: \mu \geq \mu_0$,$H_1: \mu < \mu_0$,就使用左边检验。因为拒绝区域在相应统计量的抽样分布的左端,所以这种单边检验称为左边检验。左边检验如图 8-2 所示。

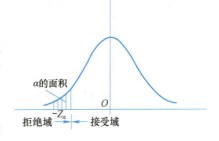

图 8-2 左边检验

2. 右边检验(右尾检验)

右边检验适用于担心样本统计量的值会显著大于假设的总体参数值的情况,即备择假设中总体参数大于某给定值。

一般地，如果假设是 $H_0: \mu = \mu_0$，$H_1: \mu < \mu_0$，或 $H_0: \mu \leq \mu_0$，$H_1: \mu > \mu_0$，就使用右边检验。因为拒绝域在相应统计量的抽样分布的右端，所以这种单边检验称为右边检验。右边检验如图8-3所示。

例如，某公司经理要求推销员注意差旅费用的限额。经理希望推销员每人每月平均费用保持在1 500元，5个月后得到每月费用的一个样本。经理利用这个样本来检查费用是否超过限额。这里原假设是 $H_0: \mu = 1\,500$，备择假设是 $H_1: \mu > 1\,500$，用右边检验。只有当样本平均数显著超过1 500元时，才拒绝原假设。

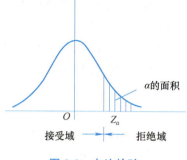

图8-3 右边检验

需要指出一点，在双边检验的原假设中，总体参数只取一个值，而单边检验的原假设中通常给出了参数的一个取值区间，因此在理论上，在单边检验的情况下，需要对每个假设的参数值进行检验，但一般只完成一个值的检验，即在相等点上的检验，而且可以证明，如果我们在相等点上否定了 H_0，则在原假设所含的任何点上也将否定 H_0。因此，应当注意原假设应包括等号在内。原假设能断言总体参数等于（最少或最多等于）某特定数值，我们才有建立临界值的基础，才能决定当样本统计量是什么数值时，在规定的显著性水平下可以拒绝或接受原假设。所以，原假设不能采取下列这样的形式：

$$H_0: \mu < \mu_0 \text{ 或 } H_0: \mu > \mu_0$$

五、原假设与备择假设的建立

确定原假设和备择假设在假设检验中非常重要，它直接关系到检验的结论。以下几点可供参考：

（1）通常成立的情况作为原假设，其相反作为备择假设。
（2）关心某一情况是否发生作为备择假设，其相反作为原假设。
（3）等号在原假设中。

第二节 一个正态总体的均值与方差的假设检验

下面的讨论假定总体 $X \sim N(\mu, \sigma^2)$，而 $x_1, x_2, \cdots, x_n$ 是来自总体 X 的样本。

一、方差已知时，总体均值的假设检验

1. 双边检验

双边检验即检验总体均值是否等于某个常数。
（1）提出原假设和备选假设。

$$H_0: \mu = \mu_0; \quad H_1: \mu \neq \mu_0$$

备选假设可以不写出来。
（2）在 H_0 成立的条件下选取统计量：

$$Z = \frac{\bar{x} - \mu_0}{\sigma/\sqrt{n}} \sim N(0, 1)$$

(3) 给定显著性水平 α，查标准正态分布表，求出临界值 $Z_{\alpha/2}$，得拒绝域。

$$|Z| > Z_{\alpha/2}$$

(4) 由样本观测值算出：

$$Z_0 = \frac{\bar{x} - \mu_0}{\sigma/\sqrt{n}}$$

若 $|Z| > Z_{\alpha/2}$，则拒绝 H_0；否则，接受 H_0。

例 8-2 就是这种假设检验的一个例子。

2. 单边检验

【例 8-3】 一种元件，要求其平均寿命不得小于 1 000h。现在从一批这种元件中随机抽取 25 件，测得其平均寿命为 950h，已知这种元件寿命服从 σ =100h 的正态分布，试在显著性水平 α =0.05 下确定这批元件是否合格。

这是一个左边检验问题，设元件寿命服从正态分布 $N(\mu, 1\,000)$，按假设检验的一般步骤：

(1) 提出假设：

$$H_0: \mu = 1\,000; \quad H_1: \mu < 1\,000$$

(2) 选取统计量：

$$Z = \frac{\bar{x} - 1\,000}{100/\sqrt{n}} \sim N(0, 1)$$

(3) 对于 α =0.05，查附录 B，求 $-Z_\alpha$，使

$$p\{Z < -Z_\alpha\} = 0.05$$

得 $-Z_\alpha = -1.645$，所以拒绝域为 $Z < -1.645$。

(4) 根据 $n=25$，$\sigma=100$，$\bar{x}=950$，算得

$$Z = \frac{950 - 1\,000}{100/\sqrt{25}} = -2.5 < -1.645$$

因 Z 落在拒绝域内，故拒绝 H_0，接受 H_1，从而认为这批元件不合格。

以上这种利用服从正态分布统计量的检验，称为 Z 检验。

二、方差未知时，总体均值的假设检验

【例 8-4】 某车床加工一种零件，要求长度为 150mm，现从一批加工后的这种零件中抽取 9 个，测得长度如下（单位：mm）：

147　　150　　149　　154　　152　　153　　148　　151　　155

若零件长度服从正态分布，问这批零件是否合格（取 α =0.05）？

提出假设：

$$H_0: \mu = 150; \quad H_1: \mu \neq 150$$

在 H_0 成立的条件下（由于方差未知）选统计量：

$$t = \frac{\bar{x} - \mu_0}{S/\sqrt{n}} \sim t(n-1)$$

这里 $n=9$，对于给定的 α =0.05，查 t 分布表（见附录 C），求临界值 $t_{\alpha/2}(n-1)$，使

$$p\{|t| > t_{\alpha/2}(n-1)\} = 0.05$$

得 $t_{\alpha/2}(n-1) = t_{0.025}(9-1) = 2.306$。因此，拒绝域为

$$|t| > t_{\alpha/2}(n-1) = 2.306$$

由样本观测值算得

$$\bar{x} = 1.51,\ S^2 = 7.5$$

故接受 H_0，认为这批零件合格。

这种利用服从 t 分布的统计量的检验称为 t 检验。t 检验的单边检验问题我们不做详细讨论，只将其结果列于表 8-1 中。

表 8-1　一个正态总体的均值与方差的假设检验表

检验方法	条件	假设 H_0	假设 H_1	统计量及其分布	拒绝域
Z 检验	σ^2 已知	$\mu = \mu_0$ $\mu \leq \mu_0$ $\mu \geq \mu_0$	$\mu \neq \mu_0$ $\mu > \mu_0$ $\mu < \mu_0$	$Z = \dfrac{\bar{x} - \mu_0}{\sigma/\sqrt{n}} \sim N(0,1)$	$\|Z\| > Z_{\alpha/2}$ $Z > Z_\alpha$ $Z < -Z_\alpha$ $Z_{\alpha/2},\ Z_\alpha$ 取正数
t 检验	σ^2 未知	$\mu = \mu_0$ $\mu \leq \mu_0$ $\mu \geq \mu_0$	$\mu \neq \mu_0$ $\mu > \mu_0$ $\mu < \mu_0$	$t = \dfrac{\bar{x} - \mu_0}{S/\sqrt{n}} \sim t(n-1)$	$\|t\| > t_{\alpha/2}(n-1)$ $t > t_\alpha(n-1)$ $t < -t_\alpha(n-1)$
χ^2 检验	μ 已知	$\sigma^2 = \sigma_0^2$ $\sigma^2 \leq \sigma_0^2$ $\sigma^2 \geq \sigma_0^2$	$\sigma^2 \neq \sigma_0^2$ $\sigma^2 > \sigma_0^2$ $\sigma^2 < \sigma_0^2$	$\chi^2 = \dfrac{1}{\sigma_0^2}\sum\limits_{i=1}^{n}(x_i - \mu)^2 \sim \chi^2(n)$	$\chi^2 < \chi^2_{1-\alpha/2}(n)$ 或 $\chi^2 > \chi^2_{\alpha/2}(n)$ $\chi^2 > \chi^2_\alpha(n)$ $\chi^2 < \chi^2_{1-\alpha}(n)$
χ^2 检验	μ 未知	$\sigma^2 = \sigma_0^2$ $\sigma^2 \leq \sigma_0^2$ $\sigma^2 \geq \sigma_0^2$	$\sigma^2 \neq \sigma_0^2$ $\sigma^2 > \sigma_0^2$ $\sigma^2 < \sigma_0^2$	$\chi^2 = \dfrac{1}{\sigma_0^2}\sum\limits_{i=1}^{n}(x_i - \bar{x})^2 \sim \chi^2(n-1)$	$\chi^2 < \chi^2_{1-\alpha/2}(n-1)$ 或 $\chi^2 > \chi^2_{\alpha/2}(n-1)$ $\chi^2 > \chi^2_\alpha(n-1)$ $\chi^2 < \chi^2_{1-\alpha}(n-1)$

三、正态总体方差的检验

【例 8-5】　某车间生产铜丝，生产一向比较稳定，已知铜丝的折断力服从正态分布，方差 $\sigma^2 = 64$。现从产品中抽取 10 根做折断力试验，得到的数据为（单位：kg）：

570　578　572　570　568　572　570　572　596　584

是否可以相信该车间的铜丝的折断力的方差为 64？

用 X 表示铜丝的折断力，则 $X \sim N(\mu, \sigma^2)$，但 μ 未知，我们的任务是要检验假设：

$$H_0: \sigma^2 = 64 = \sigma_0^2;\quad H_1: \sigma^2 \neq 64$$

为此，选取统计量：

$$\chi^2 = \frac{(n-1)S^2}{\sigma_0^2} = \frac{\sum\limits_{i=1}^{n}(x_i - \bar{x})^2}{\sigma_0^2} \sim \chi^2(n-1)$$

给定显著性水平 $\alpha=0.05$，查 χ^2 分布表（见附录 D），求临界值 $\chi^2_{\alpha/2}(n-1)$ 和 $\chi^2_{1-\alpha/2}(n-1)$，使满足

$$p\{\chi^2_{1-\alpha/2}(n-1) < \chi^2 < \chi^2_{\alpha/2}(n-1)\} = 1-\alpha$$

得拒绝域为

$$\chi^2 < \chi^2_{1-\alpha/2}(n-1) \text{ 或 } \chi^2 > \chi^2_{\alpha/2}(n-1)$$

本例中，$n-1=9$，$\alpha/2=0.025$，查 χ^2 分布表得

$$\chi^2_{\alpha/2}(n-1) = x^2_{0.025}(10-1) = 19.02$$
$$\chi^2_{1-\alpha/2}(n-1) = x^2_{0.975}(10-1) = 2.70$$

由样本观测值算得

$$\bar{x} = 575.2\text{kg}, \sum_{i=1}^{10}(x_i - \bar{x})^2 = 681.6\text{kg}$$

$$\chi^2 = \frac{1}{\sigma_0^2}\sum_{i=1}^{10}(x_i - \bar{x})^2 = 10.65$$

因为 $2.7 < 10.65 < 19.02$，即 χ^2 没落在拒绝域内，故接受假设 H_0，认为这个车间的钢丝的折断力的方差与 64 无显著差异。

此例中是总体均值 μ 未知的情形，若 μ 已知，要检验假设：

$$H_0: \sigma^2 = \sigma_0^2;\quad H_1: \sigma^2 \neq \sigma_0^2$$

则可选取统计量：

$$\chi^2 = \frac{1}{\sigma_0^2}\sum_{i=1}^{10}(x_i - \mu)^2 \sim \chi^2(10)$$

对于给定的显著性水平 α，查 χ^2 分布表，求得 $\chi^2_{\alpha/2}(n)$ 和 $\chi^2_{1-\alpha/2}(n)$，拒绝域为

$$\chi^2 < \chi^2_{1-\alpha/2}(10) \text{ 或 } \chi^2 > \chi^2_{\alpha/2}(10)$$

关于 χ^2 检验的单边检验可参见表 8-1。

前面主要讨论正态总体的假设检验问题，对于非正态总体的情形，在大样本（$n \geq 30$）情形下，也可以近似地当作正态总体来处理。

第三节　两个正态总体均值与方差的假设检验

在下面的讨论中，假定两个正态总体 X、Y 相互独立，并且 $X \sim N(\mu_1, \sigma_1^2)$，$Y \sim N(\mu_2, \sigma^2)$，样本 $x_1, x_2, \cdots, x_m$ 和 $y_1, y_2, \cdots, y_n$ 分别来自总体 X、Y，并且相互独立。

一、两个正态总体均值相等的检验

（1）在 σ_1^2 和 σ_2^2 已知的条件下，检验假设：

$$H_0: \mu_1 = \mu_2;\quad H_1: \mu_1 \neq \mu_2$$

检验假设 $H_0: \mu_1 = \mu_2$ 等价于检验假设：

$$H_0': \mu_1 - \mu_2 = 0$$

令

$$\bar{x} = \frac{1}{m}\sum_{i=1}^{m}x_i,\quad \bar{y} = \frac{1}{n}\sum_{j=1}^{n}y_j$$

由于 $\bar{x} \sim N(\mu_1, \sigma_1^2/m)$，$\bar{y} \sim N(\mu_2, \sigma_2^2/n)$，$x_1, x_2, \cdots, x_m$ 与 $y_1, y_2, \cdots, y_n$ 相互独立，所以
$$E(\bar{x}-\bar{y}) = E(\bar{x}) - E(\bar{y}) = \mu_1 - \mu_2$$
$$D(\bar{x}-\bar{y}) = D(\bar{x}) - D(\bar{y}) = \frac{\sigma_1^2}{m} + \frac{\sigma_2^2}{n}$$

故知
$$\bar{x} - \bar{y} \sim N\left(\mu_1 - \mu_2, \frac{\sigma_1^2}{m} + \frac{\sigma_2^2}{n}\right)$$

当 H_0' 成立时，即 $\mu_1-\mu_2=0$ 时，选取统计量：
$$Z = \frac{\bar{x}-\bar{y}}{\sqrt{\dfrac{\sigma_1^2}{m} + \dfrac{\sigma_2^2}{n}}} \sim N(0, 1)$$

若给定显著性水平 α，查标准正态分布表可求得正数 $Z_{\alpha/2}$（临界值），H_0 的拒绝域为
$$|Z| > Z_{\alpha/2} \tag{8-8}$$

(2) 方差 σ_1^2 和 σ_2^2 未知，但知道 $\sigma_1^2 = \sigma_2^2$ 时，检验假设：
$$H_0: \mu_1=\mu_2;\ H_1: \mu_1 \neq \mu_2$$

当 H_0 成立时，选取统计量：
$$t = \frac{\bar{x}-\bar{y}}{\sqrt{(m-1)S_1^2 + (n-1)S_2^2}} \sqrt{\frac{mn(m+n-2)}{m+n}} \sim t(m+n-2)$$

其中
$$S_1^2 = \frac{1}{m-1}\sum_{i=1}^{m}(x_i-\bar{x})^2,\ S_2^2 = \frac{1}{n-1}\sum_{j=1}^{n}(y_j-\bar{y})^2$$

当给定显著性水平 α 时，查 t 分布表可求得临界值 $t_{\alpha/2}(m+n-2)$，故 H_0 的拒绝域为
$$|t| > t_{\alpha/2}(m+n-2) \tag{8-9}$$

【例 8-6】 对某种物品处理前与处理后分别抽样分析其含脂率如下：

处理前 x_i：0.19　　0.18　　0.21　　0.30　　0.41　　0.12　　0.27
处理后 y_i：0.15　　0.13　　0.07　　0.24　　0.19　　0.06　　0.08　　0.12

假设处理前后的含脂率都服从正态分布，且方差不变是在 $\alpha = 0.05$ 的显著性水平上，推断处理前后含脂率的平均值有无显著变化。

这里 σ_1^2 和 σ_2^2 未知，但已知 $\sigma_1^2 = \sigma_2^2$，要检验的假设为
在 $\alpha = 0.05$ 的显著性水平下，检验假设：
$$H_0: \mu_1=\mu_2;\ H_1: \mu_1 \neq \mu_2$$

因为
$$\bar{x} = 0.24,\ S_1^2 = 0.009\ 1,\ m = 7$$
$$\bar{y} = 0.13,\ S_2^2 = 0.003\ 9,\ n = 8$$

所以
$$t = \frac{0.24 - 0.13}{\sqrt{(7-1)\times 0.009\ 1 + (8-1)\times 0.003\ 9}} \times \sqrt{\frac{7\times 8\times(7+8-2)}{7+8}} = 2.68$$

对于 $\alpha = 0.05$，查 t 分布表（见附录 C），得 $t_{\alpha/2}(m+n-2) = t_{0.025}(13) = 2.160$，故拒绝域

为 $|t|>2.160$，而由样本观测值算得的 $t=2.68>2.160$，故拒绝 H_0，认为处理前后的含脂率的平均值有显著变化。

如果此例中让我们推断处理后的物品的含脂率是否比处理前的低，则要检验的假设：
$$H_0: \mu_1 = \mu_2; \quad H_1: \mu_1 > \mu_2$$
这是单边检验问题，单边检验的拒绝域参见表 8-2。

表 8-2　两个正态总体均值与方差的假设检验表

检验方法	条件	假设 H_0	假设 H_1	统计量及其分布	拒绝域
Z 检验	σ_1^2、σ_2^2 已知	$\mu_1 = \mu_2$	$\mu_1 \neq \mu_2$ $\mu_1 > \mu_2$ $\mu_1 < \mu_2$	$Z = \dfrac{\bar{x}-\bar{y}}{\sqrt{\dfrac{\sigma_1^2}{m}+\dfrac{\sigma_2^2}{n}}}$ $\sim N(0,1)$	$\|Z\| > Z_{\alpha/2}$ $Z > Z_\alpha$ $Z < -Z_\alpha$
t 检验	$\sigma_1^2 = \sigma_2^2$ 但 σ_1^2、σ_2^2 未知	$\mu_1 = \mu_2$	$\mu_1 \neq \mu_2$ $\mu_1 > \mu_2$ $\mu_1 < \mu_2$	$t = \dfrac{\bar{x}-\bar{y}}{\sqrt{(m-1)S_1^2+(n-1)S_2^2}}\sqrt{\dfrac{mn(m+n-2)}{m+n}}$ $\sim t(m+n-2)$	$\|t\| > t_{\alpha/2}(m+n-2)$ $t > t_\alpha(m+n-2)$ $t < -t_\alpha(m+n-2)$
F 检验	μ_1、μ_2 已知	$\sigma_1^2 = \sigma_2^2$	$\sigma_1^2 \neq \sigma_2^2$ $\sigma_1^2 > \sigma_2^2$ $\sigma_1^2 < \sigma_2^2$	$F = \dfrac{\sum\limits_{i=1}^m (x_i-\mu_1)^2}{\sum\limits_{j=1}^n (y_j-\mu_2)^2} \cdot \dfrac{n}{m} \sim F(m,n)$	$F > F_{\alpha/2}(m,n)$ $F < 1/F_{\alpha/2}(n,m)$ $F < F_\alpha(m,n)$ $F < 1/F_\alpha(n,m)$
	μ_1、μ_2 未知	$\sigma_1^2 = \sigma_2^2$	$\sigma_1^2 \neq \sigma_2^2$ $\sigma_1^2 > \sigma_2^2$ $\sigma_1^2 < \sigma_2^2$	$\dfrac{\sum\limits_{i=1}^m (x_i-\mu_1)^2/(m-1)}{\sum\limits_{j=1}^n (y_j-\mu_2)^2/(n-1)}$ $\sim F(m-1,n-1)$ $F = \dfrac{S_1^2}{S_2^2} \sim F(m-1,n-1)$	$F > F_{\alpha/2}(m-1,n-1)$ 或 $F < F_{1-\alpha/2}(m-1,n-1)$ $F > F_\alpha(m-1,n-1)$ $F < 1/F_\alpha(n-1,m-1)$

二、两个正态总体方差相等的检验

（1）已知两个正态总体的均值 μ_1 和 μ_2，要检验的假设：
$$H_0: \sigma_1^2 = \sigma_2^2; \quad H_1: \sigma_1^2 \neq \sigma_2^2$$

由于
$$\chi_1^2 = \frac{1}{\sigma_1^2}\sum_{i=1}^m (x_i-\mu_1)^2 \sim \chi^2(m)$$

$$\chi_2^2 = \frac{1}{\sigma_2^2}\sum_{j=1}^n (y_j-\mu_2)^2 \sim \chi^2(n)$$

在 H_0 成立的条件下，选取统计量：

$$F = \frac{\chi_1^2/m}{\chi_2^2/n} = \frac{\sum_{i=1}^{m}(x_i-\mu_1)^2}{\sum_{j=1}^{n}(y_j-\mu_2)^2} \frac{n}{m} \sim F(m, n) \tag{8-10}$$

对于给定的显著性水平 α，查 F 分布表（见附录 E），求得 $F_{\alpha/2}(m, n)$ 和 $F_{1-\alpha/2}(m, n)$，H_0 的拒绝域为

$$F < F_{1-\alpha/2}(m, n) \text{ 或 } F > F_{\alpha/2}(m, n) \tag{8-11}$$

（2）当均值 μ_1 和 μ_2 未知时，检验假设：

$$H_0: \sigma_1^2 = \sigma_2^2; \quad H_1: \sigma_1^2 \neq \sigma_2^2$$

在 H_0 成立时，选取统计量：

$$F = \frac{\sum_{i=1}^{m}(x_i-\bar{x})^2/(m-1)}{\sum_{j=1}^{n}(y_j-\bar{y})^2/(n-1)} = \frac{S_1^2}{S_2^2} \sim F(m-1, n-1) \tag{8-12}$$

对于给定的显著性水平 α，查 F 分布表，求得 $F_{\alpha/2}(m-1, n-1)$ 和 $F_{1-\alpha/2}(m-1, n-1)$，则拒绝域为

$$F > F_{\alpha/2}(m-1, n-1) \text{ 或 } F < F_{1-\alpha/2}(m-1, n-1)$$

也可以写成

$$F > F_{\alpha/2}(m-1, n-1) \text{ 或 } F < \frac{1}{F_{\alpha/2}(n-1, m-1)} \tag{8-13}$$

还可以写成

$$\frac{S_1^2}{S_2^2} > F_{\alpha/2}(m-1, n-1)$$

或

$$\frac{S_2^2}{S_1^2} > F_{\alpha/2}(n-1, m-1) \tag{8-14}$$

这种利用服从 F 分布的统计量的检验称为 F 检验。F 检验的单边检验与上面的双边检验讨论完全类似，其结果列于表 8-2 中。

【例 8-7】 利用例 8-6 中的数据，检验处理前后含脂率的方差是否有显著差异（取 $\alpha = 0.05$）。
提出假设：

$$H_0: \sigma_1^2 = \sigma_2^2; \quad H_1: \sigma_1^2 \neq \sigma_2^2$$

选取统计量：

$$F = \frac{\sum_{i=1}^{m}(x_i-\bar{x})^2/(m-1)}{\sum_{j=1}^{n}(y_j-\bar{y})^2/(n-1)} = \frac{S_1^2}{S_2^2} \sim F(m-1, n-1)$$

对于给定的 $\alpha = 0.05$，查 F 分布表，求得

$$F_{\alpha/2}(m-1, n-1) = F_{0.025}(6, 7) = 5.12$$

拒绝域为

$$\frac{S_1^2}{S_2^2} > F_{\alpha/2}(m-1, n-1)$$

由样本观测值算得

$$\frac{S_1^2}{S_2^2} = \frac{0.0091}{0.0039} = 2.33 < 5.12$$

故接受 H_0，认为 $\sigma_1^2 = \sigma_2^2$，即在 $\alpha = 0.05$ 的显著水平下，认为处理前后含脂率的方差无显著差异。

第四节 总体成数的假设检验

一、单个总体成数的假设检验

在单个总体成数的假设检验中，当样本单位数 n 大于 30，n_p 和 n_q 两者都大于 5 时，样本成数 p 的抽样分布近似于正态分布，采用检验统计量为

$$Z = \frac{p - p_0}{\sqrt{\frac{p_0(1-p_0)}{n}}} \tag{8-15}$$

式中，p_0 表示假设的总体成数；p 表示样本成数。

当 $p = p_0$ 时，统计量近似服从标准正态分布。

可考虑以下三种类型的假设检验：

双边检验：
$$H_0: p = p_0; \quad H_1: p \neq p_0$$

单边检验：
$$H_0: p \leq p_0; \quad H_1: p > p_0$$

或
$$H_0: p \geq p_0; \quad H_1: p < p_0$$

[例 8-8] 某公司负责人发现开出去的发票有大量笔误，而且断定在这些发票中，错误的发票占 20% 以上。随机抽取 400 张发票进行检查，发现错误的发票有 100 张，问这是否可以证明负责人的判断是正确的（$\alpha = 0.05$）？

假设
$$H_0: p \leq 0.2; \quad H_1: p > 0.2$$

选取的检验统计量为
$$Z = \frac{p - p_0}{\sqrt{\frac{p_0(1-p_0)}{n}}}$$

根据样本的数据计算得
$$Z = \frac{p - p_0}{\sqrt{\frac{p_0(1-p_0)}{n}}} = \frac{\frac{100}{400} - 0.2}{\sqrt{\frac{0.2 \times (1-0.2)}{400}}} = 2.5$$

查附录 B 得 $Z_{0.05}=1.645$，由于 $Z>1.645$，故拒绝 H_0，即从这些数据证明负责人的判断是正确的。

二、两总体成数之差的假设检验

同两总体平均数的假设检验相似，两总体成数之差的假设检验可以对两总体成数差异进行比较。设 n_1、n_2 表示两样本容量，p_1、p_2 表示两样本成数，当试验参数 n_1、n_2 充分大时，样本成数之差 p_1-p_2 将近似地服从正态分布，其均值为 p_1-p_2，方差为

$$\frac{p_1(1-p_1)}{n_1}+\frac{p_2(1-p_2)}{n_2} \tag{8-16}$$

也可以用 Z 统计量进行检验：

$$Z=\frac{p_1-p_2}{\sqrt{\frac{p_1(1-p_1)}{n_1}+\frac{p_2(1-p_2)}{n_2}}} \tag{8-17}$$

【例 8-9】 某冷藏库用两种方法存储果品各 50 箱，一段时间后，发现用 A 方法储藏，有 22 箱果品完好，用 B 方法储藏，有 18 箱完好，问能否认为这两种储藏方法没有差别（设 $\alpha=0.05$）？

设 p_1、p_2 分别表示 A、B 两种方法保存若干时期以后的果品完好率，设立统计假设：

$$H_0: p_1=p_2 ; \quad H_1: p_1 \neq p_2$$

假设 $p_1=p_2$，其均值 $p=p_1-p_2=0$，则

$$p_1=\frac{22}{50}=0.44, \quad p_2=\frac{18}{50}=0.36$$

用 Z 统计量进行检验：

$$Z=\frac{p_1-p_2}{\sqrt{\frac{p_1(1-p_1)}{n_1}+\frac{p_2(1-p_2)}{n_2}}}$$

$$=\frac{0.44-0.36}{\sqrt{\frac{0.44\times(1-0.44)}{50}+\frac{0.36\times(1-0.36)}{50}}}=0.819$$

在显著性水平 $\alpha=0.05$ 下，取双边检验，$Z_{1-\alpha/2}=Z_{1-0.05/2}=1.96$，其拒绝域为 $|Z|>Z_\alpha$，本题中 $Z<Z_0$（0.819<1.96），故接受 H_0 假设，可以认为两种储存方式基本无差异。

第五节　课　程　实　验

一、对一个总体方差未知时的假设检验问题进行检验

【例 8-10】 某部门对当前市场鸡蛋的价格情况进行调查，抽查全省 20 个集市的鸡蛋售价分别为（单位：元/斤）：

3.05　　3.31　　3.34　　3.82　　3.30　　3.16　　3.84　　3.10　　3.90　　3.18

3.88　3.22　3.28　3.34　3.62　3.28　3.30　3.22　3.54　3.30

已知往年的平均售价一直稳定在 3.25 元/斤，能否认为全省当前的鸡蛋售价明显高于往年（α =0.05）？

依题意提出假设：

$$H_0: \mu=3.25;\ H_1: \mu>3.25$$

Excel 的操作步骤如下：

（1）输入数据，如图 8-4 所示。

	A	B	C	D	E	F
1	鸡蛋价格					
2	3.05					
3	3.31					
4	3.34					
5	3.82					
6	3.3					
7	3.16					
8	3.84					
9	3.1					
10	3.9					
11	3.18					

Sheet1 / Sheet2 / Sheet3

就绪

图 8-4　数据工作表

（2）在单元格 C2 中键入“样本均值”，在单元格 D2 中键入“=AVERAGE(A2:A21)”，得样本均值 3.399；在单元格 C3 中键入“总体均值”，在单元格 D3 中键入“3.25”；在单元格 C4 中键入“样本数”，在单元格 D4 中键入“20”；在单元格 C5 中键入“样本方差”，在单元格 D5 中键入“=VAR(A2:A21)”，得样本方差 0.072 409；在单元格 C6 中键入“t 统计量”，在单元格 D6 中键入“=(D2-D3)/SQRT（D5/D4）”，得统计量样本观察值 t=2.476 302；在单元格 C7 中键入“P 值”，在单元格 D7 中键入“=NORMSDIST(D6)*2”，得 P 值=1.986 725；在单元格 C8 中键入“临界值”，在单元格 D8 中键入“=NORMSINV(0.95)”，得临界值=1.644 854；结果如图 8-5 所示。

	A	B	C	D	E
1	鸡蛋价格				
2	3.05		样本均值	3.399	
3	3.31		总体均值	3.25	
4	3.34		样本数	20	
5	3.82		样本方差	0.072 409	
6	3.3		t统计量	2.476 302	
7	3.16		P值	1.986 725	
8	3.84		临界值	1.644 854	
9	3.1				

图 8-5　计算及检验结果

计算结果解释：t 统计量样本观察值 $t=2.476\ 302>t_\alpha=1.644\ 854$（单尾临界值），不能接受原假设 H_0，即可以认为全省当前的鸡蛋售价明显高于往年。单尾的 P 值=1.986 725>α=0.05，也说明拒绝原假设。

二、对两个总体等方差时的假设检验问题进行检验

【例 8-11】　某学校管理学院考虑专业设置情况，现已知会计专业与财务专业皆为社会

需求专业，但似乎会计专业毕业生年薪高于财务专业。现在某地开发区随机抽取会计与财务专业的毕业生各 12 名，调查其参加工作第一年的年薪情况，数据如表 8-3 所示，试以 0.05 的显著性水平判断会计专业毕业生的年薪是否高于财务专业毕业生的年薪。

表 8-3　会计与财务专业毕业生参加工作第一年的年薪情况　　（单位：元）

会计专业	财务专业	会计专业	财务专业
56 400	52 600	56 200	58 000
50 600	47 200	49 400	54 800
52 400	50 000	50 400	47 000
55 800	46 000	58 400	53 800
54 000	55 800	59 400	52 400
52 400	49 000	58 600	48 000

依题意提出假设

$$H_0: \mu_1=\mu_2; \; H_1: \mu_1>\mu_2$$

Excel 的操作步骤如下：

（1）输入数据，如图 8-6 所示。

	A	B	C	D	E
1	会计专业	财务专业			
2	56 400	52600			
3	50 600	47 200			
4	52 400	50000			
5	55 800	46 000			
6	54 000	55800			
7	52 400	49000			
8	56 200	58000			
9	49 400	54800			
10	50 400	47000			
11	58 400	53800			

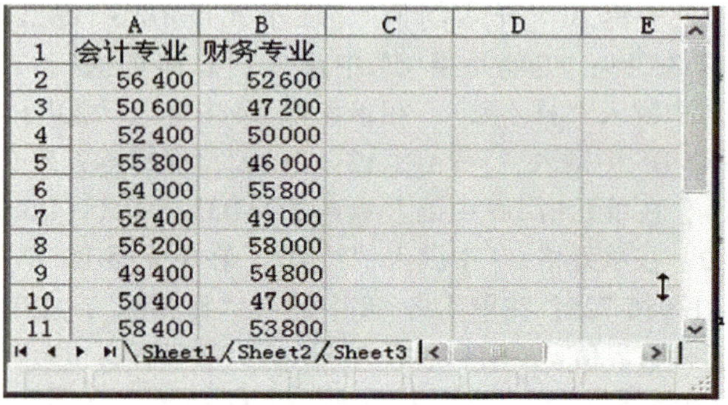

图 8-6　数据工作表

（2）执行菜单命令“数据”→“数据分析”，打开“数据分析”对话框，在“数据分析”对话框的“分析工具”列表中，选择“t-检验：双样本等方差假设”选项，如图 8-7 所示。然后单击“确定”按钮，打开“t-检验：双样本等方差假设”对话框。

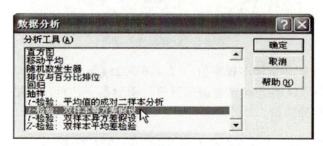

图 8-7　“数据分析”对话框

(3) 填写"t-检验：双样本等方差假设"对话框，如图 8-8 所示；然后单击"确定"按钮，结果如图 8-9 所示。

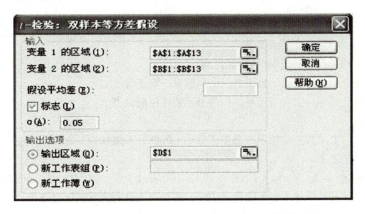

图 8-8 "t-检验：双样本等方差假设"对话框

t-检验：双样本等方差假设		
	会计专业	财务专业
平均	54 500	51 216.666 67
方差	11 938 181.82	15 246 969.7
观测值	12	12
合并方差	13 592 575.76	
假设平均差	0	
df	22	
t Stat	2.181 422 156	
$P(T<=t)$ 单尾	0.020 060 936	
t 单尾临界	1.717 144 335	
$P(T<=t)$ 双尾	0.040 121 871	
t 双尾临界	2.073 873 058	

图 8-9 "t-检验：双样本等方差假设"检验结果

计算结果解释：

(1) df 是自由度，即 $n_1+n_2-2=22$。

(2) t Stat 是 t 统计量，即 $t=2.181\,422\,156$。

(3) $P(T<=t)$ 单尾是单尾的 P 值，即 P 值 $=0.020\,060\,936$，说明拒绝原假设。

(4) t 单尾临界是单尾临界值，即 $t_\alpha(22)=1.717\,144\,335$，$t=2.181\,422\,156>t_\alpha(22)=1.717\,144\,335$，不能接受原假设，即可以认为会计专业毕业生的年薪高于财务专业毕业生的年薪。

思 考 题

1. 小概率事件原理的事件是不可能发生的事件吗？
2. 显著性水平越小，犯检验错误的可能性就越小吗？
3. 假设检验的一般步骤是什么？
4. 假设检验的两类错误是什么？它们发生的概率大小是什么关系？

练 习 题

一、判断题

1. 当 H_0 为真时，拒绝 H_0 犯了弃真错误。（   ）
2. 当 H_1 为真时，拒绝 H_1 犯了弃真错误。（   ）
3. 假设检验中犯两类错误的概率可以同时控制。（   ）
4. 通过检验，不能拒绝原假设，也不能说明原假设一定正确。（   ）
5. 备择假设的表达式中一定含有等号，即等号不能在原假设当中。（   ）

二、单项选择题

1. 一批电子元件，要求其平均使用寿命不得低于 1 200h，否则视为不合格品。在检验某批产品是否合格时，应建立的原假设是（   ）。

   A. $H_0: \mu = 1\,200$　　B. $H_0: \mu \leq 1\,200$　　C. $H_0: \mu > 1\,200$　　D. $H_0: \mu < 1\,200$

2. 国外某贫困地区估计营养不良人数高达 20%，然而有人认为实际情况比这个比例还要高，设 P 为总体比例，要检验说法是否正确，则假设形式为（   ）。

   A. $H_0: P \leq 0.2, H_1: P > 0.2$　　B. $H_0: P = 0.2, H_1: P \neq 0.2$
   C. $H_0: P \geq 0.2, H_1: P < 0.2$　　D. $H_0: P < 0.2, H_1: P \geq 0.2$

3. 下列哪种情况属于犯了第一类错误？（   ）

   A. H_0 不真时，接受 H_1　　B. H_0 为真时，接受 H_1
   C. H_0 不真时，拒绝 H_0　　D. H_0 为真时，拒绝 H_0

4. 在假设检验中，α 表示（   ）的概率。

   A. H_0 为真时，接受 H_1　　B. H_0 为真时，拒绝 H_0
   C. H_0 不真时，拒绝 H_0　　D. H_0 不真时，接受 H_1

5. 下面适合采用 t 统计量进行检验的场合是（   ）。

   A. 小样本，方差未知　　B. 小样本，方差已知
   C. 大样本，方差已知　　D. 大样本，方差已知

6. 当样本统计量的取值未落入原假设的拒绝域时，表示（   ）。

   A. 没有充足的理由否定备择假设　　B. 没有充足的理由否定原假设
   C. 备择假设是错误的　　D. 可以放心地接受原假设

7. 在假设检验中，原假设所表达的含义是（   ）。

   A. 参数发生了变化　　B. 参数没有发生变化
   C. 变量之间存在某种关系　　D. 参数是错误的

8. 在假设检验中，备择假设所表达的含义是（   ）。

   A. 参数发生了变化　　B. 参数没有发生变化
   C. 变量之间存在某种关系　　D. 参数是正确的

9. 在假设检验中，不拒绝原假设意味着（   ）。

   A. 原假设肯定是正确的　　B. 原假设肯定是错误的
   C. 没有证据证明原假设是正确的　　D. 没有证据证明原假设是错误的

10. 在假设检验中，原假设和备择假设（   ）。

    A. 都有可能成立　　B. 都可能不成立
    C. 只有一个成立且必有一个成立　　D. 原假设一定成立，备择假设不一定成立

三、计算题

1. 某校称该校每个学生每周使用手机的平均时间不超过 12h，随机在学校调查了 100 名学生，调查结果显示这批学生平均每天使用手机时间为 12.5h，标准差为 1.2h。试在 0.05 的显著性水平下判断学校的说

法是否正确。

2. 某种零件的尺寸方差为 $\sigma^2 = 1.21$，对一批这类零件检查 6 件的尺寸数据为（单位：mm）：

32.56　　29.66　　31.64　　30.00　　31.87　　31.03

问这批零件的平均尺寸能否认为是 32.50mm（取 $\alpha = 0.05$）？

3. 从某锌矿的东西两支矿脉中各取 10 个样品，化验出其中含锌量百分比如表 8-4 所示。

表 8-4　含锌量百分比

东支矿脉含锌量百分比	0.23	0.27	0.30	0.25	0.23	0.21	0.35	0.28	0.17	0.24
西支矿脉含锌量百分比	0.26	0.23	0.30	0.18	0.24	0.29	0.37	0.24	0.27	0.31

设含锌量 Z_n 服从正态分布，其方差相等，取显著性水平 $\alpha = 0.05$，问东西两支矿脉能否认为是一条矿脉？

4. 设总体分布为 $N(\mu, \sigma^2)$，其中 μ、σ^2 都未知，从中取了一个容量为 10 的样本，得到数据：

3.80　　4.10　　4.20　　4.35　　4.40　　4.50　　4.65　　4.71　　4.80　　5.10

在显著性水平 $\alpha = 0.1$ 的情况下检验假设 $H_0: \sigma^2 = 0.25$，$H_1: \sigma^2 \neq 0.25$。

5. 某企业要求生产车间产品合格率在 98% 以上，现随机抽查了 100 件产品，合格率为 97%。试在 0.05 的显著性水平下判断该批产品的合格率。

练习题参考答案

用微信扫描二维码，可以查看练习题参考答案。

第九章

相关与回归分析

前面我们介绍的统计方法和应用都只是对单个变量来讨论的。事实上，很多事物之间的关系是相互影响、相互依赖的。因此，我们研究的问题和采用的统计方法不能只局限于单个变量，还应进一步考察两个或两个以上变量之间的关系。本章所要阐述的相关与回归分析就是研究两个或两个以上变量之间关系的分析方法。

第一节 相关关系的概念与分类

一、变量之间的关系

1. 函数关系

函数关系也称确定性关系，即变量之间存在着确定的依存关系。其特点是对于一个（或一组）变量的每一个确定的值，另一个变量都有唯一确定的值与之对应，这种关系能用函数来表达。例如，对于商品的销售额，当价格 P 不变时，销售额 Y 由销售量 X 唯一确定，X 与 Y 具有一一对应的确定性关系，可以用 $Y=PX$ 这种函数来表达，这种关系就是函数关系。

2. 相关关系

相关关系也称非确定性关系，即变量之间显然存在着密切的关系，但不是确定的依存关系。其特点是对于一个（或一组）变量的每一个确定的值，另一个变量有多个值与之对应，这种关系不能用普通函数来表达。例如，单位面积上的粮食产量与施肥量有关，即在一定范围内，随着施肥量的增加，粮食产量也相应有所提高。但是施肥量相同时，产量也不相同，它是随机变量，这种关系是不确定的，不能用普通函数来表达。在前面的统计实例中，我们分析了影响城乡居民收入的主要因素，包括经济发展、就业情况、消费情况等，它们之间的关系就是相关关系。

变量之间之所以呈现出相关关系，是因为影响一个变量的因素往往有很多。例如，单位面积上的粮食产量，除了与施肥量有关外，还受到品种、土质、降雨量等其他因素的影响，这就造成即使施肥量相同，其产量也并不完全相同的情况。除此之外，即使是具有确定性关系的变量，由于试验或观察中误差的影响，其表现形式也具有某种程度的不确定性。

二、相关关系的分类

相关关系按照不同的特征可以进行如下分类：

1. 单相关和复相关

从变量的多少来看，相关可以分为单相关和复相关。单相关也称一元相关，是指两个变量之间的相关关系；复相关也称多元相关，是指三个或三个以上变量之间的相关关系。

2. 线性相关和非线性相关

从变量之间相互关系的表现形式来看，相关可以分为线性相关和非线性相关。线性相关也称直线相关，是指当一个变量每增加（减少）1个单位，另一相关变量就按一个近似固定的增（减）量发生变化。从散点图来看，其观测点的分布近似地表现为一条直线形式，如图9-1所示。非线性相关也称曲线相关，是指当一个变量每增加（减少）1个单位，另一相关变量就按不固定的增（减）量发生变化，即散点的分布近似地表现为某种曲线形式，如图9-2所示。

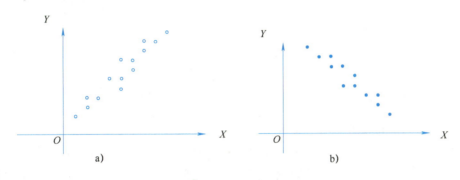

图9-1 线性相关
a）正线性相关 b）负线性相关

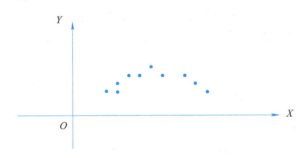

图9-2 非线性相关

3. 正相关和负相关

从变量之间变化的方向来看，线性相关可以分为正相关和负相关。正相关是指相关变量按同一方向变化，即当一个变量的值增加时，另一个变量的值也相应地增加，如图9-1a所示；负相关是指相关变量按反方向变化，即当一个变量的值增加时，另一个变量的值却相应地减少，如图9-1b所示。

4. 完全相关、不相关和不完全相关

从变量之间关系的密切程度来看，相关可以分为完全相关、不相关和不完全相关。完全相关是指变量之间的关系是函数关系，如图9-3所示。不相关是指变量之间不存在关系，相互独立，如图9-4所示。不完全相关是指变量之间的关系介于完全相关和不相关之间，如

图 9-1 和图 9-2 所示。相关分析和回归分析研究的主要是不完全相关的问题。

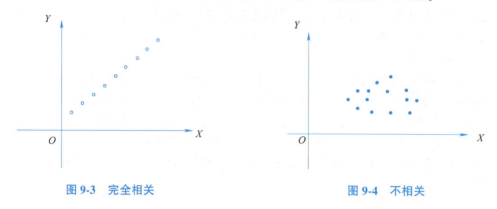

图 9-3　完全相关　　　　　　　　　　图 9-4　不相关

第二节　相关分析的内容与方法

一、相关分析的主要内容

研究相关关系的理论和方法，称为相关分析。变量之间的相关关系是一种非确定性关系，这种不确定性中又蕴含着某种规律性，这种规律性需要通过大量的观察才能发现。相关分析的任务就在于排除偶然因素的影响，探求变量之间相互依存的形态以及密切的程度等。具体来讲，相关分析的研究内容主要有：

（1）研究现象之间有无依存关系存在，以及依存关系的表现形式。这是相关分析的出发点。有相互依存关系才能用相关分析方法进行分析研究，没有关系而当作有关系会导致错误的结果。关系表现为什么样的形式，就需要使用什么样的分析方法。把曲线相关当作直线相关来进行分析，也会使认识发生偏差。

（2）研究相关关系的密切程度。相关关系是一种数量关系不严格的相互依存关系，相关分析的一个目的就是从这种不严格的关系中想办法来判断它们之间关系的密切程度。判断相关关系密切程度的主要方法是计算相关系数和绘制相关图。

二、相关分析的主要方法

（一）相关表与相关图

判断现象之间的相关关系，一般先做定性分析，然后进行定量分析。定性分析就是根据经济理论、专业知识和实际工作经验，对被研究的现象进行科学分析，初步确定现象之间是否存在相关关系。这个问题直接关系到我们所进行的相关分析有无意义。若现象之间存在相关关系，则可通过编制相关表、绘制相关图和计算相关系数进行定量分析，以反映相关的方向和程度。

1. 相关表

相关表是统计表的一种表现形式。根据资料是否分组，相关表可分为简单相关表和分组相关表。

（1）简单相关表是资料未经分组的相关表。这是把影响因素（称为自变量）的标志值与被影响因素（称为因变量）的标志值从小到大一一对应平行排列起来的统计表。例如，某厂的机床使用年限与维修费用资料如表 9-1 所示。

表 9-1　机床使用年限与维修费用相关表

机床编号	1	2	3	4	5	6	7	8	9	10
使用年限（年）	3	3	4	4	5	5	6	6	7	7
维修费用（元）	400	540	520	620	600	740	700	760	700	820

从上述简单相关表可以看出，随着机床使用年限的增加，维修费用呈线性增加的趋势。

（2）分组相关表。如果原始资料很多，绘制相关图、编制简单相关表都不方便，则可以编制分组相关表。

分组相关表是将原始资料进行分组而编制的相关表。按分组的情况不同，它分为单变量分组表与双变量分组表两种。

1）单变量分组表是指具有相关关系的两个变量中，只根据一个变量进行分组，计算出变量组和平均数的相关表。例如，为研究某县 40 块耕地每亩施肥量与小麦亩产量的相关关系，编制单变量分组表，如表 9-2 所示。

表 9-2　40 块耕地每亩施肥量与小麦亩产量单变量分组相关表

按施肥量分组（kg/亩）	亩数（亩）	产量/kg	平均亩产量（kg/亩）
75 以下	6	590	98.3
75~100	9	1 125	125.0
100~125	7	1 140	162.9
125~150	6	1 100	183.3
150~175	7	1 395	199.3
175 以上	5	1 055	211.0

从表 9-2 可以把小麦每亩施肥量与平均亩产量依存关系的趋势看得更清楚。这种单变量分组表在实际工作中使用较多，它能使资料简化并能反映出两个现象的依存关系。

2）双变量分组表是指对自变量和因变量都进行分组编制的相关表。双变量分组表也称棋盘式相关表。将上述 40 块耕地每亩施肥量与小麦亩产量的资料编制成双变量分组表，如表 9-3 所示。

表 9-3　40 块耕地每亩施肥量与小麦亩产量双变量分组相关表

按每亩施肥量分组/kg	按亩产量分组/kg					合计
	110 以下	110~145	145~180	180~215	215~250	
175 以上				3	2	5
150~175				7		7
125~150			2	4		6
100~125			6	1		7
75~100		8	1			9
50~75	4	2				6
合计	4	10	9	15	2	40

从表 9-3 中可以看到，尽管各块地上的产量不同，但都与施肥量的多少有关，施肥量是影响亩产量的重要因素之一，两者之间的关系是线性正相关关系。

2. 相关图

相关图是根据原始数据或分组表将对应数值在坐标图上用点画出来，以表明相关点的分布状况。一般来说，把自变量（x）置于横轴上，因变量（y）置于纵轴上，通过相关图，可以大致看出两个现象之间有没有关系、是什么样的关系、密切程度如何。根据表 9-2 中的资料，可绘制施肥量与小麦亩产量的相关图，如图 9-5 所示。

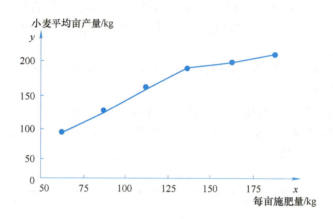

图 9-5　小麦平均亩产量与每亩施肥量相关图

（二）相关系数

相关表和相关图只能反映相关关系的方向和形态，却不能说明相关关系的密切程度，为此需要计算相关系数。相关系数是描述两个现象之间线性相关关系密切程度的数字指标。计算相关系数的方法有很多，一般以英国统计学家皮尔逊的积差法为基本方法。其计算公式为

$$r = \frac{\sigma_{xy}^2}{\sigma_x \sigma_y} \tag{9-1}$$

式中，r 表示相关系数。

其中，$\sigma_{xy}^2 = \dfrac{\sum (x-\bar{x})(y-\bar{y})}{n}$，称为 x 与 y 的协方差；

$\sigma_x = \sqrt{\dfrac{\sum (x-\bar{x})^2}{n}}$，是 x 的标准差；

$\sigma_y = \sqrt{\dfrac{\sum (y-\bar{y})^2}{n}}$，是 y 的标准差。

所以，相关系数可表示为

$$r = \frac{\sum (x-\bar{x})(y-\bar{y})}{\sqrt{\sum (x-\bar{x})^2 (y-\bar{y})^2}} \tag{9-2}$$

【例 9-1】以某厂机床使用年限与维修费的资料（见表 9-4）为例说明相关系数的计算。

表 9-4 相关系数计算表

序号	机床使用年限 x（年）	维修费 y（元）	$x-\bar{x}$	$y-\bar{y}$	$(x-\bar{x})^2$	$(y-\bar{y})^2$	$(x-\bar{x})(y-\bar{y})$
	(1)	(2)	(3)	(4)	(5)	(6)	(7)
1	3	400	−2	−240	4	57 600	480
2	3	540	−2	−100	4	10 000	200
3	4	620	−1	−20	1	400	20
4	4	520	−1	−120	1	14 400	120
5	5	600	0	−40	0	1 600	0
6	5	740	0	100	0	10 000	0
7	6	760	1	120	1	14 400	120
8	6	700	1	60	1	3 600	60
9	7	700	2	60	4	3 600	120
10	7	820	2	180	4	32 400	360
合计	50	6 400	—	—	20	148 000	1 480

计算按下列步骤进行：

（1）计算两个数列的平均值：

机床平均使用年限：$\bar{x}=\dfrac{\sum x}{n}=\dfrac{50}{10}$ 年 = 5 年

平均每台机床维修费：$\bar{y}=\dfrac{\sum y}{n}=\dfrac{6\,400}{10}$ 元 = 640 元

（2）计算表 9-4 中第（3）~（7）栏各栏数值，并得出合计数。

（3）计算自变量数列标准差：

$$\sigma_x=\sqrt{\dfrac{1}{n}\sum(x-\bar{x})^2}=\sqrt{\dfrac{1}{10}\times 20}=1.414\,2$$

（4）计算因变量数列标准差：

$$\sigma_y=\sqrt{\dfrac{1}{n}\sum(y-\bar{y})^2}=\sqrt{\dfrac{1}{10}\times 148\,000}=121.655\,3$$

（5）计算相关系数：

$$r=\dfrac{\sum(x-\bar{x})(y-\bar{y})}{n\sigma_x\sigma_y}=\dfrac{1\,480}{10\times 1.414\,2\times 121.655\,3}=0.860\,2$$

用积差法计算相关系数需计算离差，所以计算过程较繁杂，实际工作中一般采用以下简算公式：

$$r=\dfrac{n\sum xy-(\sum x)(\sum y)}{\sqrt{n\sum x^2-(\sum x)^2}\sqrt{n\sum y^2-(\sum y)^2}} \tag{9-3}$$

将表 9-5 中的数据代入式（9-3）可得

$$r = \frac{10 \times 33\,480 - 50 \times 6\,400}{\sqrt{(10 \times 270 - 50^2) \times (10 \times 4\,244\,000 - 6\,400^2)}} = 0.860\,2$$

计算结果与按式（9-2）计算的结果完全相同。

表 9-5　相关系数简算公式计算表

序　号	机床使用年限 x/年	维修费 y（元）	x^2	y^2	xy
	(1)	(2)	(3)	(4)	(5)
1	3	400	9	160 000	1 200
2	3	540	9	291 600	1 620
3	4	620	16	384 400	2 480
4	4	520	16	270 400	2 080
5	5	600	25	360 000	3 000
6	5	740	25	547 600	3 700
7	6	760	36	577 600	4 560
8	6	700	36	490 000	4 200
9	7	700	49	490 000	4 900
10	7	820	49	672 400	5 740
合计	50	6 400	270	4 244 000	33 480

式（9-2）和式（9-3）都是在简单相关表的情形下计算相关系数的公式。如果从单变量分组表计算相关系数则需要进行加权，若用积差法计算，则其计算公式为

$$r = \frac{\sum (x - \bar{x})(y - \bar{y}) f}{\sqrt{\sum (x - \bar{x})^2 f} \sqrt{\sum (y - \bar{y})^2 f}} \tag{9-4}$$

如果用简算公式计算，则其计算公式为

$$r = \frac{\sum f \sum xyf - \sum xf \sum yf}{\sqrt{\sum f \sum x^2 f - (\sum xf)^2} \sqrt{\sum f \sum y^2 f - (\sum yf)^2}} \tag{9-5}$$

（三）相关密切程度的判断

根据相关系数 r 数值的大小判断两变量的密切程度如下：

(1) 当 $|r| = 1$ 时，x 与 y 完全线性相关，即 x 与 y 之间存在着确定的函数关系。

(2) 当 $0 < |r| < 1$ 时，表示 x 与 y 之间存在着一定的线性相关关系。$|r|$ 的数值越大，越接近于 1，表示 x 与 y 的直线相关程度越高；反之，$|r|$ 的数值越小，越接近于 0，则表示 x 与 y 的直线相关程度越低。通常，判断的标准是：$|r| < 0.3$，称为微弱相关；$0.3 < |r| < 0.5$，称为低度相关；$0.5 < |r| < 0.8$，称为显著相关；$0.8 < |r| < 1$，称为高度相关。

(3) 当 $r > 0$ 时，表示 x 与 y 为正相关；当 $r < 0$ 时，表示 x 与 y 为负相关。

(4) 当 $|r| = 0$ 时，表示 y 的变化与 x 无关，即 x 与 y 完全没有直线相关关系。

第三节 回 归 分 析

一、回归分析的主要内容

对具有相关关系的变量，通过数学方程式把它们之间的关系加以描述，便于从一个已知量来推测另一个未知量，这种分析方法称为回归分析，所建立的数学方程式称为回归方程。

回归分析研究的主要内容有：

（1）确定相关关系的数学表达式。为了测定变量之间数量变化上的一般关系，一般采用函数关系的数学公式作为相关关系的数学表达式。如果现象之间的关系表现为直线相关，则选取直线方程拟合；如果现象之间的关系表现为曲线相关，则选取曲线方程拟合。这样，我们就找到描述现象之间相互依存关系在数量上的规律性的一个数学模型。它是进行判断、推算和预测的依据。

（2）检验所建立数学模型的可靠性。测定因变量估计值与实际值的差异，用来反映模型的可靠性。给出自变量的若干数值，代入数学模型，求得因变量相应的若干个估计值。估计值与实际值是有出入的，出入小表明估计得准确、模型可靠，出入大则表明估计得不够准确、模型不可靠。

二、回归分析与相关分析的区别与联系

回归分析与相关分析都是研究两个变量相互关系的统计分析方法。但就具体方法所解决的问题而言，回归分析和相关分析是有明显差别的。

1. 回归分析必须确定自变量和因变量

相关分析是研究变量之间的共变关系，这些变量相互对应，却不分主与从或因与果，处于平等的地位。两者均是随机变量。回归分析却是在控制或给定一个或几个变量条件下来观察对应的某一变量的变化。给定的变量称为自变量，不是随机变量；被观察的对应的变量，称为因变量，是随机变量。因此，回归分析必须根据研究的目的和对象的性质确定哪个是自变量（也称解释变量），哪个是因变量（也称被解释变量）。

2. 回归分析目的是描述变量之间具体的变动关系

相关分析主要是测定变量之间关系的密切程度和变量变化的方向。而回归分析却可以对具有相关关系的变量建立一个数学方程，描述变量之间具体的变动关系，通过控制或给定自变量的数值来估计或预测因变量的数值。

相关分析和回归分析既有联系又有区别。相关分析需要回归分析来表明现象数量关系的具体形式，而回归分析则应该建立在相关分析的基础上。依靠相关分析，表明现象的数量变化具有密切的相关关系后，进行回归分析才有意义。

三、回归分析的种类

回归有不同的种类。按自变量的个数分，回归有一元回归和多元回归。只有一个自变量的回归叫作一元回归，有两个或两个以上自变量的回归叫作多元回归。按回归线的形状分，回归有线性回归（直线回归）和非线性回归（曲线回归）。其中，线性回归是最基本的回

归，下面将着重讨论两个变量之间的线性回归问题。

（一）一元线性回归

根据实测值绘制散点图时，如果图中反映两变量之间的关系呈直线趋势，则可以初步判定两者之间存在线性关系，其关系式为

$$y = a + bx \tag{9-6}$$

上式中 a、b 的值确定后，直线也就确定了。在回归分析中，a、b 的值确定后，则估计直线的方程可以写作：

$$\hat{y} = \hat{a} + \hat{b}x \tag{9-7}$$

式中，x 表示自变量；$\hat{y}$ 表示因变量的估计值。

式（9-7）被称为 y 对 x 的直线回归方程或线性回归模型，该直线称为回归直线，b 称为回归系数。

拟合回归直线的主要问题就在于估计待定参数 a 和 b 的值。常用的方法是最小二乘法，用这种方法求出的回归直线是实测资料的"最佳"拟合直线。这和最小二乘法求直线趋势方程一样，只要将式（5-9）中时间变量的符号 t 改为自变量 x，即可得出如下方程组：

$$\begin{cases} \sum y = na + b \sum x \\ \sum xy = a \sum x + b \sum x^2 \end{cases}$$

解方程组得

$$\begin{cases} b = \dfrac{n \sum xy - (\sum x)(\sum y)}{n \sum x^2 - (\sum x)^2} \\ a = \bar{y} - b\bar{x} \end{cases} \tag{9-8}$$

【例 9-2】 某产品的产量与单位成本的资料如表 9-6 所示。

表 9-6　某产品的产量与单位成本的资料

月　　份	产量 x（千件）	单位成本 y（元/件）	x^2	xy
1 月	2	73	4	146
2 月	3	72	9	216
3 月	4	71	16	284
4 月	3	73	9	219
5 月	4	69	16	276
6 月	5	68	25	340
合计	21	426	79	1 481

从表中可大致看出，单位成本 y 和产量 x 之间具有线性负相关关系，即随着产量的增加，单位成本不断下降。设两者的关系式为

$$\hat{y} = a + bx$$

按式（9-8）计算 a、b 的值为

$$b = \dfrac{n \sum xy - (\sum x)(\sum y)}{n \sum x^2 - (\sum x)^2}$$

$$= \frac{6 \times 1\,481 - 21 \times 426}{6 \times 79 - 21^2} = -1.82$$

$$a = \bar{y} - b\bar{x} = \frac{426}{6} + 1.82 \times \frac{21}{6} = 77.37$$

所以回归方程为

$$\hat{y} = \hat{a} + \hat{b}x = 77.37 - 1.82x$$

此回归方程表示产量每增加 1 000 件，单位成本平均下降 1.82 元。我们知道当回归系数 b 的符号为正时，自变量和因变量按相同方向变动；当 b 的符号为负时，自变量和因变量按相反方向变动。这里 $b = -1.82$，说明产量与单位成本成反比例变化，即产量越大，成本越低。

当给定自变量的一个值时，我们可以根据回归方程来估计或预测因变量的平均可能值。例如，若产量为 6 000 件，代入回归方程可算得平均单位成本为

$$\hat{y} = (77.37 - 1.82 \times 6) \text{元／件} = 66.45 \text{元／件}$$

(二) 回归效果检验

通过线性回归模型 $\hat{y} = \hat{a} + \hat{b}x$，可以由 x 推算 y 的估计值 $\hat{y}$，但实际值（或观察值）y 与估计值 $\hat{y}$ 之间经常存在一定的离差，这种离差有多大？我们希望建立一些统计指标来加以测定。如果估计值与实际值之间的误差小，则说明估计结果的准确性高，所建立的回归模型的代表性大；反之，则说明估计结果的准确性低，所建立的回归模型的代表性小。那么，应建立怎样的指标呢？我们知道回归模型是用最小二乘法求得的，满足这个直线方程的一个重要条件是拟合误差（估计误差）的二次方和最小，即 $\sum (y - \hat{y})^2 \to$ 最小值，所以采用拟合误差二次方和 $\sum (y - \hat{y})^2$ 的平均数 $\frac{1}{n} \sum (y - \hat{y})^2$ 来测定估计值 $\hat{y}$ 的准确性是合理的，并称 $\sqrt{\frac{\sum (y - \hat{y})^2}{n}}$ 为估计标准误差，记为 S_{yx}，即

$$S_{yx} = \sqrt{\frac{\sum (y - \hat{y})^2}{n}} \tag{9-9}$$

估计标准误差又称回归标准差，用它作为衡量估计值准确程度的统计指标。当 $S_{yx} = 0$ 时，说明 $y = \hat{y}$，即估计值与实测值完全重合，没有误差。一般来讲，$S_{yx} \neq 0$，S_{yx} 的值越大，误差越大；反之，则误差越小。

下面，仍用例 9-2 中的资料来说明估计标准误差的计算方法。中间数据的计算如表 9-7 所示。

表 9-7　估计标准误差计算表

月　份	x（千件）	y（元/件）	$\hat{y} = 77.37 - 1.82x$	$y - \hat{y}$	$(y - \hat{y})^2$
1月	2	73	73.73	-0.73	0.532 9
2月	3	72	71.91	0.09	0.008 1
3月	4	71	70.09	0.91	0.828 1

(续)

月 份	x（千件）	y（元/件）	$\hat{y}=77.37-1.82x$	$y-\hat{y}$	$(y-\hat{y})^2$
4月	3	73	71.91	1.09	1.188 1
5月	4	69	70.09	-1.09	1.188 1
6月	5	68	68.27	-0.27	0.072 9
合计	21	426	—	—	3.818 2

把计算结果代入式（9-9），即得

$$S_{yx}=\sqrt{\frac{\sum(y-\hat{y})^2}{n}}=\sqrt{\frac{3.818\ 2}{6}}\ 元/件=0.8\ 元/件$$

当实际观察值甚多，且数值较大时，根据上面的公式计算估计标准误差十分麻烦，此时可采用以下简化公式计算：

$$S_{yx}=\sqrt{\frac{\sum y^2-a\sum y-b\sum xy}{n}} \quad (9\text{-}10)$$

仍用上面的例子，已知 $\sum y=426$，$\sum xy=1\ 481$，$a=77.37$，$b=-1.82$，$n=6$，$\sum y^2=73^2+72^2+71^2+73^2+69^2+68^2=30\ 268$，所以

$$S_{yx}=\sqrt{\frac{\sum y^2-a\sum y-b\sum xy}{n}}$$
$$=\sqrt{\frac{30\ 268-77.37\times 426+1.82\times 1\ 481}{6}}\ 元/件=0.8\ 元/件$$

（三）回归系数、估计标准误差与相关系数的关系

1. 回归系数与相关系数的关系

由相关系数简算公式可推得

$$r=\frac{n\sum xy-(\sum x)(\sum y)}{\sqrt{n\sum x^2-(\sum x)^2}\sqrt{n\sum y^2-(\sum y)^2}}$$

$$=\frac{\overline{xy}-\bar{x}\,\bar{y}}{\sqrt{\overline{x^2}-(\bar{x})^2}\sqrt{\overline{y^2}-(\bar{y})^2}}=\frac{\overline{xy}-\bar{x}\,\bar{y}}{\sigma_x\sigma_y} \quad (9\text{-}11)$$

又由回归系数公式，可得

$$b=\frac{n\sum xy-(\sum x)(\sum y)}{n\sum x^2-(\sum x)^2}$$

$$=\frac{\overline{xy}-\bar{x}\,\bar{y}}{\overline{x^2}-(\bar{x})^2}=\frac{\overline{xy}-\bar{x}\,\bar{y}}{\sigma_x^2} \quad (9\text{-}12)$$

将式（9-11）代入式（9-12）并整理，便得

$$r = b\frac{\sigma_x}{\sigma_y} \qquad (9\text{-}13)$$

式（9-13）反映了相关系数 r 与回归系数 b 之间的数量关系。相关系数 r 值是有正、负之分的，它反映两个变量相关的方向。由式（9-13）可以看到 r 的正、负号要由回归系数 b 的符号来确定，b 的正、负号与 r 的正、负号是一致的，因为在回归直线 $y=a+bx$ 中，当回归系数 b 为正值时，y 会随着 x 的增大而增加，此时 r 必然为正值；反之，当 b 为负值时，y 将随着 x 的增大而减少，所以 r 必然为负值。

2. 相关系数和估计标准误差之间的关系

因为

$$\sum(y-\bar{y})^2 = \sum[(y-\hat{y})+(\hat{y}-\bar{y})]^2 = \sum(y-\hat{y})^2 + \sum(\hat{y}-\bar{y})^2 + 2\sum(y-\hat{y})(\hat{y}-\bar{y})$$

而

$$2\sum(y-\hat{y})(\hat{y}-\bar{y}) = 0$$

所以

$$\sum(y-\bar{y})^2 = \sum(y-\hat{y})^2 + \sum(\hat{y}-\bar{y})^2$$

即

$$\begin{aligned}\sum(y-\hat{y})^2 &= \sum(y-\bar{y})^2 - \sum(\hat{y}-\bar{y})^2 \\ &= \sum(y-\bar{y})^2 - \sum(a+bx-a-b\bar{x})^2 \\ &= \sum(y-\bar{y})^2 - b^2\sum(x-\bar{x})^2\end{aligned}$$

除以 n 便得到

$$\frac{\sum(y-\hat{y})^2}{n} = \frac{\sum(y-\bar{y})^2}{n} - b^2\frac{\sum(x-\bar{x})^2}{n}$$

此即

$$S_{yx}^2 = \sigma_y^2 - b^2\sigma_x^2$$

上式两边同时除以 σ_y^2，得

$$\frac{S_{yx}^2}{\sigma_y^2} = 1 - r^2$$

或

$$r^2 = 1 - \frac{S_{yx}^2}{\sigma_y^2}$$

于是得到

$$r = \sqrt{1-\frac{S_{yx}^2}{\sigma_y^2}} \qquad (9\text{-}14)$$

式（9-14）反映了相关系数和估计标准误差在数量上的关系。如果 S_{yx} 值越小，而 σ_y 不变，则 r 值越大。相关系数越大，说明观察值离回归直线 $\hat{y}=\hat{a}+\hat{b}x$ 越近，x 与 y 之间的关

系越密切。当 $S_{yx}=0$ 时，$|r|=1$，x 与 y 完全相关。反之，若 S_{yx} 值越大，则 r 值越小，说明观察值离回归直线越远，x 与 y 之间关系不密切。当 S_{yx} 很大，大到等于因变量标准差，即 $S_{yx}=\sigma_y$ 时，$r=0$，说明 x 与 y 完全不相关。

相关系数 r 和估计标准误差 S_{yx} 之间的关系告诉我们，对回归方程效果是否显著的检验有两种方法：一种是计算估计标准误差；另一种是计算相关系数。

(四) 多元线性回归

在复杂的经济现象中与同一个因变量相关的自变量往往有多个，这时，一个因变量 y 要用多个自变量联合进行估计，才能得出比较满意的结果。例如，产品的成本不仅取决于生产该产品的原材料价格，而且也与产品产量、技术水平、管理水平等因素有关。又如，农作物产量受降雨量、温度、施肥量等多个因素的影响。多元线性回归描述了一个因变量与两个或两个以上自变量之间的数量关系。其回归方程的一般表达式为

$$y = a + b_1 x_1 + b_2 x_2 + \cdots + b_n x_n$$

多元线性回归是一元线性回归的推广，在计算上较复杂，但其基本原理与一元线性回归分析类似，这里仅以二元线性回归为例来加以说明。其线性回归方程为

$$y = a + b_1 x_1 + b_2 x_2$$

式中，a 表示常数项；b_1 表示自变量 x_2 一定时，自变量 x_1 变化一个单位而使 y 平均改变的数值；b_2 表示自变量 x_1 一定时，自变量 x_2 变化一个单位而使 y 平均改变的数值。因此，b_1 和 b_2 称为偏回归系数。

a、b_1 和 b_2 的求解方法仍用最小二乘法，得出如下正规方程组：

$$\begin{cases} \sum y = na + b_1 \sum x_1 + b_2 \sum x_2 \\ \sum x_1 y = a \sum x_1 + b_1 \sum x_1^2 + b_2 \sum x_1 x_2 \\ \sum x_2 y = a \sum x_2 + b_1 \sum x_1 x_2 + b_2 \sum x_2^2 \end{cases}$$

【例 9-3】 消费者对某种商品的需求量主要取决于消费者的收入和该商品的价格，假设已知资料如表 9-8 所示。

表 9-8 消费者对某种商品的需求量资料

序 号	需求量 y/kg	每人平均收入 x_1（元）	商品价格 x_2（元/kg）	x_1^2	$x_1 x_2$	$x_1 y$	x_2^2	$x_2 y$
1	50	500	3	250 000	1 500	25 000	9	150
2	40	300	5	90 000	1 500	12 000	25	200
3	40	600	4	360 000	2 400	24 000	16	160
4	35	250	4	62 500	1 000	8 750	16	140
5	25	150	6	22 500	900	3 750	36	150
6	30	200	5	40 000	1 000	6 000	25	150
7	45	650	3	422 500	1 950	29 250	9	135
8	50	500	2	250 000	1 000	25 000	4	100
9	55	700	2	490 000	1 400	38 500	4	110
10	30	600	6	360 000	3 600	18 000	36	180
合计	400	4 450	40	2 347 500	16 250	190 250	180	1 475

将表中算出的数值代入正规方程组，得

$$\begin{cases} 400 = 10a + 4\,450b_1 + 40b_2 \\ 190\,250 = 4\,450a + 2\,347\,500b_1 + 16\,250b_2 \\ 1\,475 = 40a + 16\,250b_1 + 180b_2 \end{cases}$$

解此方程组，得

$$a = 57.15,\ b_1 = 0.01,\ b_2 = -5.44$$

于是二元线性回归方程为

$$\hat{y} = 57.15 + 0.01x_1 - 5.44x_2$$

上式表明，当商品价格（x_2）不变时，需求量将随着消费者平均收入的增加而有所增加（b_1 是正值）；当消费者平均收入（x_1）不变时，需求量随着商品价格的上涨而减少（b_2 是负值）。

第四节　课程实验

一、相关分析

【例 9-4】 某地区居民家庭每月的消费支出的主要影响因素是每月收入，样品数据如表 9-9 所示，试做消费支出与收入的相关分析。

表 9-9　某地区居民家庭每月的消费支出及收入

序　号	消费支出（百元）	收入（百元）	序　号	消费支出（百元）	收入（百元）
1	70	80	6	115	180
2	65	100	7	120	200
3	90	120	8	140	220
4	95	140	9	155	240
5	110	160	10	150	260

1. 绘制相关图

Excel 的操作步骤如下：

（1）输入数据，如图 9-6 所示。

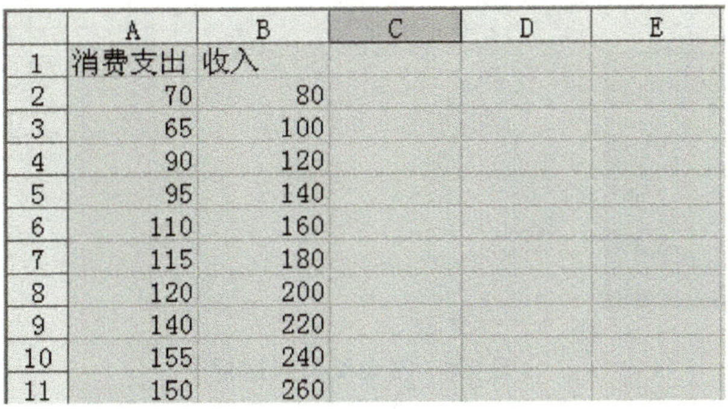

	A	B	C	D	E
1	消费支出	收入			
2	70	80			
3	65	100			
4	90	120			
5	95	140			
6	110	160			
7	115	180			
8	120	200			
9	140	220			
10	155	240			
11	150	260			

图 9-6　数据工作表

（2）拖动鼠标选定数值区域，该区域不包括数据的标志。本例中的数值区域为"$A2：$B11"。

（3）执行菜单命令"插入"→"图表"，进入图表向导，如图9-7所示。

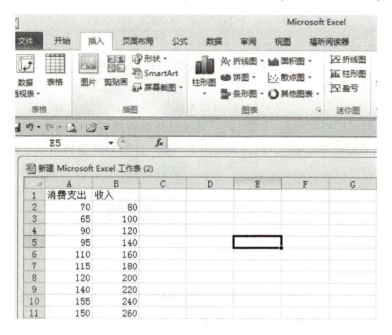

图9-7　图表位置

（4）选择图表类型为"散点图"，如图9-8所示；然后选择左上第一个图形，结果如图9-9所示。

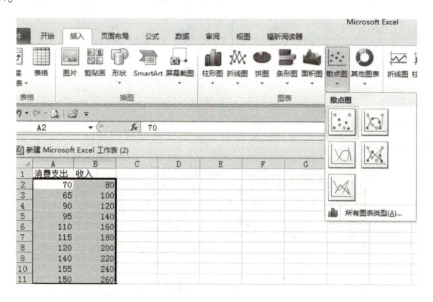

图9-8　图表类型对话框

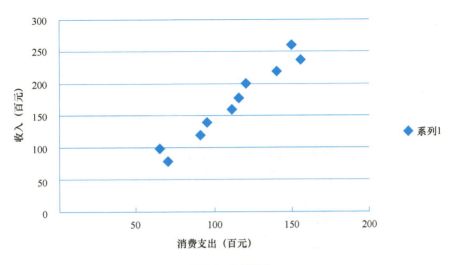

图 9-9 相关图

2. 计算相关系数

Excel 的操作步骤如下：

（1）输入数据，如图 9-7 所示。

（2）执行菜单命令"数据"→"数据分析"，打开"数据分析"对话框，选择"分析工具"列表中的"相关系数"选项，然后单击"确定"按钮，如图 9-10 所示。

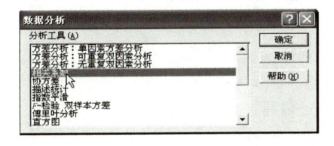

图 9-10 "数据分析"对话框

（3）填写"相关系数"对话框，如图 9-11 所示；然后单击"确定"按钮，结果如图 9-12 所示。

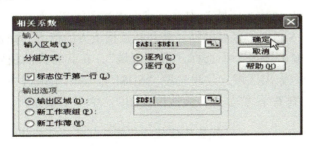

图 9-11 "相关系数"对话框

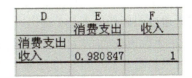

图 9-12 相关系数矩阵

二、回归分析

1. 一元线性回归分析

以表 9-9 中的数据为例，建立收入对消费影响的回归方程。

Excel 的操作步骤如下：

（1）输入数据，在"数据"菜单中选择"数据分析"选项，如图 9-13 所示。

图 9-13　"数据分析"对话框

（2）在"分析工具"列表中选择"回归"选项，单击"确定"按钮，打开"回归"对话框，如图 9-14 所示。

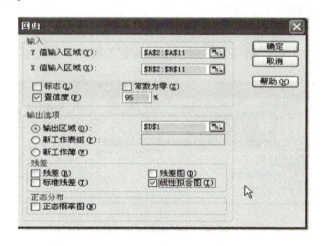

图 9-14　"回归"对话框

（3）在"Y 值输入区域"中输入或者通过图标切入 Excel 数据区域选取数据区域，这里选取"$A$2：$A$11"区域数据，在"X 值输入区域"中输入或者通过图标切入 Excel 数据区域选取数据区域，这里选取"$B$2：$B$11"区域数据；若包括数据上方的标志，则选上"标志"选项；选择"置信度"，在"输出选项"中选择"输出区域"，在其右边的位置输入或者通过图标切入 Excel 输出区域选取输出区域，这里选取"$D$1"，输出结果将在单元格 D1 的下面和右面的大片区域显示；在右下方选上"线性拟合图"，单击"确定"按钮，输出结果如图 9-15~图 9-17 所示。

2. 多元线性回归分析

【例 9-5】　在市场上对某一商品的需求量，根据经济理论需求量不但取决于它的价格，而且也取决于消费者收入，数据资料如表 9-10 所示，试做多元线性回归分析。

回归统计	
Multiple	0.980847
R Square	0.962062
Adjusted	0.957319
标准误差	6.493003
观测值	10

方差分析

	df	SS	MS	F	nificance F
回归分析	1	8552.727	8552.727	202.8679	5.75E-07
残差	8	337.2727	42.15909		
总计	9	8890			

	Coefficien	标准误差	t Stat	P-value	Lower 95%	Upper 95%	下限 95.0%	上限 95.0%
Intercept	24.45455	6.413817	3.812791	0.005142	9.664256	39.24483	9.664256	39.24483
X Variabl	0.509091	0.035743	14.24317	5.75E-07	0.426668	0.591514	0.426668	0.591514

图 9-15 回归分析计算结果

观测值	预测 Y	残差
1	65.18182	4.818182
2	75.36364	-10.3636
3	85.54545	4.454545
4	95.72727	-0.72727
5	105.9091	4.090909
6	116.0909	-1.09091
7	126.2727	-6.27273
8	136.4545	3.545455
9	146.6364	8.363636
10	156.8182	-6.81818

图 9-16 实际值和预测值

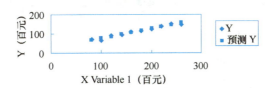

图 9-17 实际值和预测值散点图

表 9-10 某商品的需求量、价格及消费者收入资料

序 号	价格（元）	消费者收入（元）	需求量（个）	序 号	价格（元）	消费者收入（元）	需求量（个）
1	5	1 000	100	6	7	400	65
2	7	600	75	7	5	1 300	90
3	6	1 200	80	8	4	1 100	100
4	6	500	70	9	3	1 300	110
5	8	300	50	10	9	300	60

Excel 的操作步骤如下：

（1）输入数据，如图 9-18 所示。

	A	B	C	D	E
1	价格	消费者收入	需求量		
2	5	1 000	100		
3	7	600	75		
4	6	1 200	80		
5	6	500	70		
6	8	300	50		
7	7	400	65		
8	5	1 300	90		
9	4	1 100	100		
10	3	1 300	110		
11	9	300	60		

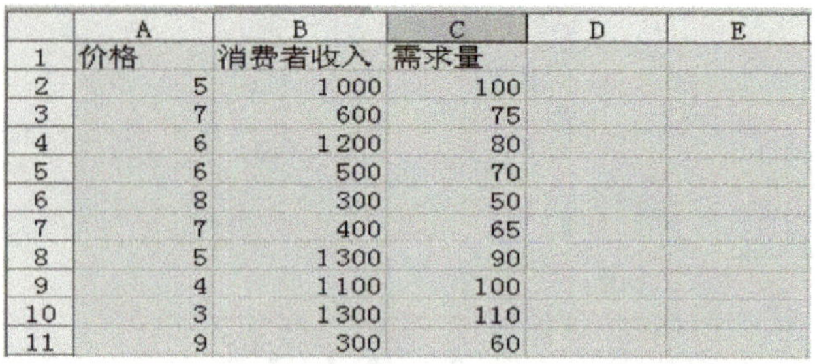

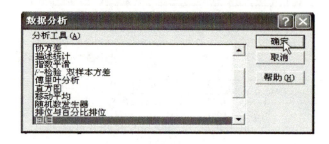

图 9-18　数据工作表

（2）在“数据”菜单中选择“数据分析”选项，如图 9-19 所示。

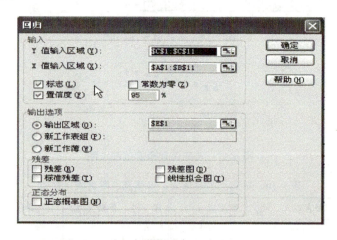

图 9-19　“数据分析”对话框

在“分析工具”列表中选择“回归”选项，单击“确定”按钮，打开“回归”对话框，如图 9-20 所示。

图 9-20　“回归”对话框

（3）在“Y 值输入区域”中输入或者通过图标切入 Excel 数据区域选取数据区域，这里选取“$C$1:$C$11”区域数据，在“X 值输入区域”中输入或者通过图标切入 Excel 数据区域选取数据区域，这里选取“$A$1:$A$11”区域数据，因包括数据上方的标志，则选上“标志”选项，选择“置信度”，在“输出选项”中选择“输出区域”，在其右边的位置输入或者通过图标切入 Excel 输出区域选取输出区域，这里选取“$E$1”，输出结果将在单元格 E1 的下面和右面的大片区域显示，单击"确定"按钮，输出结果如图 9-21 所示。

回归统计	
Multiple	0.945743
R Square	0.89443
Adjusted	0.864267
标准误差	7.213258
观测值	10

方差分析

	df	SS	MS	F	nificance F
回归分析	2	3085.782	1542.891	29.65325	0.000382
残差	7	364.2176	52.03109		
总计	9	3450			

	Coefficien	标准误差	t Stat	P-value	Lower 95%	Upper 95%	下限 95.0%	上限 95.0%
Intercept	111.6918	23.53081	4.746619	0.002092	56.05028	167.3334	56.05028	167.3334
价格	-7.18824	2.555331	-2.81304	0.026032	-13.2306	-1.14585	-13.2306	-1.14585
消费者收入	0.014297	0.011135	1.284007	0.240002	-0.01203	0.040626	-0.01203	0.040626

图 9-21　回归分析计算结果

结果解释：

消费者收入没通过 t 检验，去掉消费者收入后重新进行回归，结果如图 9-22～图 9-24 所示。

回归统计	
Multiple	0.932505
R Square	0.869565
Adjusted	0.853261
标准误差	7.5
观测值	10

方差分析

	df	SS	MS	F	nificance F
回归分析	1	3000	3000	53.33333	8.36E-05
残差	8	450	56.25		
总计	9	3450			

	Coefficien	标准误差	t Stat	P-value	Lower 95%	Upper 95%	下限 95.0%	上限 95.0%
Intercept	140	8.551316	16.37175	1.95E-07	120.2806	159.7194	120.2806	159.7194
价格	-10	1.369306	-7.30297	8.36E-05	-13.1576	-6.84237	-13.1576	-6.84237

图 9-22　剔除消费者收入后回归分析计算结果

观测值	预测需求量	残差
1	90	10
2	70	5
3	80	-1.4E-14
4	80	-10
5	60	-10
6	70	-5
7	90	0
8	100	0
9	110	0
10	50	10

图 9-23　预测结果

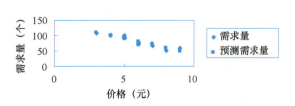

图 9-24　回归预测散点图

思 考 题

1. 相关关系与函数关系的区别和联系是什么？
2. 相关关系按形式与程度不同分为哪几类？
3. 在直线回归方程中，参数 a 和 b 的意义是什么？简单线性回归中，相关系数和估计标准误差有什么关系？
4. 回归系数和相关系数有什么区别和联系？

练 习 题

一、判断题

1. 回归系数和相关系数都可以用来判断现象之间相关的密切程度。（　）
2. 在相关分析中，要求两个变量都是随机变量，在回归分析中，要求两个变量都不是随机变量。（　）
3. 相关系数 $r=0$，说明两变量之间不存在任何相关关系。（　）
4. 相关系数 0.8 要比相关系数 −0.85 的两变量相关程度高。（　）
5. 在相关分析中，两变量是对等的。（　）

二、单项选择题

1. 确定回归方程时，对相关的两个变量要求（　　）。
   A. 都是随机变量
   B. 都不是随机变量
   C. 只需因变量是随机变量
   D. 只需自变量是随机变量

2. 年劳动生产率 x（千元/人）和职工工资 y（元）之间的回归方程为 $y=10+70x$。这意味着年劳动生产率每提高 1 000 元/人，职工工资就平均（　　）。
   A. 增加 70 元   B. 减少 70 元   C. 增加 80 元   D. 减少 80 元

3. 用最小二乘法配合的趋势线，必须满足的一个基本条件是（　　）。
   A. $\sum(y-\hat{y})^2 = $ 最小值
   B. $\sum(y-\hat{y}) = $ 最小值
   C. $\sum(y-\hat{y})^2 = $ 最大值
   D. $\sum(y-\hat{y}) = $ 最大值

4. 若两变量的线性相关系数是 0.8，则（　　）。
   A. 回归系数为 0.64　B. 判定系数为 0.64　C. 判定系数为 0.8　D. 回归系数为 0.8

5. 合理施肥量与农作物亩产量之间的关系是（　　）。
   A. 函数关系
   B. 单向因果关系
   C. 互为因果关系
   D. 严格的依存关系

6. 相关关系是指变量之间（　　）。
   A. 严格的关系
   B. 不严格的关系
   C. 任意两个变量之间的关系
   D. 有内在关系但不严格的数量依存关系

7. 在用一个回归方程进行估计推算时，（　　）。
   A. 只能用因变量推算自变量
   B. 只能用自变量推算因变量
   C. 既可用因变量推算自变量，也可用自变量推算因变量
   D. 不需要考虑因变量和自变量问题

8. 如果变量 x 和变量 y 之间的相关系数为 −1，则说明两个变量之间是（　　）。
   A. 低度相关关系　　B. 完全相关关系　　C. 高度相关关系　　D. 完全不相关

9. 已知某工厂甲产品产量和生产成本有直接关系，在这条直线上，当产量为 1 000 件时，其生产成本

为 30 000 元，其中不随产量变化的成本为 6 000 元，则成本总额对产量的回归直线方程是（　　）。

A. $\hat{y} = 6\ 000 + 24x$　　B. $\hat{y} = 6 + 0.24x$　　C. $\hat{y} = 24 + 6\ 000x$　　D. $\hat{y} = 24\ 000 + 6x$

三、多项选择题

1. 判定现象之间有无相关关系的方法是（　　）。

   A. 编制相关表　　　　B. 绘制相关图　　　　C. 计算估计标准误差

   D. 计算相关系数　　　E. 对现象做定性分析

2. 回归方程中因变量的实际值为 y，估计值为 $\hat{y}$，y 与 $\hat{y}$ 的数量关系为（　　）。

   A. $\hat{y} = y$　　B. $\hat{y} \neq y$　　C. $\sum \hat{y} = \sum y$

   D. $\sum \hat{y} \pm \sum y = 0$　　E. $\overline{\hat{y}} = \overline{y}$

3. 简单直线回归方程中的回归系数 b 可以表示（　　）。

   A. 两个变量之间的变动数量关系　　　　B. 两个变量的相关方向

   C. 两个变量之间的计量单位　　　　　　D. 两个变量之间的密切程度

   E. 两个变量中自变量增减一个单位，则因变量平均增减多少

4. 对 x、y 做线性相关分析，（　　）。

   A. x、y 的直线相关系数若接近 0，则说明 x、y 没有直线相关关系

   B. 直线相关系数为 0，但可能存在曲线相关关系

   C. 回归方程 $\hat{y} = a + bx$ 与 $x_c = c + dy$ 两个方程是相同的

   D. x、y 的直线相关系数可以计算两个，两者的数值不同

   E. 在互为因果关系中，$\overline{y} = a + bx$ 与 $\hat{x} = c + dy$ 两个方程都有意义

5. 当现象完全相关时，（　　）。

   A. $r = 0$　　B. $r = -1$　　C. $r = 1$

   D. $r = 0.5$　　E. $r = -0.5$

6. 下列属于正相关的现象是（　　）。

   A. 家庭收入越多，其消费支出也越多

   B. 流通费用率随商品销售额的增加而减少

   C. 产品产量随着生产用固定资产价值的减少而减少

   D. 生产单位产品所耗工时，随着劳动生产率的提高而减少

   E. 工人劳动生产率越高，则创造的产值就越多

7. 相关系数等于零，说明两个变量之间的关系是（　　）。

   A. 可能完全不相关　　B. 可能是曲线相关　　C. 高度相关

   D. 中度相关　　　　　E. 以上四个都不对

8. 工人的工资（元）对劳动生产率（千元/人）的回归直线方程为 $\hat{y} = 10 + 70x$，这意味着（　　）。

   A. 如果劳动生产率等于 1 000 元/人，则工人工资为 70 元

   B. 如果劳动生产率每增加 1 000 元/人，则工人工资平均增加 70 元

   C. 如果劳动生产率每增加 1 000 元/人，则工人工资平均增加 80 元

   D. 如果劳动生产率等于 1 000 元/人，则工人工资为 80 元

   E. 如果劳动生产率每减少 1 000 元/人，则工人工资平均减少 70 元

四、计算题

1. 某汽车厂要分析汽车货运量与汽车拥有量之间的关系，选择部分地区进行调查，资料如表 9-11 所示。

表 9-11 汽车货运量与汽车拥有量的资料

年　份	汽车货运量 x（亿 t/km）	汽车拥有量 y（万辆）
2011 年	4.1	0.27
2012 年	4.5	0.31
2013 年	5.6	0.35
2014 年	6.0	0.40
2015 年	6.4	0.52
2016 年	6.8	0.55
2017 年	7.5	0.58
2018 年	8.5	0.60
2019 年	9.8	0.65
2020 年	11.0	0.73

要求：

（1）根据资料作散点图。

（2）求相关系数。

（3）求简单线性回归方程。

2. 某集团公司有 15 个所属企业，其中 14 个企业 2020 年的设备能力和劳动生产率统计数据如表 9-12 所示。

表 9-12　2020 年的设备能力和劳动生产率统计数据

企业编号	设备能力 x/（kW·h）	劳动生产率 y（千元/人）
1	2.8	6.7
2	2.8	6.9
3	3.0	7.2
4	2.9	7.3
5	3.4	8.4
6	3.9	8.8
7	4.0	9.1
8	4.0	9.8
9	4.9	10.6
10	5.2	10.7
11	5.4	11.1
12	5.5	11.8
13	6.2	12.1
14	7.0	12.4

要求：

（1）绘出散点图，并且建立直线回归方程。

（2）计算估计标准误差。

（3）当某一企业的年设备能力达到 8.0kW·h 时，试预测其劳动生产率。

3. 某地区 2008 年—2020 年粮食产量、牲畜头数和有机肥施用量有关资料如表 9-13 所示。

表 9-13　粮食产量、牲畜头数和有机肥施用量有关资料

年　份	粮食产量/亿 kg	有机肥施用量 x_1/万 t	牲畜头数 x_2（万头）
2008 年	25	44	15
2009 年	23	42	15
2010 年	24	45	14
2011 年	23	45	16
2012 年	24	46	15
2013 年	25	44	17
2014 年	26	46	16
2015 年	26	46	15
2016 年	25	44	15
2017 年	27	46	16
2018 年	28	45	18
2019 年	30	48	20
2020 年	31	50	19

要求：

（1）建立多元线性回归方程。

（2）如果已知 2021 年有机肥施用量为 52 万 t，牲畜头数为 21 万头，预测该年粮食产量。

练习题参考答案

 用微信扫描二维码，可以查看练习题参考答案。

第十章

国民经济统计基础知识

每年年初，国家统计局都会发布上一年度国民经济和社会发展统计公报。以 2021 年 2 月 28 日发布的《2020 年国民经济和社会发展统计公报》为例：初步核算，全年国内生产总值 1 015 986 亿元，比上年增长 2.3%。其中，第一产业增加值 77 754 亿元，增长 3.0%；第二产业增加值 384 255 亿元，增长 2.6%；第三产业增加值 553 977 亿元，增长 2.1%。第一产业增加值占国内生产总值比重为 7.7%，第二产业增加值比重为 37.8%，第三产业增加值比重为 54.5%。就上述内容，我们自然要问一些问题：国内生产总值是什么？为什么用它来反映经济增长？第一、二、三产业都是什么？如何进行核算？

本章将学习一些国民经济统计的基本知识和常用指标。

第一节 国民经济统计概述

一、国民经济统计的含义

国民经济统计是指有关搜集、整理、分析国民经济现象的数量方面的统计工作过程。因其主体部分是国民经济核算，因此通常也称为国民经济核算（National Economic Accounting）。

国民经济的概念可以从两个相互联系的方面来理解：从横向来看，国民经济是由全社会从事不同性质活动的各部门、各单位组成的有机整体；从纵向来看，上述各部门、各单位在社会再生产活动中处于生产、分配、流通、使用阶段，各阶段相互联系、相互依存、不断循环，形成国民经济的运行过程。因此，国民经济是由社会再生产各环节、各部门组成的总体系统。

二、国民经济统计的意义

一般来说，人们最熟悉的经济统计有三类。首先是对个人和家庭的统计，个人或家庭经济活动比较简单，通常不需要专门核算，目的是掌握收入、支出、余额。其次是对企业的统计，目的是掌握企业生产、市场销售、价格、税收、工资、融资、资产负债等方面的情况。会计上有专门的报表反映企业的主要活动，如现金流量表、利润表、资产负债表等。最后是国民经济统计。国民经济相对于家庭、企业要复杂得多。它的经济活动主体多、环节多、内在联系多、影响因素多。国民经济统计的意义主要体现在以下几个方面：

1. 全面系统反映国民经济运行状况

国民经济是一个非常复杂的运行系统，不同部门、不同环节之间存在着复杂的经济联系，准确地了解这个系统难度很大，需要借助一种行之有效的工具。国民经济核算就是这样一种工具。它通过系统科学的核算原则和方法把描述国民经济各个方面的基本指标有机地组织起来，将国民经济运行过程清晰地展现出来。它既反映了国民经济运行的过程和全貌，又反映了国民经济的主要比例和平衡关系。

美国经济学家萨谬尔森指出："国内生产总值是20世纪最伟大的发明之一。与太空中的卫星能够描述整个大陆的天气情况非常相似，国内生产总值能够提供经济状况的完整图像，它能够帮助总统、国会和联邦储备委员会判断经济是在萎缩还是在膨胀，是需要刺激还是需要控制，是处于严重衰退还是处于通胀威胁之中。如果没有像国内生产总值这样的总量指标，政策制定者就会陷入杂乱无章的数字海洋而不知所措。国内生产总值和有关数据就像灯塔一样，帮助政策制定者引导经济向着主要的经济目标发展。"

2. 制定和检验宏观经济政策的依据

国民经济核算科学、系统地反映了国民经济主要指标之间的内在联系，提供了整个国民经济运行状况的全面详细的数据，它包括有关生产、收入分配、消费、投资、对外经济往来等方面的基础数据，它既是中长期规划、年度计划、产业政策、收入分配政策及财经等宏观经济决策的重要依据，也是检验过去的宏观经济政策科学性的手段。

3. 企业微观决策的重要依据

在社会主义市场经济条件下，企业和居民住户进行生产、消费和投资决策时，也需要了解宏观经济状况，而国民经济核算的质量将直接对他们的预期产生明显的作用。

4. 对我国的经济和政治利益产生影响

国民经济核算影响我国的经济利益和政治利益。国民经济核算数据在一定程度上决定了我国承担的国际义务和享受的优惠待遇，决定了我国在国际社会中所能发挥的作用。同时，如果国民经济核算数据不准确，存在虚报浮夸等不真实现象，还将影响国家的形象。

5. 进行国际比较的有效工具

世界绝大多数国家都按照国际通用的标准进行国民经济核算，这样产生的经济总量和结构等方面数据可广泛用于国际比较。

三、我国国民经济统计的基本内容

现代国民经济统计由于其研究对象的复杂性，在核算框架、核算原则、核算内容等方面按照国际组织的统一规范，制定了一套反映国民经济发展的指标体系、分类标准和核算方法，从而形成国民经济核算体系，构成了国民经济统计的主要内容。

1. 国民经济资源统计

国民经济资源统计包括劳动力资源统计、自然资源统计、资产负债核算等内容。

从统计方法方面来看，国民经济资源统计是对国民经济存量的统计，是从时点角度对现存国民经济成果的统计，表明一定时期的国民经济发展的基础，国民经济的运行必须具备相应的资源，没有劳动力、自然资源和国民财富等资源和条件，就无法进行社会物质生产和社会经济活动。

2. 国民经济总量统计

国民经济总量统计是对一定时期内国民经济运行总成果的统计核算，是对一国国民经济的基本规模和水平的核算。国内生产总值核算是其中的重要内容。

3. 国民经济过程统计

国民经济过程统计是从数量方面反映国民经济运行的结果是如何产生的，财政政策、金融货币政策、价格问题等是如何影响国民经济运行结果的。

4. 国民经济动态统计

国民经济动态统计包括国民经济变化分析，如何对宏观经济的各种变化情况进行监控、预测和预警等内容。

5. 国民经济结构统计

国民经济结构统计侧重于产业结构、市场结构、经济结构和地区结构方面的数量分析。特别是对产业结构的数量分析，可借助于国民经济核算中的投入产出核算进行分析。

6. 国际经济关系统计

在现代社会中，一国经济不可避免地要和国外经济发生多种联系，因而通过国民经济核算中的国际收支方面的核算，从宏观角度分析国际贸易的条件、效益及其与经济发展的关系，阐述国际投资和外债及汇率统计的有关指标，进行国力比较等。

7. 国民经济核算体系

国民经济核算体系是从综合平衡角度对国民经济统计的系统化，是国际组织为统一规范国民经济核算而制定的一套核算制度，主要由基本核算表和国民经济账户两大部分组成。基本核算表所包含的五大核算是国民经济统计的基本部分，也就是国内生产总值核算、投入产出核算、资金流量核算、国际收支核算和资产负债核算。

第二节 国民经济统计的基本分类

国民经济分类是统计分组法在国民经济统计中的运用。现代国民经济统计的对象是一个多分支、多层次的庞大复杂系统，要想分析其数量多少、数量关系、数量界限、数量规律，重要的是对国民经济进行科学的分类，通过分类使其系统化、条理化。在此基础上，才能分析国民经济各部门、各环节、各要素、各方面的相互关联和比例关系，说明国民经济的内在结构是否合理、国民经济运行是否正常。因此，国民经济分类是国民经济统计的重要基础性工作。

国民经济的分类不是绝对的和一成不变的，它是相对的、与时俱进的。它可以根据分析对象和研究目的，从不同角度对国民经济进行分类，形成比较完整的国民经济分类体系，当然，每一种分类都是国民经济结构中某一个侧面的统计描述，不能要求某种分类无所不包地再现国民经济的完整结构。同时，国民经济结构本身也会随着社会经济的不断进步而发生变化，因此，国民经济分类体系也要适度地反映出这种变化。

一、产业分类

产业分类是一个国际上比较通用的分类方法。三次产业分类是 20 世纪 30 年代提出的，即根据社会生产活动历史发展的顺序对产业结构的划分。产品直接取自自然界的部门称为第一产业；对初级产品进行再加工的部门称为第二产业；为生产和消费提供各种服务的部门称为第三产业，也就是除了第一产业和第二产业以外的其他各业。

值得注意的是，各国的分类标准不完全相同，在使用国外三次产业资料时要注意其差异。依据国家统计局于 2018 年修订的《三次产业划分规定》，三次产业分类如下：第一产业是指农、林、牧、渔业（不含农、林、牧、渔专业及辅助性活动）；第二产业是指采矿业（不含开采专业及辅助性活动），制造业（不含金属制品、机械和设备修理业），电力、热力、燃气及水生产和供应业，建筑业；第三产业即服务业，是指除第一产业、第二产业以外的其他行业。

由于第三产业包括的行业多、范围广，根据我国实际情况，第三产业可分为四个层次。

第一层次：流通部门，包括批发和零售业，交通运输、仓储和邮政业，住宿和餐饮业，信息传输、软件和信息技术服务业。

第二层次：为生产和生活服务的部门，包括金融业，房地产业，租赁和商务服务业，科学研究和技术服务业，水利、环境和公共设施管理业，居民服务、修理和其他服务业。

第三层次：为提高科学文化水平和居民素质服务的部门，包括教育，卫生和社会工作，文化、体育和娱乐业。

第四层次：为社会公共需要服务的部门，包括国家机关、政党机关、社会团体、军队等公共管理、社会保障和社会组织，国际组织。

二、国民经济行业分类

行业分类是国民经济的基本分类，是构成三次产业划分和其他一些国民经济分类的基础。在世界各国，国民经济行业分类往往以"国家标准"的形式公布实施。随着国民经济的不断发展，一些新的行业出现，旧的行业消亡，我国国民经济行业分类也经过多次修订。现行的行业分类标准将国民经济分为 20 个门类，各门类下又进一步划分为 96 个大类，如表 10-1 所示。

表 10-1 国民经济行业分类（GB/T 4754—2017）

产业分类		类别、名称及代码
类别	门类	大类、名称
第一产业	A	农、林、牧、渔业
第二产业	B	采矿业
	C	制造业
	D	电力、热力、燃气及水生产和供应业
	E	建筑业
第三产业	F	批发和零售业
	G	交通运输、仓储和邮政业
	H	住宿和餐饮业

(续)

产业分类		类别、名称及代码
类　别	门类	大类、名称
第三产业	I	信息传输、软件和信息技术服务业
	J	金融业
	K	房地产业
	L	租赁和商务服务业
	M	科学研究和技术服务业
	N	水利、环境和公共设施管理业
	O	居民服务、修理和其他服务业
	P	教育
	Q	卫生和社会工作
	R	文化、体育和娱乐业
	S	公共管理、社会保障和社会组织
	T	国际组织

三、机构部门分类

机构部门分类是从分析资金流量和存量的角度对国民经济进行分类，其分类对象是机构单位。

机构单位是指拥有资产、承担负债、独立从事经济活动并能与其他单位进行交易的经济实体。

我国现行的国民经济核算体系中，对常住机构单位分为以下四个部分：

1. 非金融企业部门

非金融企业部门是指从事各种非金融生产经营活动的独立核算企业组成的部门，包括各种经济类型的工商企业、建筑企业、运输企业及各种服务企业。其特点是营利性。

2. 金融机构部门

金融机构部门主要是指从事金融中介活动的部门，包括从事银行、保险、证券、信托投资、租赁公司等业务活动的各类金融机构。

3. 政府部门

政府部门主要是指从事国家管理活动的党政机关、中央和地方政府机关、国家机构、人民政协和民主党派，以及由国家财政差额预算拨款的非营利事业单位及群众团体（医院、学校）、基层群众自治组织等。

4. 住户部门

住户部门是指从事各种生产经营活动的个体经营者及以消费者身份出现的城乡居民。

四、大中小微型企业的分类

我国统计上大中小微型企业的划分标准如表 10-2 所示。

表 10-2 统计上大中小微型企业的划分标准

行业名称	指标名称	计量单位	大 型	中 型	小 型	微 型
农、林、牧、渔业	营业收入(Y)	万元	$Y \geq 20\,000$	$500 \leq Y < 20\,000$	$50 \leq Y < 500$	$Y < 50$
工业*	从业人员(X)	人	$X \geq 1\,000$	$300 \leq X < 1\,000$	$20 \leq X < 300$	$X < 20$
工业*	营业收入(Y)	万元	$Y \geq 40\,000$	$2\,000 \leq Y < 40\,000$	$300 \leq Y < 2\,000$	$Y < 300$
建筑业	营业收入(Y)	万元	$Y \geq 80\,000$	$6\,000 \leq Y < 80\,000$	$300 \leq Y < 6\,000$	$Y < 300$
建筑业	资产总额(Z)	万元	$Z \geq 80\,000$	$5\,000 \leq Z < 80\,000$	$300 \leq Z < 5\,000$	$Z < 300$
批发业	从业人员(X)	人	$X \geq 200$	$20 \leq X < 200$	$5 \leq X < 20$	$X < 5$
批发业	营业收入(Y)	万元	$Y \geq 40\,000$	$5\,000 \leq Y < 40\,000$	$1\,000 \leq Y < 5\,000$	$Y < 1\,000$
零售业	从业人员(X)	人	$X \geq 300$	$50 \leq X < 300$	$10 \leq X < 50$	$X < 10$
零售业	营业收入(Y)	万元	$Y \geq 20\,000$	$500 \leq Y < 20\,000$	$100 \leq Y < 500$	$Y < 100$
交通运输业*	从业人员(X)	人	$X \geq 1\,000$	$300 \leq X < 1\,000$	$20 \leq X < 300$	$X < 20$
交通运输业*	营业收入(Y)	万元	$Y \geq 30\,000$	$3\,000 \leq Y < 30\,000$	$200 \leq Y < 3\,000$	$Y < 200$
仓储业	从业人员(X)	人	$X \geq 200$	$100 \leq X < 200$	$20 \leq X < 100$	$X < 20$
仓储业	营业收入(Y)	万元	$Y \geq 30\,000$	$1\,000 \leq Y < 30\,000$	$100 \leq Y < 1\,000$	$Y < 100$
邮政业	从业人员(X)	人	$X \geq 1\,000$	$300 \leq X < 1\,000$	$20 \leq X < 300$	$X < 20$
邮政业	营业收入(Y)	万元	$Y \geq 30\,000$	$2\,000 \leq Y < 30\,000$	$100 \leq Y < 2\,000$	$Y < 100$
住宿业	从业人员(X)	人	$X \geq 300$	$100 \leq X < 300$	$10 \leq X < 100$	$X < 10$
住宿业	营业收入(Y)	万元	$Y \geq 10\,000$	$2\,000 \leq Y < 10\,000$	$100 \leq Y < 2\,000$	$Y < 100$
餐饮业	从业人员(X)	人	$X \geq 300$	$100 \leq X < 300$	$10 \leq X < 100$	$X < 10$
餐饮业	营业收入(Y)	万元	$Y \geq 10\,000$	$2\,000 \leq Y < 10\,000$	$100 \leq Y < 2\,000$	$Y < 100$
信息传输业*	从业人员(X)	人	$X \geq 2\,000$	$100 \leq X < 2\,000$	$10 \leq X < 100$	$X < 10$
信息传输业*	营业收入(Y)	万元	$Y \geq 100\,000$	$1\,000 \leq Y < 100\,000$	$100 \leq Y < 1\,000$	$Y < 100$
软件和信息技术服务业	从业人员(X)	人	$X \geq 300$	$100 \leq X < 300$	$10 \leq X < 100$	$X < 10$
软件和信息技术服务业	营业收入(Y)	万元	$Y \geq 10\,000$	$1\,000 \leq Y < 10\,000$	$50 \leq Y < 1\,000$	$Y < 50$
房地产开发经营	营业收入(Y)	万元	$Y \geq 200\,000$	$1\,000 \leq Y < 200\,000$	$100 \leq Y < 1\,000$	$Y < 100$
房地产开发经营	资产总额(Z)	万元	$Z \geq 10\,000$	$5\,000 \leq Z < 10\,000$	$2\,000 \leq Z < 5\,000$	$Z < 2\,000$

（续）

行业名称	指标名称	计量单位	大　型	中　型	小　型	微　型
物业管理	从业人员（X）	人	X≥1 000	300≤X<1 000	100≤X<300	X<100
	营业收入（Y）	万元	Y≥5 000	1 000≤Y<5 000	500≤Y<1 000	Y<500
租赁和商务服务业	从业人员（X）	人	X≥300	100≤X<300	10≤X<100	X<10
	资产总额（Z）	万元	Z≥120 000	8 000≤Z<120 000	100≤Z<8 000	Z<100
其他未列明行业*	从业人员（X）	人	X≥300	100≤X<300	10≤X<100	X<10

注：1. 大型、中型和小型企业必须同时满足所列指标的下限，否则下划一档；微型企业只需满足所列指标中的一项即可。

2. 表中各行业的范围以《国民经济行业分类》（GB/T 4754—2017）为准。带*的项为行业组合类别，其中，工业包括采矿业，制造业，电力、热力、燃气及水生产和供应业；交通运输业包括道路运输业、水上运输业、航空运输业、管道运输业、装卸搬运和运输代理业，不包括铁路运输业；信息传输业包括电信、广播电视和卫星传输服务，互联网和相关服务；其他未列明行业包括科学研究和技术服务业，水利、环境和公共设施管理业，居民服务、修理和其他服务业，社会工作，文化、体育和娱乐业，房地产中介服务，以及其他房地产业等，不包括自有房地产经营活动。

3. 企业划分指标以现行统计制度为准：①从业人员是指期末从业人员数，没有期末从业人员数的，采用全年平均人员数代替。②营业收入，工业、建筑业、限额以上批发和零售业、限额以上住宿和餐饮业以及其他设置主营业务收入指标的行业，采用主营业务收入；限额以下批发与零售业企业采用商品销售额代替；限额以下住宿与餐饮业企业采用营业额代替；农、林、牧、渔业企业采用营业总收入代替；其他未设置主营业务收入的行业，采用营业收入指标。③资产总额，采用资产总计代替。

第三节　国民经济统计的主要指标

一、国内生产总值

（一）国内生产总值的概念

国内生产总值（Gross Domestic Product，GDP）是指一个国家（或地区）所有常住单位在一定时期内生产活动的最终成果。

常住单位是指在一国经济领土范围内拥有一定的活动场所，从事一定规模的经济活动，并持续经营一年以上的单位。

GDP有三种表现形态，即价值形态、收入形态和产品形态。从价值形态来看，它是所有常住单位在一定时期内生产的全部货物和服务价值超过同期中间投入的全部非固定资产货物和服务价值的差额，即所有常住单位的增加值之和；从收入形态来看，它是所有常住单位在一定时期内创造并分配给常住单位和非常住单位的初次收入分配之和；从产品形态来看，它是所有常住单位在一定时期内最终使用的货物和服务价值与货物和服务净出口价值之和。

（二）国内生产总值的计算方法

在实际核算中，GDP有三种计算方法，即生产法、收入法和支出法，分别从不同的方面反映GDP及其构成。

1. 生产法

生产法是从生产的角度衡量所有常住单位在核算期内新创造的价值，是国民经济各行业在核算期内新创造的价值和固定资产的转移价值的总和，即国民经济各行业增加值的总和。用公式表示如下：

$$增加值 = 总产出 - 中间消耗 \quad (10\text{-}1)$$

$$GDP = \sum 各部门增加值 = \sum (各部门总产出 - 各部门中间消耗) \quad (10\text{-}2)$$

总产出是指一定时期内用货币计量的各单位、各部门生产的社会总产品总量，包括货物和服务两大类，表明全社会生产活动的总规模。

不同行业计算总产出的方法不同。例如，农业按产品法计算，工业按工厂法计算，建筑业按工程结算价款计算，商业按购销差价计算，营利性企业按营业收入计算，非营利服务企业按经常费用支出计算。中间消耗是部门在生产过程中消耗的产品价值，是上一个生产环节的活动成果。

2. 收入法

收入法也称分配法，是指根据生产要素在生产过程中应得的收入份额来反映最终成果的一种计算方法。其计算公式为

$$GDP = 劳动者报酬 + 生产税净额 + 固定资产折旧 + 营业盈余 \quad (10\text{-}3)$$

劳动者报酬是指劳动者因从事生产活动所获得的全部报酬，包括各种形式的（有货币形式的、实物形式的）工资、奖金和津贴，劳动者所享受的公费医疗和医药卫生费、上下班交通补贴和单位支付的社会保险费等。对于个体经济者，其劳动报酬和经营利润不易区分，合并作为劳动者报酬处理。

生产税净额是指生产税减去生产补贴后的余额。生产税是指政府对生产单位生产、销售和从事经营活动以及因从事生产活动使用生产要素（如固定资产、土地、劳动力）所征收的各种税、附加费和规费。生产补贴是指政府对生产单位的政策亏损补贴、粮食系统价格补贴、企业出口退税收入等，也视为负生产税。

固定资产折旧是指一定时期内为弥补固定资产损耗，按照核定的固定资产折旧率提取的固定资产折旧，或按国民经济核算统一规定的折旧率虚拟计算的固定资产折旧，反映固定资产在当期生产中的转移价值。

营业盈余是指常住单位创造的增加值扣除劳动者报酬、生产税净额和固定资产折旧后的余额。它相当于企业的营业利润加上生产补贴，但要扣除从利润中开支的工资和福利等。

3. 支出法（使用法）

支出法是指一个国家（或地区）所有常住单位在一定时期内用于最终消费、资本形成总额，以及货物和服务的净出口的总额。它是从最终使用的角度来核算国内生产的所有货物和服务的去向。其计算公式为

$$\begin{aligned} GDP &= 最终消费 + 资本形成总额 + 货物和服务净出口 \\ &= (居民消费 + 政府消费) + (固定资产形成总额 + 存货增加) + (出口 - 进口) \end{aligned} \quad (10\text{-}4)$$

最终消费是指常住单位在一定时期内对于货物和服务的全部最终消费支出，是常住单位从本国和国外购买的货物和服务的支出，包括居民消费和政府消费。居民消费是指常住住户

对货物和服务的全部最终消费支出。政府消费是指政府部门为全社会提供公共服务的消费支出和免费或以较低价格向住户提供的货物和服务的净支出。

资本形成总额是指常住单位在一定时期内获得的减去处置的固定资产加存货的变动,包括固定资产形成总额和存货增加。固定资产形成总额是指常住单位购置、转入和自产自用的固定资产,扣除固定资产的销售和转出后的价值。存货增加是指常住单位存货实物量变动的市场价值,即期末价值减期初价值的差额。

货物和服务净出口是指货物和服务出口减去货物和服务进口的差额。出口包括常住单位向非常住单位出售或无偿转让的各种货物和服务的价值;进口包括常住单位从非常住单位购买或无偿得到的各种货物和服务的价值。由于服务活动的提供与使用同时发生,因此服务的进出口业务并不发生出入境现象,一般把常住单位从国外得到的服务作为进口,非常住单位从本国得到的服务作为出口。货物的出口和进口都按离岸价格计算。

【例10-1】 下面以表10-3~表10-5的数据举例说明。

表10-3 总产出与中间消耗　　　　　　　　　　（单位:亿元）

部门	总产出	中间消耗
农业	9 085	3 343
工业	37 066	26 936
建筑业	5 196	3 752
运输业	1 805	403
商业	2 690	1 278
服务业	2 678	734
其他	2 680	734

GDP = 总产出 - 中间消耗
　　 = (9 085 - 3 343 + 37 066 - 26 936 + 5 196 - 3 752 + 1 805 - 403 +
　　　 2 690 - 1 278 + 2 678 - 734 + 2 680 - 734) 亿元
　　 = 24 020 亿元

表10-4 分配与再分配情况　　　　　　　　　　（单位:亿元）

劳动者报酬	11 700
生产税净额	3 950
营业盈余	6 750
固定资产折旧	1 620

GDP = 劳动者报酬 + 固定资产折旧 + 生产税净额 + 营业盈余
　　 = (11 700 + 1 620 + 3 950 + 6 750) 亿元
　　 = 24 020 亿元

表 10-5　使用情况　　　　　　　　　　　　　　（单位：亿元）

居民消费	12 300
政府消费	2 870
固定资产形成总额	7 400
存货增加	1 150
出口	4 700
进口	4 400

$$GDP = 最终消费 + 资本形成总额 + 货物和服务净出口$$
$$= (12\ 300 + 2\ 870 + 7\ 400 + 1\ 150 + 4\ 700 - 4\ 400) 亿元$$
$$= 24\ 020\ 亿元$$

从理论上讲，上述三种方法计算得到的 GDP 应该是一致的，因为它们是使用不同的方法对同一事物进行核算，但在实际操作中并非如此，因为资料来源的不同以及基础数据质量上的差异，三种方法计算的 GDP 之间存在着一定的计算误差。

我国 GDP 实行分级核算。国家和地区各自核算本辖区范围内的数据，即全国的 GDP 由国家统计局负责核算，地区则由各省、市统计局负责核算，称为地区生产总值。

（三）国内生产总值指标的重要性

GDP 涵盖了国民经济活动的各个部门，扣除了中间消耗的重复计算，核算资料建立在专业统计及部门统计与会计核算的基础上，反映了一个国家的所有常住单位创造的增加值，能够进行国际比较，为世界各国所广泛采用。

GDP 的作用根据用户对象的不同而不同。根据需求的近似性，我们可以将用户大致分为三大类，即政府用户、专家用户和一般公众用户。

对于政府用户，GDP 主要是用于了解宏观经济运行的总体规模和健康性，为政府宏观决策提供依据。例如，根据 GDP 运行的态势、轨迹来预计经济增长率、通货膨胀率和失业率，制定相应的控制目标，采取必要的货币政策和财政政策来干预宏观经济的运行情况。

对于专家用户，GDP 将为他们提供实证分析和模型预测的基础数据，根据理论对经济运转的合理性做出逻辑上的判断，对未来的经济活动进行预测或对现存的经济理论进行修正，从而向决策者提出合理化建议，帮助决策者实现宏观经济的健康运行与合理增长，如贫困问题、收入分配问题、经济增长问题、生产率问题等。

对于一般公众用户，了解了 GDP 以及政府和企业是如何使用 GDP 的（如企业根据经济形势决策其投资行为等）等相关知识后，就能根据 GDP 的走向判断物价变动趋势、工资增长可能性的大小等。

GDP 作为一个国家和地区经济活动总量的测度指标具有其不可替代的作用，已被广泛应用于政治、经济、外交、研究等各个领域，深刻地影响着每个人的生活。

值得注意的是，GDP 虽然是衡量国民经济发展情况的一个重要指标，是最受关注的宏观经济数字之一，但它不是万能的，它只是衡量生产的尺度，而无法全面地反映效益、福利等其他与发展相关的指标。例如，GDP 不能反映人们闲暇时间的增加或减少，无法反映经济活动对环境的破坏，没有衡量全部经济活动的成果（如家务劳动等非市场活动）等。

另外，分析一个国家或地区的综合实力不能单纯地看 GDP 总量，还要分析与 GDP 总量有关的 GDP 结构，包括 GDP 的生产结构、支出结构和使用结构等多个方面。只有合理的结构才能保证国民经济的健康和可持续发展。

二、国民总收入

1. 国民总收入的概念

国民总收入（Gross National Income，GNI）是核算期内所有常住单位取得的初次分配收入的总和。该指标过去一直被称为国民生产总值（Gross National Product，GNP），为了强调这个指标收入的特性，1993 年以后联合国统计委员会通过修订的国民经济核算体系，将这个指标正式改为 GNI，应当说这个称谓更科学。

从全国而言，收入主要来自生产部门和各行各业的创造，少量来自国外的净要素收入。当前经济全球化的趋势明显，国家之间的经济联系日益增多。技术、资本、劳动力在国家之间流动是正常现象。一般来说，发达国家的资本、技术输出多一些，国外净要素收入一般为正值，GNI 要大于 GDP；而发展中国家资本不足，技术落后，国外净要素收入一般为负值，GNI 要小于 GDP。

2. 国民总收入的计算方法

$$\text{GNI} = \text{GDP} + \text{来自国外的净要素收入}$$
$$= \text{GDP} + \text{来自国外的要素收入} - \text{付给国外的要素收入} \quad (10\text{-}5)$$

3. 国民总收入的重要性

GNI 主要用来反映一个国家的收入状况和水平，反映一个国家国民的富裕程度，它与 GDP 的关系密切，但性质不同，一个是收入指标，另一个是生产指标，要比较各个国家的收入水平、生活水平，一般都用人均 GNI，而要反映不同国家的生产水平，就该用人均 GDP 了。但是由于 GNI 主要来自国内生产，国外净要素收入所占比例很小，因此人均 GNI 和人均 GDP 在数量上非常接近，故在实践中常常被相互替代使用。

三、国民可支配总收入

1. 国民可支配总收入的概念

国民可支配总收入是指各机构部门在初次分配总收入基础上通过经常转移（再分配）后所获得的收入。

GNI 是国民经济初次分配的结果。初次分配是在生产领域中根据各要素在生产过程中对 GDP 的贡献进行的分配，它对要素价格的形成及资源的合理配置具有重要作用。

国民收入再分配主要是通过国家预算、银行信贷、税收、价格变动等途径来进行各类经常转移收支。转移是指一个机构单位单方向另一个机构单位提供货物、服务、资产的活动，如所得税、财产税、社会保险、援助、捐赠、会费等。

2. 国民可支配总收入的计算方法

$$\text{国民可支配总收入} = \text{国民经济各部门可支配总收入之和}$$
$$= \text{GNI} + \text{来自国外的经常转移收入净额}$$
$$= \text{GDP} + \text{来自国外的经常要素收入与经常转移收入净额} \quad (10\text{-}6)$$

以 GNI 作为前提条件和出发点，还要在全社会范围内进行再分配。国民收入再分配对于建立社会保障基金，体现社会公平，促进国民经济按比例协调发展，构建和谐社会具有重要意义。

国民可支配总收入将用于最终消费和储蓄。

四、经济增长率

1. 经济增长率的概念

经济增长是指一国或地区国民经济生产成果的增加。经济增长率是一国或地区报告期国民经济成果相对于上一时期的国民经济生产成果所增加的百分比，也称经济增长速度。它以 GDP 总量指标为计算依据，是国民经济分析中的重要指标。

2. 经济增长率的计算方法

GDP 总量指标在计算中可采用两种价格计算：一种是现行价格；另一种是固定价格（不变价格）。

按现行价格计算的 GDP 称为名义 GDP。名义 GDP 反映一个国家在报告期生产活动的最终成果价值总量，这是一个价值量指标，含有价格变动的因素，所以不能准确反映实际生产成果数量的变化。

按固定价格计算的 GDP 称为实际 GDP。实际 GDP 能够消除价格变动因素，所以经济增长率应当以实际 GDP 进行计算。

其计算公式为

$$经济增长率 = \frac{报告期实际 GDP}{基期实际 GDP} - 100\% \tag{10-7}$$

统计实践中现价 GDP（分子）比较容易取得，而不变价 GDP（分母）难以直接计算，目前国际通用的变通方法是价格指数缩减法，即利用指数体系的数量关系，用价格指数来缩减报告期 GDP 中的价格变动影响，以此求得报告期不变价 GDP。

$$实际 GDP = \frac{名义 GDP}{GDP\ 紧缩价格指数}$$

$$GDP\ 紧缩价格指数 = \frac{名义 GDP}{实际 GDP} \tag{10-8}$$

结合 GDP 的不同计算方法，可以从不同角度应用价格指数缩减法。

从生产法来看，组成 GDP 的各部门增加值是各部门总产出与中间消耗相减的余值，从而价格对增加值的影响是双重的，既有产出价格变化的影响，又有中间消耗价格变化的影响。

因此，必须针对总产出和中间消耗分别做两次价格缩减，即

$$\begin{aligned}不变价 GDP &= 不变价总产出 - 不变价中间消耗 \\ &= \frac{现价总产出}{产出价格指数} - \frac{现价中间消耗}{中间消耗价格指数}\end{aligned} \tag{10-9}$$

从支出法来看，GDP 是最终消费、资本形成总额以及货物和服务净出口的总和。这时，计算不变价 GDP 是按照支出的不同构成部分，选取相应的价格指数予以分别缩减而后加总，即

$$\begin{aligned}实际 GDP &= 不变价最终消费 + 不变价资本形成总额 + 不变价货物和服务净出口 \\ &= \frac{现价最终消费}{消费价格指数} + \frac{现价资本形成总额}{投资价格指数} +\end{aligned}$$

$$\frac{现价出口}{出口价格指数} - \frac{现价出口}{进口价格指数} \qquad (10\text{-}10)$$

经济增长率是反映一定时期经济发展水平变化程度的动态指标，也是反映一个国家经济是否具有活力的分析指标。

五、产业贡献率及对 GDP 增长的拉动

1. 产业贡献率的概念

产业贡献率是指第一、二、三产业增量与 GDP 增量之比，即各产业的贡献率。产业对 GDP 增长的拉动是指 GDP 增长速度与各产业贡献率的乘积。

2. 产业贡献率的计算

$$产业贡献率 = \frac{产业当年增量}{GDP\ 当年增量} \times 100\% \qquad (10\text{-}11)$$

$$产业对\ GDP\ 增长的拉动 = GDP\ 增长率 \times 产业贡献率 \qquad (10\text{-}12)$$

我国三次产业贡献率及对 GDP 增长的拉动如表 10-6 所示。

表 10-6　我国三次产业贡献率及对 GDP 增长的拉动（按不变价计算）

年度	第一产业		第二产业		第三产业	
	贡献率（%）	对 GDP 增长的拉动（百分点）	贡献率（%）	对 GDP 增长的拉动（百分点）	贡献率（%）	对 GDP 增长的拉动（百分点）
2015 年	4.4	0.3	39.7	2.8	55.9	3.9
2016 年	4.0	0.3	36.0	2.5	60.0	4.1
2017 年	4.6	0.3	34.2	2.4	61.1	4.2
2018 年	4.1	0.3	34.4	2.3	61.5	4.2
2019 年	3.8	0.2	36.8	2.2	59.4	3.6

注：数据来自《中国统计年鉴—2020》。

上述指标用于分析经济增长中各产业作用大小的程度。

应该注意的是，贡献率指标比较抽象，在使用时应说明具体含义，要做到标准化、规范化。例如：

$$消费贡献率 = \frac{消费增量}{GDP\ 增量}$$

$$消费对\ GDP\ 增长的拉动 = GDP\ 增长率 \times 消费贡献率$$

另外，在计算各产业贡献率时应剔除价格变动因素，分子、分母均用可比价格的增量计算。

附录

附录 A 标准正态分布表

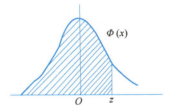

$$\Phi(z) = \int_{-\infty}^{z} \frac{1}{\sqrt{2\pi}} e^{-\frac{x^2}{2}} dx (z \geq 0)$$

z	0.00	0.01	0.02	0.03	0.04	0.05	0.06	0.07	0.08	0.09
0.0	0.500 0	0.504 0	0.508 0	0.512 0	0.516 0	0.519 9	0.523 9	0.527 9	0.531 9	0.535 9
0.1	0.539 8	0.543 8	0.547 8	0.551 7	0.555 7	0.559 6	0.563 6	0.567 5	0.571 4	0.575 3
0.2	0.579 3	0.583 2	0.587 1	0.591 0	0.594 8	0.598 7	0.602 6	0.606 4	0.610 3	0.614 1
0.3	0.617 9	0.621 7	0.625 5	0.629 3	0.633 1	0.636 8	0.640 6	0.644 3	0.648 0	0.651 7
0.4	0.655 4	0.659 1	0.662 8	0.666 4	0.670 0	0.673 6	0.677 2	0.680 8	0.684 4	0.687 9
0.5	0.691 5	0.695 0	0.698 5	0.701 9	0.705 4	0.708 8	0.712 3	0.715 7	0.719 0	0.722 4
0.6	0.725 7	0.729 1	0.732 4	0.735 7	0.738 9	0.742 2	0.745 4	0.748 6	0.751 7	0.754 9
0.7	0.758 0	0.761 1	0.764 2	0.767 3	0.770 4	0.773 4	0.776 4	0.779 4	0.782 3	0.785 2
0.8	0.788 1	0.791 0	0.793 9	0.796 7	0.799 5	0.802 3	0.805 1	0.807 8	0.810 6	0.813 3
0.9	0.815 9	0.818 6	0.821 2	0.823 8	0.826 4	0.828 9	0.831 5	0.834 0	0.836 5	0.838 9
1.0	0.841 3	0.843 8	0.846 1	0.848 5	0.850 8	0.853 1	0.855 4	0.857 7	0.859 9	0.862 1
1.1	0.864 3	0.866 5	0.868 6	0.870 8	0.872 9	0.874 9	0.877 0	0.879 0	0.881 0	0.883 0
1.2	0.884 9	0.886 9	0.888 8	0.890 7	0.892 5	0.894 4	0.896 2	0.898 0	0.899 7	0.901 5
1.3	0.903 2	0.904 9	0.906 6	0.908 2	0.909 9	0.911 5	0.913 1	0.914 7	0.916 2	0.917 7
1.4	0.919 2	0.920 7	0.922 2	0.923 6	0.925 1	0.926 5	0.927 8	0.929 2	0.930 6	0.931 9
1.5	0.933 2	0.934 5	0.935 7	0.937 0	0.938 2	0.939 4	0.940 6	0.941 8	0.942 9	0.944 1
1.6	0.945 2	0.946 3	0.947 4	0.948 4	0.949 5	0.950 5	0.951 5	0.952 5	0.953 5	0.954 5
1.7	0.955 4	0.956 4	0.957 3	0.958 2	0.959 1	0.959 9	0.960 8	0.961 6	0.962 5	0.963 3

（续）

z	0.00	0.01	0.02	0.03	0.04	0.05	0.06	0.07	0.08	0.09
1.8	0.964 1	0.964 9	0.965 6	0.966 4	0.967 1	0.967 8	0.968 6	0.969 3	0.969 9	0.970 6
1.9	0.971 3	0.971 9	0.972 6	0.973 2	0.973 8	0.974 4	0.975 0	0.975 6	0.976 1	0.976 7
2.0	0.977 2	0.977 8	0.978 3	0.978 8	0.979 3	0.979 8	0.980 3	0.980 8	0.981 2	0.981 7
2.1	0.982 1	0.982 6	0.983 0	0.983 4	0.983 8	0.984 2	0.984 6	0.985 0	0.985 4	0.985 7
2.2	0.986 1	0.986 4	0.986 8	0.987 1	0.987 5	0.987 8	0.988 1	0.988 4	0.988 7	0.989 0
2.3	0.989 3	0.989 6	0.989 8	0.990 1	0.990 4	0.990 6	0.990 9	0.991 1	0.991 3	0.991 6
2.4	0.991 8	0.992 0	0.992 2	0.992 5	0.992 7	0.992 9	0.993 1	0.993 2	0.993 4	0.993 6
2.5	0.993 8	0.994 0	0.994 1	0.994 3	0.994 5	0.994 6	0.994 8	0.994 9	0.995 1	0.995 2
2.6	0.995 3	0.995 5	0.995 6	0.995 7	0.995 9	0.996 0	0.996 1	0.996 2	0.996 3	0.996 4
2.7	0.996 5	0.996 6	0.996 7	0.996 8	0.996 9	0.997 0	0.997 1	0.997 2	0.997 3	0.997 4
2.8	0.997 4	0.997 5	0.997 6	0.997 7	0.997 7	0.997 8	0.997 9	0.997 9	0.998 0	0.998 1
2.9	0.998 1	0.998 2	0.998 2	0.998 3	0.998 4	0.998 4	0.998 5	0.998 5	0.998 6	0.998 6
3.0	0.998 7	0.998 7	0.998 7	0.998 8	0.998 8	0.998 9	0.998 9	0.998 9	0.999 0	0.999 0

附录 B 正态分布分位数表

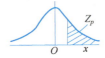

$$Z_p = \int_{-\infty}^{x} \frac{1}{\sqrt{2\pi}} e^{-\frac{x^2}{2}} dx = p$$

p	0.000	0.001	0.002	0.003	0.004	0.005	0.006	0.007	0.008	0.009
0.50	0.000 000	0.002 507	0.005 013	0.007 520	0.010 027	0.012 533	0.015 040	0.017 547	0.020 054	0.022 562
0.51	0.025 069	0.027 576	0.030 084	0.032 592	0.035 100	0.037 608	0.040 117	0.042 626	0.045 135	0.047 644
0.52	0.050 154	0.052 664	0.055 174	0.057 684	0.060 095	0.062 707	0.065 219	0.067 731	0.070 243	0.072 756
0.53	0.075 270	0.077 784	0.080 298	0.082 813	0.085 329	0.087 845	0.090 361	0.092 879	0.095 396	0.097 915
0.54	0.100 434	0.102 953	0.105 474	0.107 995	0.110 516	0.113 039	0.115 562	0.118 085	0.120 610	0.123 135
0.55	0.125 661	0.128 188	0.130 716	0.133 245	0.135 774	0.138 304	0.140 835	0.143 367	0.145 900	0.148 434
0.56	0.150 969	0.153 505	0.156 042	0.158 580	0.161 119	0.163 658	0.166 199	0.168 741	0.171 258	0.173 829
0.57	0.176 374	0.178 921	0.181 468	0.184 017	0.186 567	0.189 118	0.191 671	0.194 225	0.196 780	0.199 336
0.58	0.201 893	0.204 452	0.207 013	0.209 574	0.212 137	0.214 702	0.217 267	0.219 835	0.222 403	0.224 973
0.59	0.227 545	0.230 118	0.232 693	0.235 269	0.237 847	0.240 426	0.243 007	0.245 590	0.248 174	0.250 760
0.60	0.253 347	0.255 936	0.258 527	0.216 120	0.263 714	0.266 311	0.268 909	0.271 508	0.274 110	0.276 714
0.61	0.279 319	0.281 926	0.284 536	0.287 147	0.289 760	0.292 375	0.294 992	0.297 611	0.300 232	0.302 855
0.62	0.305 481	0.308 108	0.310 738	0.313 369	0.316 003	0.318 639	0.321 278	0.323 918	0.326 561	0.329 206
0.63	0.331 853	0.334 503	0.337 155	0.339 809	0.342 766	0.345 126	0.347 787	0.350 451	0.353 118	0.355 787
0.64	0.358 459	0.361 133	0.363 810	0.366 489	0.369 171	0.371 856	0.374 543	0.377 234	0.379 926	0.382 622

(续)

p	0.000	0.001	0.002	0.003	0.004	0.005	0.006	0.007	0.008	0.009
0.65	0.385 320	0.388 022	0.390 786	0.393 433	0.396 142	0.398 855	0.401 571	0.404 289	0.407 011	0.409 735
0.66	0.412 463	0.415 194	0.417 928	0.420 665	0.423 405	0.426 148	0.428 895	0.431 644	0.434 397	0.437 154
0.67	0.439 913	0.442 676	0.445 443	0.448 212	0.450 985	0.453 762	0.456 542	0.459 326	0.462 113	0.464 904
0.68	0.467 699	0.470 497	0.473 299	0.476 104	0.478 914	0.481 727	0.484 544	0.487 365	0.490 189	0.493 018
0.69	0.495 850	0.498 687	0.501 527	0.504 372	0.507 221	0.510 073	0.512 930	0.515 792	0.518 657	0.521 527
0.70	0.524 401	0.527 279	0.530 161	0.533 049	0.535 940	0.538 836	0.841 737	0.544 642	0.547 551	0.550 466
0.71	0.553 385	0.556 308	0.559 237	0.562 175	0.655 108	0.568 051	0.570 999	0.573 952	0.576 910	0.579 873
0.72	0.582 842	0.585 815	0.588 793	0.591 777	0.594 766	0.597 760	0.600 760	0.603 765	0.606 775	0.609 792
0.73	0.612 813	0.615 840	0.618 873	0.621 921	0.624 956	0.628 006	0.631 062	0.634 124	0.637 192	0.640 266
0.74	0.643 345	0.646 431	0.649 524	0.652 622	0.655 727	0.658 838	0.661 955	0.665 079	0.668 209	0.671 346
0.75	0.674 490	0.677 640	0.680 797	0.683 961	0.687 131	0.690 309	0.693 493	0.696 685	0.699 884	0.703 089
0.76	0.706 303	0.709 523	0.712 751	0.715 986	0.719 229	0.722 479	0.725 737	0.729 003	0.732 276	0.735 558
0.77	0.738 847	0.742 144	0.745 450	0.748 763	0.752 085	0.755 415	0.758 754	0.762 101	0.765 456	0.768 820
0.78	0.772 193	0.775 575	0.778 966	0.782 365	0.785 774	0.789 192	0.792 619	0.796 055	0.799 501	0.802 956
0.79	0.806 421	0.809 896	0.813 380	0.816 875	0.820 379	0.823 894	0.827 418	0.830 953	0.834 499	0.838 055
0.80	0.841 621	0.845 199	0.848 787	0.852 386	0.855 996	0.859 617	0.863 250	0.866 894	0.870 550	0.874 217
0.81	0.877 896	0.881 587	0.885 290	0.889 006	0.892 733	0.896 473	0.900 226	0.903 991	0.907 770	0.911 561
0.82	0.951 365	0.919 183	0.923 014	0.926 859	0.930 717	0.934 589	0.938 476	0.942 376	0.946 291	0.950 221
0.83	0.954 165	0.958 124	0.962 099	0.966 088	0.970 093	0.974 114	0.978 150	0.982 203	0.986 271	0.990 356
0.84	0.994 458	0.998 576	1.002 712	1.006 864	1.011 034	1.015 222	1.019 428	1.023 651	1.027 893	1.032 154
0.85	1.036 433	1.040 732	1.045 050	1.049 387	1.053 744	1.058 122	1.032 519	1.066 938	1.071 377	1.075 837
0.86	1.080 319	1.084 823	1.089 349	1.097 897	1.098 468	1.103 063	1.107 680	1.112 321	1.116 987	1.121 677
0.87	1.126 391	1.131 131	1.135 896	1.140 687	1.145 505	1.150 349	1.155 221	1.160 120	1.165 047	1.170 002
0.88	1.174 987	1.180 001	1.185 044	1.190 118	1.195 223	1.200 359	1.205 527	1.210 727	1.215 960	1.221 227
0.89	1.226 528	1.231 864	1.237 235	1.242 641	1.248 085	1.253 565	1.259 084	1.264 641	1.270 238	1.275 874
0.90	1.281 552	1.287 271	1.293 032	1.298 837	1.304 685	1.310 579	1.316 519	1.322 505	1.328 539	1.334 622
0.91	1.340 755	1.346 939	1.353 174	1.359 463	1.365 806	1.372 204	1.378 659	1.385 172	1.391 744	1.398 377
0.92	1.405 072	1.411 830	1.418 654	1.425 544	1.432 503	1.439 531	1.446 632	1.453 806	1.461 056	1.468 384
0.93	1.475 791	1.483 280	1.490 853	1.498 513	1.506 362	1.514 102	1.522 032	1.530 068	1.538 199	1.546 433
0.94	1.554 744	1.563 224	1.571 787	1.580 467	1.589 268	1.598 193	1.607 248	1.616 436	1.625 763	1.635 234
0.95	1.644 854	1.654 628	1.664 563	1.674 665	1.684 941	1.695 398	1.706 043	1.716 886	1.727 934	1.739 198
0.96	1.750 686	1.762 410	1.774 382	1.786 613	1.799 118	1.811 911	1.825 007	1.838 424	1.852 180	1.866 296
0.97	1.880 794	1.895 698	1.911 036	1.926 837	1.943 134	1.959 964	1.977 368	1.995 393	2.014 091	2.033 520
0.98	2.053 749	2.074 855	2.096 927	2.120 072	2.144 411	2.170 090	2.197 286	2.226 212	2.257 129	2.290 368
0.99	2.326 348	2.365 618	2.408 916	2.457 263	2.512 144	2.575 829	2.652 070	2.747 781	2.878 162	2.090 232

注：本表对于下侧概率给出正态分布的分位数 Z_p。

例如：对于 $p=0.95$，$Z_p=1.644\,854$。

当 $p<0.5$ 时，$Z_p=-Z_{1-p}$，如 $Z_{0.1}=-Z_{0.9}=-1.281\,552$。

与双侧概率 α 相应的分位数为 $Z_{1-\alpha/2}$。例如：对于 $\alpha=0.05$，$Z_{1-\alpha/2}=Z_{0.975}=1.959\,964$。

附录 C t 分布表

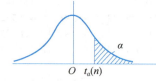

$P\{t(n) > t_\alpha(n)\} = \alpha$

n	$t_{0.10}$	$t_{0.05}$	$t_{0.025}$	$t_{0.01}$	$t_{0.005}$
1	3.078	6.314	12.706	31.820	63.655
2	1.886	2.920	4.303	6.965	9.625
3	1.638	2.353	3.182	4.541	5.841
4	1.553	2.132	2.776	3.747	4.604
5	1.476	2.015	2.571	3.365	4.032
6	1.440	1.943	2.447	30143	3.707
7	1.415	1.895	2.365	2.998	3.499
8	1.397	1.860	2.306	2.896	3.355
9	1.383	1.833	2.262	2.821	3.250
10	1.372	1.812	2.228	2.764	3.169
11	1.363	1.796	2.201	2.718	3.106
12	1.356	1.782	2.179	2.681	3.055
13	1.350	1.771	2.160	2.650	3.012
14	1.345	1.761	2.145	2.624	2.977
15	1.341	1.753	2.131	2.602	2.947
16	1.337	1.746	2.120	2.583	2.921
17	1.333	1.740	2.110	2.567	2.898
18	1.330	1.734	2.101	2.552	2.878
19	1.328	1.729	2.093	2.539	2.861
20	1.325	1.725	2.086	2.528	2.845
21	1.323	1.721	2.080	2.518	2.831
22	1.321	1.717	2.074	2.508	2.819
23	1.319	1.714	2.069	2.500	2.807
24	1.318	1.711	2.064	2.492	2.797
25	1.316	1.708	2.060	2.485	2.787
26	1.315	1.706	2.056	2.479	2.779
27	1.314	1.703	2.052	2.473	2.771
28	1.313	1.701	2.048	2.467	2.763
29	1.311	1.699	2.045	2.462	2.756
30	1.310	1.697	2.042	2.457	2.750
40	1.303	1.684	2.021	2.423	2.704
60	1.296	1.671	2.000	2.390	2.660
120	1.289	1.658	1.980	2.358	2.617
∞	1.282	1.645	1.960	2.326	2.576

附录 D χ^2 分布表

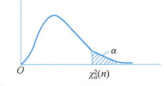

$P\{\chi^2(n) > \chi^2_\alpha(n)\} = \alpha$

n	0.995	0.990	0.975	0.950	0.900	0.750	0.500	0.250	0.100	0.050	0.025	0.010	0.005
1	0.00	0.00	0.00	0.00	0.02	0.10	0.45	1.32	2.71	3.84	5.02	6.63	7.88
2	0.01	0.02	0.05	0.10	0.21	0.58	1.39	2.77	4.61	5.99	7.38	9.21	10.06
3	0.07	0.11	0.22	0.35	0.58	1.21	2.37	4.11	6.25	7.81	9.35	11.34	12.84
4	0.21	0.30	0.48	0.71	1.06	1.92	3.36	5.39	7.78	9.49	11.14	13.28	14.86
5	0.41	0.55	0.83	1.15	1.61	2.67	4.35	6.63	9.24	11.07	12.83	15.09	16.75
6	0.68	0.87	1.24	1.64	2.20	3.45	5.35	7.84	1064	12.59	14.44	16.81	18.55
7	0.99	1.24	1.69	2.17	2.83	4.25	6.35	9.04	12.02	14.07	16.01	18.48	20.28
8	1.34	1.65	2.18	2.73	3.49	5.07	7.34	10.22	13.36	15.51	17.53	20.09	21.96
9	1.73	2.09	2.70	3.33	4.17	5.90	8.34	11.39	14.68	16.92	19.02	21.67	23.59
10	2.16	2.56	3.25	3.94	4.87	6.74	9.34	12.55	15.99	18.31	20.48	23.21	25.19
11	2.60	3.05	3.82	4.57	5.58	7.58	10.34	13.70	17.28	19.68	21.92	24.72	26.76
12	3.07	3.57	4.40	5.23	6.30	8.44	11.34	14.85	18.55	21.03	23.34	26.22	28.30
13	3.57	4.11	5.01	5.89	7.04	9.30	12.34	15.98	19.81	22.36	24.74	27.69	29.82
14	4.07	4.66	5.63	6.57	7.79	10.17	13.34	17.12	21.06	23.68	26.12	29.14	31.32
15	4.60	5.23	6.27	7.26	8.55	11.04	14.34	18.25	22.31	25.00	27.49	30.58	32.80
16	5.14	5.81	6.91	7.96	9.31	11.91	15.34	19.37	23.54	26.30	28.85	32.00	34.27
17	5.70	6.41	7.56	8.68	10.09	12.79	16.34	20.49	24.77	27.59	30.19	33.41	35.72
18	6.26	7.01	8.23	9.39	10.86	13.68	17.34	21.60	25.99	28.87	31.53	34.81	37.16
19	6.84	7.63	8.91	10.12	11.65	14.56	18.34	22.72	27.20	30.14	32.85	36.19	38.58
20	7.43	8.26	9.59	10.85	12.44	15.45	19.34	23.83	28.41	31.41	34.17	37.57	40.00
21	8.03	8.90	10.28	11.59	13.24	16.34	20.34	24.93	29.62	32.67	35.48	38.93	41.40
22	8.64	9.54	10.98	12.34	14.04	17.24	21.34	26.04	30.81	33.92	36.78	40.29	42.80
23	9.26	10.20	11.69	13.09	14.85	18.14	22.34	27.14	32.01	35.17	38.08	41.64	44.18
24	9.89	10.86	12.40	13.85	15.66	19.04	23.34	28.24	33.20	36.42	39.36	42.98	45.56
25	10.52	11.52	13.12	14.61	16.47	19.94	24.34	29.34	34.38	37.65	40.65	44.31	46.93
26	11.16	12.20	13.84	15.38	17.29	20.84	25.34	30.43	35.56	38.89	41.92	45.64	48.29
27	11.81	12.88	14.57	16.15	18.11	21.75	26.34	31.53	36.74	40.11	43.19	49.96	49.64
28	12.46	13.56	15.31	16.93	18.94	22.66	27.34	32.62	37.92	41.34	44.46	48.28	50.99
29	13.12	14.26	16.15	17.71	19.77	23.57	28.34	33.71	39.09	42.56	45.72	49.59	52.34
30	13.79	14.95	16.79	18.49	20.60	24.48	19.34	34.80	40.26	43.77	46.98	50.89	53.67
40	20.71	22.16	24.43	26.51	29.05	33.66	39.34	45.62	51.80	55.76	59.34	63.69	66.77
50	27.99	29.71	32.36	34.76	37.69	42.94	49.33	56.33	63.17	67.50	71.42	76.15	79.49
60	35.53	37.48	40.48	43.19	46.46	52.29	59.33	66.98	74.40	79.08	83.30	88.38	91.95
80	51.17	53.54	57.15	60.39	64.28	71.14	79.33	88.13	96.58	101.88	106.63	112.33	116.32
100	67.33	70.06	74.22	77.93	82.36	90.13	99.33	109.14	118.50	124.34	129.56	135.81	140.17

附录E F分布表

$$P\{F(n_1,n_2)>F_\alpha(n_1,n_2)\}=\alpha$$

($\alpha=0.10$)

n_2	n_1								
	1	2	3	4	5	6	7	8	9
1	39.86	49.50	53.59	55.83	57.24	58.20	58.91	59.44	59.86
2	8.53	9.00	9.16	9.24	9.29	9.33	9.35	9.37	9.38
3	5.54	5.46	5.39	5.34	5.31	5.28	5.27	5.25	5.24
4	4.54	4.32	4.19	4.11	4.05	4.01	3.98	3.95	3.94
5	4.06	3.78	3.62	3.52	3.45	3.40	3.37	3.34	3.32
6	3.78	3.46	3.29	3.18	3.11	3.05	3.01	2.98	2.96
7	3.59	3.26	3.07	2.96	2.88	2.83	2.78	2.75	2.72
8	3.46	3.11	2.92	2.81	2.73	2.67	2.62	2.59	2.56
9	3.36	3.01	2.81	2.69	2.61	2.55	2.51	2.47	2.44
10	3.29	2.92	2.73	2.61	2.52	2.46	2.41	2.38	2.35
11	3.23	2.86	2.66	2.54	2.45	2.39	2.34	2.30	2.27
12	3.18	2.81	2.61	2.48	2.39	2.33	2.28	2.24	2.21
13	3.14	2.76	2.56	2.43	2.35	2.28	2.23	2.20	2.16
14	3.10	2.73	2.52	2.39	2.31	2.24	2.19	2.15	2.12
15	3.07	2.70	2.49	2.36	2.27	2.21	2.16	2.12	2.09
16	3.05	2.67	2.46	2.33	2.24	2.18	2.13	2.09	2.06
17	3.03	2.64	2.44	2.31	2.22	2.15	2.10	2.06	2.03
18	3.01	2.62	2.42	2.29	2.20	2.13	2.08	2.04	2.00
19	2.99	2.61	2.40	2.27	2.18	2.11	2.06	2.02	1.98
20	2.97	2.59	2.38	2.25	2.16	2.09	2.04	2.00	1.96
21	2.96	2.57	2.36	2.23	2.14	2.08	2.02	1.98	1.95
22	2.95	2.56	2.35	2.22	2.13	2.06	2.01	1.97	1.93
23	2.94	2.55	2.34	2.21	2.11	2.05	1.99	1.95	1.92
24	2.93	2.54	2.33	2.19	2.10	2.04	1.98	1.94	1.91
25	2.92	2.53	2.32	2.18	2.09	2.02	1.97	1.93	1.89
26	2.91	2.52	2.31	2.17	2.08	2.01	1.96	1.92	1.88
27	2.90	2.51	2.30	2.17	2.07	2.00	1.95	1.91	1.87
28	2.89	2.50	2.29	2.16	2.06	2.00	1.94	1.90	1.87
29	2.89	2.50	2.28	2.15	2.06	1.99	1.93	1.89	1.86
30	2.88	2.49	2.28	2.14	2.05	1.98	1.93	1.88	1.85
40	2.84	2.44	2.23	2.09	2.00	1.93	1.87	1.83	1.79
60	2.79	2.39	2.18	2.04	1.95	1.87	1.82	1.77	1.74
120	2.75	2.35	2.13	1.99	1.90	1.82	1.77	1.72	1.68
∞	2.71	2.30	2.08	1.94	1.85	1.77	1.72	1.67	1.63

($\alpha=0.10$) （续）

n_2	n_1									
	10	12	15	20	24	30	40	60	120	∞
1	60.19	60.71	61.22	61.74	62.00	62.26	62.53	62.79	63.06	63.33
2	9.39	9.41	9.42	9.44	9.45	9.46	9.47	9.47	9.48	9.49
3	5.23	5.22	5.20	5.18	5.18	5.17	5.16	5.15	5.14	5.13
4	3.92	3.90	3.87	3.84	3.83	3.82	3.80	3.79	3.78	3.76
5	3.30	3.27	3.24	3.21	3.19	3.17	3.16	3.14	3.12	3.10
6	2.94	2.90	2.87	2.84	2.82	2.80	2.78	2.76	2.74	2.72
7	2.70	2.67	2.63	2.59	2.58	2.56	2.54	2.51	2.49	2.47
8	2.54	2.50	2.46	2.42	2.40	2.38	2.36	2.34	2.32	2.29
9	2.42	2.38	2.34	2.30	2.28	2.25	2.23	2.21	2.18	2.16
10	2.32	2.28	2.24	2.20	2.18	2.16	2.13	2.11	2.08	2.06
11	2.25	2.21	2.17	2.12	2.10	2.08	2.05	2.03	2.00	1.97
12	2.19	2.15	2.10	2.06	2.04	2.01	1.99	1.96	1.93	1.90
13	2.14	2.10	2.05	2.01	1.98	1.96	1.93	1.90	1.88	1.85
14	2.10	2.05	2.01	1.96	1.94	1.91	1.89	1.86	1.83	1.80
15	2.06	2.02	1.97	1.92	1.90	1.87	1.85	1.82	1.79	1.76
16	2.03	1.99	1.94	1.89	1.87	1.84	1.81	1.78	1.75	1.72
17	2.00	1.96	1.91	1.86	1.84	1.81	1.78	1.75	1.72	1.69
18	1.98	1.93	1.89	1.84	1.81	1.78	1.75	1.72	1.69	1.66
19	1.96	1.91	1.86	1.81	1.79	1.76	1.73	1.70	1.67	1.63
20	1.94	1.89	1.84	1.79	1.77	1.74	1.71	1.68	1.64	1.61
21	1.92	1.87	1.83	1.78	1.75	1.72	1.69	1.66	1.62	1.59
22	1.90	1.86	1.81	1.76	1.73	1.70	1.67	1.64	1.60	1.57
23	1.89	1.84	1.80	1.74	1.72	1.69	1.66	1.62	1.59	1.55
24	1.88	1.83	1.78	1.73	1.70	1.67	1.64	1.61	1.57	1.53
25	1.87	1.82	1.77	1.72	1.69	1.66	1.63	1.59	1.56	1.52
26	1.86	1.81	1.76	1.71	1.68	1.65	1.61	1.58	1.54	1.50
27	1.85	1.80	1.75	1.70	1.67	1.64	1.60	1.57	1.53	1.49
28	1.84	1.79	1.74	1.69	1.66	1.63	1.59	1.56	1.52	1.48
29	1.83	1.78	1.73	1.68	1.65	1.62	1.58	1.55	1.51	1.47
30	1.82	1.77	1.72	1.67	1.64	1.61	1.57	1.54	1.50	1.46
40	1.76	1.71	1.66	1.61	1.57	1.54	1.51	1.47	1.42	1.38
60	1.71	1.66	1.60	1.54	1.51	1.48	1.44	1.40	1.35	1.29
120	1.65	1.60	1.55	1.48	1.45	1.41	1.37	1.32	1.26	1.19
∞	1.60	1.55	1.49	1.42	1.38	1.34	1.30	1.24	1.17	1.00

($\alpha=0.05$) （续）

n_2	n_1								
	1	2	3	4	5	6	7	8	9
1	161.4	199.5	215.7	224.6	230.2	234.0	236.8	238.9	240.5
2	18.51	19.00	19.16	19.25	19.30	19.33	19.35	19.37	19.38
3	10.13	9.55	9.28	9.12	9.01	8.94	8.89	8.85	8.81
4	7.71	6.94	6.59	6.39	6.26	6.16	6.09	6.04	6.00
5	6.61	5.79	5.41	5.19	5.05	4.95	4.88	4.82	4.77
6	5.99	5.14	4.76	4.53	4.39	4.28	4.21	4.15	4.10
7	5.59	4.74	4.35	4.12	3.97	3.87	3.79	3.73	3.68
8	5.32	4.46	4.07	3.84	3.69	3.58	3.50	3.44	3.39
9	5.12	4.26	3.86	3.63	3.48	3.37	3.29	3.23	3.18
10	4.96	4.10	3.71	3.48	3.33	3.22	3.14	3.07	3.02
11	4.84	3.98	3.59	3.36	3.20	3.09	3.01	2.95	2.90
12	4.75	3.89	3.49	3.26	3.11	3.00	2.91	2.85	2.80
13	4.67	3.81	3.41	3.18	3.03	2.92	2.83	2.77	2.71
14	4.60	3.74	3.34	3.11	2.96	2.85	2.76	2.70	2.65
15	4.54	3.68	3.29	3.06	2.90	2.79	2.71	2.64	2.59
16	4.49	3.63	3.24	3.01	2.85	2.74	2.66	5.59	2.54
17	4.45	3.59	3.20	2.96	2.81	2.70	2.61	2.55	2.49
18	4.41	3.55	3.16	2.93	2.77	2.66	2.58	2.51	2.46
19	4.38	3.52	3.13	2.90	2.74	2.63	2.54	2.48	2.42
20	4.35	3.49	3.10	2.87	2.71	2.60	2.51	2.45	2.39
21	4.32	3.47	3.07	2.84	2.68	2.57	2.49	2.42	2.37
22	4.30	3.44	3.05	2.82	2.66	2.55	2.46	2.40	2.34
23	4.28	3.42	3.03	2.80	2.64	2.53	2.44	2.37	2.32
24	4.26	3.40	3.01	2.78	2.62	2.51	2.42	2.36	2.30
25	4.24	3.39	2.99	2.76	2.60	2.49	2.40	2.34	2.28
26	4.23	3.37	2.98	2.74	2.59	2.47	2.39	2.32	2.27
27	4.21	3.35	2.96	2.73	2.57	2.46	2.37	2.31	2.25
28	4.20	3.34	2.95	2.71	2.56	2.45	2.36	2.29	2.24
29	4.18	3.33	2.93	2.70	2.55	2.43	2.35	2.28	2.22
30	4.17	3.32	2.92	2.69	2.53	2.42	2.33	2.27	2.21
40	4.08	3.23	2.84	2.61	2.45	2.34	2.25	2.18	2.12
60	4.00	3.15	2.76	2.53	2.37	2.25	2.17	2.10	2.04
120	3.92	3.07	2.68	2.45	2.29	2.17	2.09	2.02	1.96
∞	3.84	3.00	2.60	2.37	2.21	2.10	2.01	1.94	1.88

($\alpha = 0.05$) (续)

n_2	n_1									
	10	12	15	20	24	30	40	60	120	∞
1	241.9	243.9	245.9	248.0	249.1	250.1	251.1	252.2	253.3	254.3
2	19.40	19.41	19.43	19.45	19.45	19.46	19.47	19.48	19.49	19.50
3	8.79	8.74	8.70	8.66	8.64	8.62	8.59	8.57	8.55	8.53
4	5.96	5.91	5.86	5.80	5.77	5.75	5.72	5.69	5.66	5.63
5	4.74	4.68	4.62	4.56	4.53	4.50	4.46	4.43	4.40	4.36
6	4.06	4.00	3.94	3.87	3.84	3.81	3.77	3.74	3.70	3.67
7	3.64	3.57	3.51	3.44	3.41	3.38	3.34	3.30	3.27	3.23
8	3.35	3.28	3.22	3.15	3.12	3.08	3.04	3.01	2.97	2.93
9	3.14	3.07	3.01	2.94	2.90	2.86	2.83	2.79	2.75	2.71
10	2.98	2.91	2.85	2.77	2.74	2.70	2.66	2.62	2.58	2.54
11	2.85	2.79	2.72	2.65	2.61	2.57	2.53	2.49	2.45	2.40
12	2.75	2.69	2.62	2.54	2.51	2.47	2.43	2.38	2.34	2.30
13	2.67	2.60	2.53	2.46	2.42	2.38	2.34	2.30	2.25	2.21
14	2.60	2.53	2.46	2.39	2.35	2.31	2.27	2.22	2.18	2.13
15	2.54	2.48	2.40	2.33	2.29	2.25	2.20	2.16	2.11	2.07
16	2.49	2.42	2.35	2.28	2.24	2.19	2.15	2.11	2.06	2.01
17	2.45	2.38	2.31	2.23	2.19	2.15	2.10	2.06	2.01	1.96
18	2.41	2.34	2.27	2.19	2.15	2.11	2.06	2.02	1.97	1.92
19	2.38	2.31	2.23	2.16	2.11	2.07	2.03	1.98	1.93	1.88
20	2.35	2.28	2.20	2.12	2.08	2.04	1.99	1.95	1.90	1.84
21	2.32	2.25	2.18	2.10	2.05	2.01	1.96	1.92	1.87	1.81
22	2.30	2.23	2.15	2.07	2.03	1.98	1.94	1.89	1.84	1.78
23	2.27	2.20	2.13	2.05	2.01	1.96	1.91	1.86	1.81	1.76
24	2.25	2.18	2.11	2.03	1.98	1.94	1.89	1.84	1.79	1.73
25	2.24	2.16	2.09	2.01	1.96	1.92	1.87	1.82	1.77	1.71
26	2.22	2.15	2.07	1.99	1.95	1.90	1.85	1.80	1.75	1.69
27	2.20	2.13	2.06	1.97	1.93	1.88	1.84	1.79	1.73	1.67
28	2.19	2.12	2.04	1.96	1.91	1.87	1.82	1.77	1.71	1.65
29	2.18	2.10	2.03	1.94	1.90	1.85	1.81	1.75	1.70	1.64
30	2.16	2.09	2.01	1.93	1.89	1.84	1.79	1.74	1.68	1.62
40	2.08	2.00	1.92	1.84	1.79	1.74	1.69	1.64	1.58	1.51
60	1.99	1.92	1.84	1.75	1.70	1.65	1.59	1.53	1.47	1.39
120	1.91	1.83	1.75	1.66	1.61	1.55	1.50	1.43	1.35	1.25
∞	1.83	1.75	1.67	1.57	1.52	1.46	1.39	1.32	1.22	1.00

($\alpha = 0.025$) （续）

n_2	n_1								
	1	2	3	4	5	6	7	8	9
1	647.8	799.5	864.2	899.6	921.8	937.1	948.2	956.7	963.3
2	38.51	39.00	39.17	39.25	39.30	39.33	39.36	39.37	39.39
3	17.44	16.04	15.44	15.10	14.88	14.73	14.62	14.54	14.47
4	12.22	10.65	9.98	9.60	9.36	9.20	9.07	8.98	8.90
5	10.01	8.43	7.76	7.39	7.15	6.98	6.85	6.76	6.68
6	8.81	7.26	6.60	6.23	5.99	5.82	5.70	5.60	5.52
7	8.07	6.54	5.89	5.52	5.29	5.12	4.99	4.90	4.82
8	7.57	6.06	5.42	5.05	4.82	4.65	4.53	4.43	4.36
9	7.21	5.71	5.08	4.72	4.48	4.32	4.20	4.10	4.03
10	6.94	5.46	4.83	4.47	4.24	4.07	3.95	3.85	3.78
11	6.72	5.26	4.63	4.28	4.04	3.88	3.76	3.66	3.59
12	6.55	5.10	4.47	4.12	3.89	3.73	3.61	3.51	3.44
13	6.41	4.97	4.35	4.00	3.77	3.60	3.48	3.39	3.31
14	6.30	4.86	4.24	3.89	3.66	3.50	3.38	3.29	3.21
15	6.20	4.77	4.15	3.80	3.58	3.41	3.29	3.20	3.12
16	6.12	4.69	4.08	3.73	3.50	3.34	3.22	3.12	3.05
17	6.04	4.62	4.01	3.66	3.44	3.28	3.16	3.06	2.98
18	5.98	4.56	3.95	3.61	3.38	3.22	3.10	3.01	2.93
19	5.92	4.51	3.90	3.56	3.33	3.17	3.05	2.96	2.88
20	5.87	4.46	3.86	3.51	3.29	3.13	3.01	2.91	2.84
21	5.83	4.42	3.82	3.48	3.25	3.09	2.97	2.87	2.80
22	5.79	4.38	3.78	3.44	3.22	3.05	2.93	2.84	2.96
23	5.75	4.35	3.75	3.41	3.18	3.02	2.90	2.81	2.73
24	5.72	4.32	3.72	3.38	3.15	2.99	2.87	2.78	2.70
25	5.69	4.29	3.69	3.35	3.13	2.97	2.85	2.75	2.68
26	5.66	4.27	3.67	3.33	3.10	2.94	2.82	2.73	2.65
27	5.63	4.24	3.65	3.31	3.08	2.92	2.80	2.71	2.63
28	5.61	4.22	3.63	3.29	3.06	2.90	2.78	2.69	2.61
29	5.59	4.20	3.61	3.27	3.04	2.88	2.76	2.67	2.59
30	5.57	4.18	3.59	3.25	3.03	2.87	2.75	2.65	2.57
40	5.42	4.05	3.46	3.13	2.90	2.74	2.62	2.53	2.45
60	5.29	3.93	3.34	3.01	2.79	2.63	2.51	2.41	2.33
120	5.15	3.80	3.23	2.89	2.67	2.52	2.39	2.30	2.22
∞	5.02	3.69	3.12	2.79	2.57	2.41	2.29	2.19	2.11

($\alpha = 0.025$)　　　　　　　　　　　　　　　（续）

n_2	n_1									
	10	12	15	20	24	30	40	60	120	∞
1	986.6	976.7	984.9	993.1	997.2	1 000	1 010	1 010	1 010	1 020
2	39.40	39.41	39.43	39.45	39.46	39.46	39.47	39.48	39.49	39.50
3	14.42	14.34	14.25	14.17	14.12	14.08	14.04	13.99	13.95	13.90
4	8.84	8.75	8.66	8.56	8.51	8.46	8.41	8.36	8.31	8.26
5	6.62	6.52	6.43	6.33	6.28	6.23	6.18	6.12	6.07	6.02
6	5.46	5.37	5.27	5.17	5.12	5.07	5.01	4.96	4.90	4.85
7	4.76	4.67	4.57	4.47	4.42	4.36	4.31	4.25	4.20	4.14
8	4.30	4.20	4.10	4.00	3.95	3.89	3.84	3.78	3.73	3.67
9	3.96	3.87	3.77	3.67	3.61	3.56	3.51	3.45	3.39	3.33
10	3.72	3.62	3.52	3.42	3.37	3.31	3.26	3.20	3.14	3.08
11	3.53	3.43	3.33	3.23	3.17	3.12	3.06	3.00	2.94	2.88
12	3.37	3.28	3.18	3.07	3.02	2.96	2.91	2.85	2.79	2.72
13	3.25	3.15	3.05	2.95	2.89	2.84	2.78	2.72	2.66	2.60
14	3.15	3.05	2.95	2.84	2.79	2.73	2.67	2.61	2.55	2.49
15	3.06	2.96	2.86	2.76	2.70	2.64	2.59	2.52	2.46	2.40
16	2.99	2.89	2.79	2.68	2.63	2.57	2.51	2.45	2.38	2.32
17	2.92	2.82	2.72	2.62	2.56	2.50	2.44	2.38	2.32	2.25
18	2.87	2.77	2.67	2.56	2.50	2.44	2.38	2.32	2.26	2.19
19	2.82	2.72	2.62	2.51	2.45	2.39	2.33	2.27	2.20	2.13
20	2.77	2.68	2.57	2.46	2.41	2.35	2.29	2.22	2.16	2.09
21	2.73	2.64	2.53	2.42	2.37	2.31	2.25	2.18	2.11	2.04
22	2.70	2.60	2.50	2.39	2.33	2.27	2.21	2.14	2.08	2.00
23	2.67	2.57	2.47	2.36	2.30	2.24	2.18	2.11	2.04	1.97
24	2.64	2.54	2.44	2.33	2.27	2.21	2.15	2.08	2.01	1.94
25	2.61	2.51	2.41	2.30	2.24	2.18	2.12	2.05	1.98	1.91
26	2.59	2.49	2.39	2.28	2.22	2.16	2.09	2.03	1.95	1.88
27	2.57	2.47	2.36	2.25	2.19	2.13	2.07	2.00	1.93	1.85
28	2.55	2.45	2.34	2.23	2.17	2.11	2.05	1.98	1.91	1.83
29	2.53	2.43	2.32	2.21	2.15	2.09	2.03	1.96	1.89	1.81
30	2.51	2.41	2.31	2.20	2.14	2.07	2.01	1.94	1.87	1.79
40	2.39	2.29	2.18	2.07	2.01	1.94	1.88	1.80	1.72	1.64
60	2.27	2.17	2.06	1.94	1.88	1.82	1.74	1.67	1.58	1.48
120	2.16	2.05	1.94	1.82	1.76	1.69	1.61	1.53	1.43	1.31
∞	2.05	1.94.	1.83	1.71	1.64	1.57	1.48	1.39	1.27	1.00

($\alpha = 0.01$) (续)

n_2	n_1								
	1	2	3	4	5	6	7	8	9
1	4 052	4 999	5 403	5 625	5 764	5 859	5 928	5 981	6 022
2	98.5	99.0	99.2	99.2	99.3	99.3	99.4	99.4	99.4
3	34.1	30.8	29.5	28.7	28.2	27.9	27.7	27.5	27.3
4	21.2	18.0	16.7	16.0	15.5	15.2	15.0	14.8	14.7
5	16.3	13.3	12.1	11.4	11.0	10.7	10.5	10.3	10.2
6	13.7	10.9	9.78	9.15	8.75	8.47	8.26	8.10	7.98
7	12.2	9.55	8.45	7.85	7.46	7.19	6.99	6.84	6.72
8	11.3	8.65	7.59	7.01	6.63	6.37	6.18	6.03	5.91
9	10.6	8.02	6.99	6.42	6.06	5.80	5.61	5.47	5.35
10	10.0	7.56	6.55	5.99	5.64	5.39	5.20	5.06	4.94
11	9.65	7.21	6.22	5.67	5.32	5.07	4.89	4.74	4.63
12	9.33	6.93	5.95	5.41	5.06	4.82	4.64	4.50	4.39
13	9.07	6.70	5.74	5.21	4.86	4.62	4.44	4.30	4.19
14	8.86	6.51	5.56	5.04	4.69	4.46	4.28	4.14	4.03
15	8.68	6.36	5.42	4.89	4.56	4.32	4.14	4.00	3.89
16	8.53	6.23	5.29	4.77	4.44	4.20	4.03	3.89	3.78
17	8.40	6.11	5.18	4.67	4.34	4.10	3.93	3.79	3.68
18	8.29	6.01	5.09	4.58	4.25	4.01	3.84	3.71	3.60
19	8.18	5.93	5.01	4.50	4.17	3.94	3.77	3.63	3.52
20	8.10	5.85	4.94	4.43	4.10	3.87	3.70	3.56	3.46
21	8.02	5.78	4.87	4.37	4.04	3.81	3.64	3.51	3.40
22	7.95	5.72	4.82	4.31	3.99	3.76	3.59	3.45	3.35
23	7.88	5.66	4.76	4.26	3.94	3.71	3.54	3.41	3.30
24	7.82	5.61	4.72	4.22	3.90	3.67	3.50	3.36	3.26
25	7.77	5.57	4.68	4.18	3.85	3.63	3.46	3.32	3.22
26	7.72	5.53	4.64	4.14	3.82	3.59	3.42	3.29	3.18
27	7.68	5.49	4.60	4.11	3.78	3.56	3.39	3.26	3.15
28	7.64	5.45	4.57	4.07	3.75	3.53	3.36	3.23	3.12
29	7.60	5.42	4.54	4.04	3.73	3.50	3.33	3.20	3.09
30	7.56	5.39	4.51	4.02	3.70	3.47	3.30	3.17	3.07
40	7.31	5.18	4.31	3.83	3.51	3.29	3.12	2.99	2.89
60	7.08	4.98	4.13	3.65	3.34	3.12	2.95	2.82	2.72
120	6.85	4.79	3.95	3.48	3.17	2.96	2.79	2.66	2.56
∞	6.63	4.61	3.78	3.32	3.02	2.80	2.64	2.51	2.41

($\alpha = 0.01$) （续）

n_2	n_1									
	10	12	15	20	24	30	40	60	120	∞
1	6 056	6 106	6 157	6 209	6 235	6 261	6 287	6 313	6 339	6 366
2	99.40	99.42	99.43	99.45	99.46	99.47	99.47	99.48	99.49	99.50
3	27.23	27.05	26.87	26.69	26.60	26.50	26.41	26.32	26.22	26.13
4	14.55	14.37	14.20	14.02	13.93	13.81	13.75	13.65	13.56	13.46
5	10.05	9.89	9.72	9.55	9.47	9.38	9.29	9.20	9.11	9.02
6	7.87	7.72	7.56	7.40	7.31	7.23	7.14	7.06	6.97	6.88
7	6.62	6.47	6.31	6.16	6.07	5.99	5.91	5.82	5.74	5.65
8	5.81	5.67	5.52	5.36	5.28	5.20	5.12	5.03	4.95	4.86
9	5.26	5.11	4.96	4.81	4.73	4.65	4.57	4.48	4.40	4.31
10	4.85	4.71	4.56	4.41	4.33	4.25	4.17	4.08	4.00	3.91
11	5.54	4.40	4.25	4.10	4.02	3.94	3.86	3.78	3.69	3.60
12	4.30	4.16	4.01	3.86	3.78	3.70	3.62	3.54	3.45	3.36
13	4.10	3.96	3.82	3.66	3.59	3.51	3.43	3.34	3.25	3.17
14	3.94	3.80	3.66	3.51	3.43	3.35	3.27	3.18	3.09	3.00
15	3.80	3.67	3.52	3.37	3.29	3.21	3.13	3.05	2.96	2.87
16	3.69	3.55	3.41	3.26	3.18	3.10	3.02	2.93	2.84	2.75
17	3.59	3.46	3.31	3.16	3.08	3.00	2.92	2.83	2.75	2.65
18	3.51	3.37	3.23	3.08	3.00	2.92	2.84	2.75	2.66	2.57
19	3.43	3.30	3.15	3.00	2.92	2.84	2.76	2.67	2.58	2.49
20	3.37	3.23	3.09	2.94	2.86	2.78	2.69	2.61	2.52	2.42
21	3.31	3.17	3.03	2.88	2.80	2.72	2.64	2.55	2.46	2.36
22	3.26	3.12	2.98	2.83	2.75	2.67	2.58	2.50	2.40	2.31
23	3.21	3.07	2.93	2.78	2.70	2.62	2.54	2.45	2.35	2.26
24	3.17	3.03	2.89	2.74	2.66	2.58	2.49	2.40	2.31	2.21
25	3.13	2.99	2.85	2.70	2.62	2.54	2.45	2.36	2.27	2.17
26	3.09	2.96	2.81	2.66	2.58	2.50	2.42	2.33	2.23	2.13
27	3.06	2.93	2.78	2.63	2.55	2.47	2.38	2.29	2.20	2.10
28	3.03	2.90	2.75	2.60	2.52	2.44	2.35	2.26	2.17	2.06
29	3.00	2.87	2.73	2.57	2.49	2.41	2.33	2.23	2.14	2.03
30	2.98	2.84	2.70	2.55	2.47	2.39	2.30	2.21	2.11	2.01
40	2.80	2.66	2.52	2.37	2.29	2.20	2.11	2.02	1.92	1.80
60	2.63	2.50	2.35	2.20	2.12	2.03	1.94	1.84	1.73	1.60
120	2.47	2.34	2.19	2.03	1.95	1.86	1.76	1.66	1.53	1.38
∞	2.32	2.18	2.04	1.88	1.79	1.70	1.59	1.47	1.32	1.00

参 考 文 献

[1] 马敏娜，王静敏. 统计学 [M]. 北京：高等教育出版社，2011.
[2] 杨晶，李艳，许春燕. 统计学基础 [M]. 北京：机械工业出版社，2008.
[3] 袁卫，庞皓，贾俊平，等. 统计学 [M]. 4版. 北京：高等教育出版社，2017.
[4] 金勇进. 统计学教程 [M]. 北京：中国人民大学出版社，2010.
[5] 贾俊平. 统计学基础 [M]. 北京：中国人民大学出版社，2012.
[6] 程建华，洪文. 统计学原理及应用 [M]. 北京：人民邮电出版社，2013.
[7] 徐蔼婷，李金昌. 统计学习题集 [M]. 北京：机械工业出版社，2016.
[8] 郑葵，张宇. 统计学 [M]. 哈尔滨：哈尔滨工业大学出版社，2010.